ENERGY
EXPLORATION AND PRACTICE OF HEBEI
RURAL ENERGY DEVELOPMENT
DEVELOPMENT

河北农村
能源发展探索与实践

国网河北省电力有限公司经济技术研究院　编

科学技术文献出版社
SCIENTIFIC AND TECHNICAL DOCUMENTATION PRESS

·北京·

图书在版编目（CIP）数据

河北农村能源发展探索与实践 / 国网河北省电力有限公司经济技术研究院编. —北京：科学技术文献出版社，2020.10
ISBN 978-7-5189-7151-0

Ⅰ.①河… Ⅱ.①国… Ⅲ.①农村能源—研究—河北 Ⅳ.① F323.214

中国版本图书馆 CIP 数据核字（2020）第 178320 号

河北农村能源发展探索与实践

策划编辑：丁芳宇　　责任编辑：王　培　　责任校对：王瑞瑞　　责任出版：张志平

出 版 者	科学技术文献出版社
地　　址	北京市复兴路15号　邮编100038
编 务 部	（010）58882938，58882087（传真）
发 行 部	（010）58882868，58882870（传真）
邮 购 部	（010）58882873
官方网址	www.stdp.com.cn
发 行 者	科学技术文献出版社发行　全国各地新华书店经销
印 刷 者	北京虎彩文化传播有限公司
版　　次	2020年10月第1版　2020年10月第1次印刷
开　　本	787×1092　1/16
字　　数	343千
印　　张	20.25
书　　号	ISBN 978-7-5189-7151-0
定　　价	78.00元

版权所有　违法必究

购买本社图书，凡字迹不清、缺页、倒页、脱页者，本社发行部负责调换

编 委 会

主　　编：冯喜春

副 主 编：吴希明　魏孟举　刘　钊

名　　单：（按姓氏笔画排序）

马正民　马国真　王云佳　王少敏　王永利　石双亮

巩保峰　吕　稳　乔　伟　刘　平　刘雪飞　刘增川

安佳坤　孙鹏飞　李学军　李顺昕　杨　洋　杨　桢

杨书强　宋　妍　张　凯　张　彬　张　晶　张泽亚

张倩茅　林少忠　岳　昊　岳云力　庞　凝　赵　阳

赵　杰　赵子豪　赵贤龙　胡　珀　胡诗尧　胡梦锦

郗　兵　施宁宁　贺春光　贾宇琛　徐　楠　高　倩

高立艾　黄　凯　梁　巍　韩璟琳　温　鹏　翟广心

薛　珊　檀晓林

前 言

能源是经济社会发展的动力来源，也是人类赖以生存的基本保障。我国高度重视农村能源在稳增长、调结构、惠民生中的重要作用，党中央、国务院在2018年印发的《乡村振兴战略规划（2018—2022年）》中明确提出要构建农村现代能源体系，这不仅是建设农村现代经济体系的迫切需要，同时也是净化美化农村生态环境、提高农民生活品质、实现乡村振兴发展目标的重要途径。

近年来，河北省农村能源基础设施网络逐步完善，农村能源供给和消费向绿色高效转型进程加快，农村现代能源体系建设成效显著，为保障和改善农村民生、促进乡村振兴起到了重要作用。为了全面客观地展示河北省农村能源发展情况，深入探究农村现代能源体系建设路径，国网河北省电力有限公司经济技术研究院牵头撰写了《河北农村能源发展探索与实践》。本书主体内容包括四大部分：总报告、探索农村能源"四个革命"、践行农村能源高质量发展、调研农村能源建设成效。

总报告部分。从生产、消费、服务3个层面诠释了农村能源现代体系的基本内涵，介绍了河北省在农村能源消费、生产、基础设施、示范引领、体制机制等方面的发展现状，通过分析河北省农村能源发展约束性因素、面临的挑战和发展趋势，从顶层设计、提高能效、生物质能利用、多能互补、城乡融合、金融保障和创新驱动等方面提出对策建议，以期为河北省乃至全国农村现代能源体系建设提供参考。

探索农村能源"四个革命"部分。针对农村能源生产革命，提出"以生物质为发力点，促进农村能源生产革命"。生物质资源是农村最易被开发利用，也是唯一与"三农"相关的能源形式。河北省生物质资源能源化利用潜力巨大，目前形成生物质发电、天然气、固体成型燃料、废沼肥综合利用等多形式综合发展的局面。通过测算河北省生物质资源开发潜力，分析面临的主要问题，提出统筹规划、完善保障机制、建立"1+X"原料收储运供应体系、因地制宜多元化等对策建议。针对农村能源消费革命，提出"优化用能结构提升用能效率，加快农村能源消费革命"。通过分析河北省农村商品能源、新能源在农村生产和生活领域的消费情况，预测发展趋势，提出未来依托综合能源技术，按照"因地制宜、多能互补、综合利用、讲求效益"的方针，推动农村能源消费升级的对策建议。针对农村能源体制革命，提出"推动农村能源体制革命，打通农村能源发展快车道"。河北省农村能源法律层面逐步形成多方约束的基本保障机制，规划层面涉及农村能源的内容逐步丰富，财政层面不断加大对农村能源的投入，监管方面建立了省级主管部门与国家能源局派出机构，以及各市、县政府部门之间上下联动、横向协同、相互配合机制。通过梳理农村能源管理体制的发展历程，结合当前发展形势和河北省农村能源体制机制的短板，从决策支撑、资金保障、监管加强、科技创新等角度提出对策建议。针对农村能源技术革命，提出"推动农村能源技术革命，带动农村产业升级"。结合农村现代能源体系技术需求和农村能源产业发展趋势，重点介绍了农业电气化、农村能源互联网、农村微电网系统、农村光伏发电、河北省农村光伏发电典型模式效益、光热+电取暖、生物质热解气化、垃圾焚烧发电、被动式超低能耗农宅建筑等与农村现代能源体系密切相关、适宜农村地区推广的先进性技术。

践行农村能源高质量发展部分。选取正定县能源互联网示范、崇礼区农村能源革命示范、饶阳县智慧农业能源互联网服务生态圈示范、平山县虚拟变电站、保定麒麟店村集中式居民采暖、中节能生活垃圾焚烧发电暨餐厨垃圾无害化处置共建等在河北省具有示范引领作用的农村能源项目，从项目基本情况、技术特征、综合效益等层面，介绍了示范项目的主要做法，对河北省乃至全国因地制宜开展现代化能源项目建设具有一定的参考意义。

调研农村能源建设成效部分。为了深入了解河北省农村能源发展现状，挖掘问题的深层次原因，编写组针对农村能源发展难点、重点，开展了一系列调研。一是县域用能样本调研，共收集有效调研问卷 13 614 份，涉及家庭情况和用能情况等共计 16 个问

前言

题，分析了农村用能的总体特征，提出促进农村能源消费升级的对策建议。二是"煤改电"运行调研，随着河北省"煤改电"进入深水区和攻坚区，对"煤改电"的运行情况开展调研及分析将对清洁取暖工作具有重要的推动作用，编写组以河北省中南部为样本，对2019—2020年采暖季"煤改电"各类用户的电量、负荷进行多维度统计分析，提出保障"煤改电"可持续发展的对策建议。三是光伏扶贫建设成效调研，光伏扶贫是我国十大扶贫模式之一，河北省光伏扶贫走在了全国前列，通过分析河北省光伏资源优势、光伏扶贫典型模式和发展成效，结合实地调研情况，提出光伏扶贫乃至新能源在农村扎实推进的对策建议。四是畜禽废弃物综合利用调研，河北省畜牧业持续稳定发展，在有力保障了民生供给的同时，给美丽乡村建设带来了一定的环境隐患。编写组介绍畜禽废弃物综合利用的意义和发展方向，并通过调研威县君乐宝第四牧场沼气能源站，对畜禽粪污处理能源化综合利用模式、综合效益和面临的主要问题进行分析，提出推动河北省绿色循环农业发展的对策建议。

希望本书的出版，能够在乡村振兴战略实施过程中，为政府部门施政决策、能源企业和研究机构研判河北省农村能源发展、广大农民群众了解农村能源发展趋势提供参考。

冯喜春

2020 年 9 月 1 日

目 录

第一篇 总报告

构建河北农村现代能源体系，促进乡村振兴战略实施 …………… 魏孟举 刘 钊 / 3
 一、河北乡村振兴战略实施概述 ………………………………………… 3
 二、农村现代能源体系内涵 ……………………………………………… 5
 三、河北农村现代能源体系建设成效 …………………………………… 6
 四、河北农村现代能源体系建设的约束性因素 ………………………… 8
 五、河北农村现代能源体系建设面临的挑战 …………………………… 11
 六、农村现代能源体系发展趋势 ………………………………………… 14
 七、河北加快构建农村现代能源体系的对策建议 ……………………… 16

第二篇 探索农村能源"四个革命"

报告1 以生物质为发力点，促进农村能源生产革命 …………… 刘 钊 胡梦锦 赵贤龙 / 23
 一、河北省生物质资源整体情况 ………………………………………… 24
 二、河北省生物质能产业现状 …………………………………………… 32
 三、"十三五"以来河北省生物质能相关政策 ………………………… 36
 四、"十三五"收官之年河北省生物质能发展措施 …………………… 39

五、面临的主要问题和对策建议 …………………………………………… 40

报告2　优化用能结构提升用能效率，加快农村能源
　　　消费革命　………………………………马国真　胡　珀　张泽亚　庞　凝/43
　　一、河北农村能源消费总体情况 …………………………………………… 43
　　二、河北农村能源生活消费现状和趋势 …………………………………… 45
　　三、河北农村能源生产消费现状和趋势 …………………………………… 50
　　四、推动农村能源消费升级的建议 ………………………………………… 59

报告3　推动农村能源体制革命，打通农村能源
　　　发展快车道　………………………刘　钊　胡梦锦　杨　洋　刘雪飞/61
　　一、政府在农村能源管理中的定位 ………………………………………… 61
　　二、我国农村能源体制机制的发展历程 …………………………………… 62
　　三、河北农村能源体制机制现状 …………………………………………… 68
　　四、河北农村能源体制机制发展建议 ……………………………………… 70

报告4　推动农村能源技术革命，带动农村产业升级 …………………………… 73
　　报告4-1　农业电气化　……………………………王云佳　张　凯　张　然/73
　　一、农业电气化概述 ………………………………………………………… 73
　　二、河北农业电气化主要应用场景 ………………………………………… 75
　　三、制约农业电气化推广的主要因素和对策建议 ………………………… 82

　　报告4-2　农村能源互联网技术　…………刘　钊　贾宇琛　温　鹏　高立艾/85
　　一、农村能源互联网的建设意义 …………………………………………… 85
　　二、农村建设能源互联网的约束因素 ……………………………………… 86
　　三、农村能源互联网的战略选择 …………………………………………… 87
　　四、农村能源互联网的技术路线 …………………………………………… 88

　　报告4-3　农村微电网系统构建技术　………韩璟琳　翟广心　檀晓林　贺春光/99
　　一、概述 ……………………………………………………………………… 99
　　二、适应农村典型场景的清洁能源潜力预测与规划技术 ………………… 100
　　三、适应农村新能源消纳的运行优化控制技术 …………………………… 106

四、农村微能源系统交易机制与服务技术 ·············· 108
　　五、农村微电网系统展望 ·························· 112

报告4-4　农村光伏发电技术 ····················· 刘增川/114
　　一、河北省分布式光伏发电现状分析 ················ 114
　　二、农村光伏发电技术 ···························· 115

报告4-5　河北农村光伏发电典型模式效益分析 ······ 宋　妍　赵子豪/134
　　一、光伏发电效益分析方法 ························ 134
　　二、河北光伏电站效益估算 ························ 144
　　三、河北光伏发电典型案例效益分析 ················ 146

报告4-6　"光热+电取暖技术" ··············· 王永利　徐　楠　宋　妍/149
　　一、"光热+电取暖技术"发展的意义 ················ 149
　　二、"光热+电取暖技术"分析 ······················ 151
　　三、"光热+电取暖技术"适用性分析 ················ 158

报告4-7　生物质热解气化技术 ····················· 马正民/160
　　一、生物质热解气化技术的意义 ···················· 160
　　二、生物质热解气化机制 ·························· 161
　　三、生物质热解气化技术的关键设备 ················ 163
　　四、生物质热解气化多联产技术 ···················· 167

报告4-8　垃圾焚烧发电技术 ············ 张　彬　李学军　巩保峰　薛　珊　王少敏/171
　　一、垃圾焚烧发电技术的意义 ······················ 171
　　二、垃圾焚烧技术概述 ···························· 172
　　三、垃圾焚烧发电技术的关键设备 ·················· 173

报告4-9　被动式超低能耗农房建筑技术 ··············· 林少忠/180
　　一、被动式建筑技术的发展历程 ···················· 180
　　二、被动式房屋的建造原则与技术关键点 ············ 182
　　三、装配式超低能耗建筑在农居的应用推广 ·········· 184
　　四、普通民居与超低能耗民居的节能对比分析 ········ 188

第三篇　践行农村能源高质量发展

报告1　正定县能源互联网示范项目　　　国网正定供电公司课题组　高　倩/193
　　一、项目背景　　　193
　　二、项目实施总体思路　　　194
　　三、"一站式"能源互联网服务模式　　　195
　　四、塔元庄村级能源互联网示范项目　　　199
　　五、项目效益分析　　　202

报告2　崇礼区农村能源革命示范县　　　李顺昕　岳　昊　岳云力/204
　　一、项目实施总体思路　　　204
　　二、绿电村示范项目　　　207
　　三、生态农庄示范项目　　　212
　　四、滑雪度假村示范项目　　　216

报告3　饶阳县智慧农业能源互联网
　　　　服务生态圈示范项目　　　乔　伟　刘　平　郗　兵/221
　　一、项目背景　　　221
　　二、项目实施总体思路　　　223
　　三、项目建设内容　　　224
　　四、技术特征　　　229
　　五、项目效益分析　　　230

报告4　平山县虚拟变电站项目　　　安佳坤　赵　杰　赵　阳　黄　凯/233
　　一、项目背景　　　233
　　二、基于虚拟变电站技术的解决方案　　　236
　　三、技术特征　　　241
　　四、项目效益分析　　　243

报告5　保定麒麟店村集中式居民采暖能源利用　　　施宁宁　吕　稳　杨　桢/244
　　一、项目背景　　　244

二、项目实施基本思路 245
　　三、项目建设内容和规模 245
　　四、技术特征 247
　　五、项目效益分析 248

报告 6　中节能生活垃圾焚烧发电二期扩建
　　暨餐厨垃圾无害化处置共建项目　　　　　　　　张倩茅 /250
　　一、项目背景 250
　　二、项目优势 251
　　三、建设实施思路 252
　　四、工程技术方案 253
　　五、生态环境保护措施 256
　　六、项目效益分析 257

第四篇　调研农村能源建设成效

报告 1　河北县域用能样本调研　　　　　　　　　赵贤龙　刘雪飞 /261
　　一、调研概述 261
　　二、调研分析 262
　　三、对策建议 273

报告 2　河北中南部"煤改电"取暖
　　运行情况调研　　　　　　胡诗尧　杨书强　张　晶　孙鹏飞 /275
　　一、"煤改电"整体推进情况 275
　　二、"煤改电"面临形势 278
　　三、"煤改电"电量完成情况 279
　　四、基于 HPLC 数据采集的运行情况分析 281
　　五、负荷统计分析 283
　　六、"煤改电"可持续发展的相关建议 284

报告 3　河北光伏扶贫可持续发展调研　　　赵贤龙　宋　妍　梁　巍　石双亮 /286
　　一、光伏扶贫开展背景 286

二、河北省开展光伏扶贫的优势 ………………………………………………… 287
三、河北省光伏扶贫典型模式 …………………………………………………… 288
四、光伏扶贫政策梳理 …………………………………………………………… 290
五、河北光伏扶贫建设总体成效 ………………………………………………… 293
六、光伏扶贫调研分析 …………………………………………………………… 295
七、可持续发展面临的主要问题和对策建议 …………………………………… 297

报告 4　威县君乐宝第四牧场能源站调研 ……………………… 刘　钊　胡梦锦　张　凯/300
一、河北加强畜禽废弃物综合利用背景 ………………………………………… 300
二、畜禽粪污综合利用主要方式 ………………………………………………… 301
三、威县君乐宝第四牧场能源站调研 …………………………………………… 302
四、推动畜禽废弃物综合利用的建议 …………………………………………… 308

第一篇 总报告

构建河北农村现代能源体系，促进乡村振兴战略实施

摘要：

我国高度重视农村能源发展在稳增长、调结构、惠民生中的重要作用，党中央、国务院在2018年印发的《乡村振兴战略规划（2018—2022年）》中明确提出要构建农村现代能源体系，这不仅是建设农村现代经济体系的迫切需要，同时也是净化美化农村生态环境、提高农民生活品质，实现乡村振兴发展目标的重要途径。"十三五"以来，河北省农村现代能源体系建设成效显著，在乡村振兴过程中起到了重要的基础性支撑作用。本文首先诠释了农村现代能源体系的基本内涵，然后介绍了河北省在农村能源消费、生产、基础设施、示范引领、体制机制等方面的建设成效，并通过分析河北省农村能源发展约束性因素、面临的挑战和发展趋势，从顶层设计、提高能效、生物质能利用、多能互补、城乡融合、金融保障和创新驱动等角度提出发展建议，以期为河北省农村现代能源体系建设提供参考。

作者简介：

魏孟举，国网河北省电力有限公司经济技术研究院，副总工程师，研究方向：能源战略与能源经济。

刘　钊，国网河北省电力有限公司经济技术研究院，高级经济师，研究方向：能源经济与能源互联网。

一、河北乡村振兴战略实施概述

（一）河北农村基本情况

河北省位于东经113°27′至119°50′，北纬36°05′至42°40′，东临渤海、内环京津，西为太行山地，北为燕山山地，面积18.88万 km^2。河北省在战国时期大部分属

于赵国和燕国,所以河北省又被称为燕赵之地,兼有高原、山地、丘陵、平原、湖泊、海滨等多种地貌,是全国重要粮棉产区。

《中国统计年鉴(2019)》和政府官网数据显示,截至2018年年底,河北省共有农用地1306.14万hm^2,其中耕地652.36万hm^2,园地82.78万hm^2,林地459.27万hm^2,牧草地40.07万hm^2。共有11个地级市、20个县级市、95个县、6个自治县,共有1970个乡镇,50 201个村,乡村人口3292万人,占全省总人口的43.57%。

(二)河北乡村振兴战略实施成效显著

农业现代化步伐加快,乡村产业逐步壮大。2018年,河北省第一产业增加值达3338亿元,占比9.27%。农作物播种面积819.71万hm^2,其中粮食作物播种面积653.87万hm^2,粮食产量3700.9万t,棉花23.9万t。木材产量87.4万m^3,大牲畜371.6万头,肉猪出栏3709万头,水产品总产量109.6万t,基本实现了以种植业为主的传统农业向农林牧渔业全面发展的现代农业的根本性转变。河北省第一产业能源消耗总量为675万吨标准煤,占能源消耗总量的2.22%。农机总动力达到7589万kW,占全国总动力的7.5%以上,居全国第三位;亩①均动力达到0.91 kW,高出全国0.55 kW的平均水平;主要农作物生产耕种收综合机械化水平达到77.2%,比全国平均水平高11个百分点,同时乡村旅游、休闲农业、农业电商等农业新业态蓬勃发展,一、二、三产业融合步伐加快。

农民生活水平稳步提高。2018年,河北农村居民人均可支配收入14 030元,较上年增长9.2%,高出全国0.4个百分点。其中工资性收入7454元,经营净收入4611元,财产净收入298元,转移净收入1667元,人均消费支出11 383元。农民耐用消费品大幅增长,每百户拥有汽车37.6辆,电动助力车103.7辆,空调81台,热水器65.3台,99.5%的农户拥有自己的住房,拥有商品房的农户达到98.6万户,城乡保险实现制度并轨,低保、社会救助体系不断完善,乡村终端生活能源消费1597.6万吨标准煤。

农村人居环境持续改善。2018年2月,河北省委、省政府印发《农村人居环境整治三年行动实施方案(2018—2020年)》,标志着河北省农村人居环境整治全面开展,对村庄及周边区域生态环境开始进行全面排查整治。截至2018年年底,全省4.8万个村庄建立了"村收集、乡镇转运、县集中处理"的城乡一体化垃圾处理机制,51座垃圾焚烧处理设施开工建设,其中9座已建成,为构建"工艺先进、布局合理、全面覆

---

① 1亩≈666.67 m^2。

盖"的生活垃圾处理体系打下坚实基础。河北省按照宜电则电、宜气则气、宜煤则煤的原则，推广"双代"及其他新型清洁取暖方式，保障农民温暖过冬，推进大气环境质量持续改善。

（三）乡村振兴背景下构建农村现代能源体系势在必行

能源是经济社会发展的动力来源，更为人类生存提供基本保障。河北农村能源结构逐步优化，能源消费水平不断升级，农村能源开发保持强劲发展势头，但同时也要看到，河北省农村能源消费仍以煤炭为主，农村生活人均能耗在北方省份中处于较高水平，农村能源基础设施与城镇仍存在较大差距，农村现代能源体系建设进程需进一步加快。

二、农村现代能源体系内涵

我国高度重视农村能源发展在稳增长、调结构、惠民生中的重要作用。构建农村现代能源体系不仅是建设现代农村经济体系的迫切需要，还是净化美化农村生态环境、提高农民生活品质、实现乡村振兴发展目标的重要途径。建立农村现代能源体系，从能源消费侧来看，就是要通过优化用能结构、提高用能效率，构建清洁高效的农村能源消费体系，推进农村生态文明建设，保障农民能源消费升级；从能源生产侧来看，就是要通过有效利用农林等废弃物和光伏等天然资源，引导农民积极参与能源生产，构建绿色安全的农村能源生产体系，保障农村能源供给，为农村产业升级提供新动能；从能源服务侧来看，就是要通过加快能源基础设施建设、完善能源供应和运维网络，构建优质便捷的农村能源服务体系，提升农村普遍服务能力，推进城乡一体化发展（图1）。

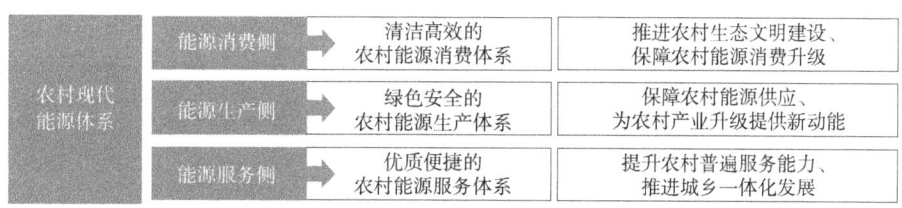

图1 与"农业强、农村美、农民富"深度融合的农村现代能源体系构架

三、河北农村现代能源体系建设成效

"十三五"以来，河北农村能源基础设施网络逐步完善，农村能源供给和消费向绿色高效转型进程加快，农村现代能源体系建设成效显著，为保障和改善农村民生，促进乡村振兴起到了重要作用。

（一）农村能源消费不断升级

清洁能源消费范围逐步扩大。"十三五"以来，全省完成居民"双代煤"改造655万余户，减少散煤燃烧1500万余t，大幅削减二氧化硫、氮氧化物及烟尘排放，改善了农村屋内和屋外空气质量；截至2019年年底，河北建设处理农业废弃物沼气工程2782处，总池容近62万m^3，年产气量约1亿m^3，年可消耗畜禽粪便、农作物秸秆等农业废弃物190余万t；改造提升生物质能源化利用工程22处，布局生物质能源化收储运站点68处，新增生物质能源化利用能力13万t，建成农村可再生能源集成示范户5000户以上，实现炊事取暖及洗浴热水等日常生活用能全部清洁化。

便利能源使用方式日益广泛。2020年1月，国网河北省电力有限公司经济技术研究院收集了13 614户《河北乡镇用能情况调研问卷》。从中可以看出，农村家庭超过50%将燃气灶、电磁炉等清洁灶具作为主要灶头类型，超过70%安装了太阳能或电热水器，超过90%同时拥有电冰箱、洗衣机和电视机，近50%拥有机动车，农村能源消费不断升级，农民生活更加舒适便利。

（二）农村可再生能源发展势头强劲

可再生能源进入快速发展阶段。截至2019年年底，河北省可再生能源发电装机容量达到3385万kW，占全国可再生能源装机总容量的4.3%，排名全国第六。可再生能源利用水平不断提升，弃风率、弃光率持续下降，在多元化应用、体制机制、商业模式、技术创新等方面取得显著成效。

生物质能源化规模快速提升。"十三五"以来，河北省大力发展沼气工程和秸秆综合利用工作，并在衡水、邯郸开展整市、整县推进畜禽粪污与秸秆综合利用试点。积极推广农业农村部秸秆农用十大模式，总结推广河北省典型模式，如安平县"气热电肥联产"、定州市"规模化生物天然气PPP推广"、三河市"车用生物天然气"、中广核集团秸秆粪污结合规模化生物天然气能源化利用模式、青县"秸—沼—肥"综合利用、肥乡区秸秆气炭联产供暖供气、故城泰达生物质发电、冀州市国科生物质成型燃料等模式经验，有效提高了畜禽粪污和秸秆能源利用水平，推进了标准煤替代、化肥减量、碳减排等工作，得到国家和部委的充分肯定。

光伏扶贫走在了全国前列。截至2019年年底，河北省光伏扶贫共完成393.5万kW，扶贫户数34万户。其中，集中式光伏扶贫电站99个、255.2万kW，帮扶9万户；村级扶贫电站6852个、131.6万kW，帮扶23万户。

（三）农村基础设施网络快速完善

农村电网保障能力增强。"十三五"新一轮农网升级改造以来，河北省积极推进小城镇电网改造、机井通电、贫困县通动力电工作，农网供电指标进一步提升，农村用电量逐年增长，补齐了农村电网建设和供电服务短板，促进了县域城乡经济发展，截至2019年年底，河北省县域电网累计投资412亿元，完成110kV及以下电网线路建设77 574万公里，"两户一率"指标整体达到国家要求，顺利完成国务院提出的"提前一年完成'十三五'全部改造升级任务"的建设要求。

农村燃气管道取得长足发展。截至2019年年底，河北省大部分区县实现管道通气，并通过在不适宜的地区规划建设分布式LGN储气罐，基本达成"县县通气"工程目标，在河北农村清洁供暖，保障能源供需平衡方面发挥了重大作用。

（四）多项农村现代能源试点全国领先

石家庄正定县一站式智慧能源服务项目，充分利用塔元庄红色基因的传播效应，从助力乡村振兴、促进乡村用能转型的角度出发，试点打造乡村综合能源利用和智慧生活示范项目，构建可复制、可推广的乡村智慧用能新模式。

张家口崇礼县为农村能源革命示范县，其探索了"农村生活＋绿电替代模式、农业生产＋生态农庄模式、冬奥会＋滑雪度假村模式"3种崇礼农村能源革命的发展模式，为河北省广泛开展农村能源革命提供了前瞻性示范实践。

衡水饶阳县智慧农业综合能源示范项目，综合利用现有资源，提供综合能效服务套餐定制化服务，提高蔬菜大棚区供电可靠性，提高电网设备综合利用率，以电网资源的综合应用，实现农民创效增收。

石家庄平山县建成河北省首座虚拟变电站，提升了当地分布式能源利用小时数，增加了农村收入，提高了农网供电可靠性，开启了山区供电末端电网发展新模式。

（五）农村现代能源机制体系逐步形成

党的十八大以来，河北省落实党中央、国务院的部署，在法律层面逐步形成多方约束的基本保障机制，在规划层面涉及农村能源的内容逐步丰富，在财政层面不断加大对农村的投入，初步形成了支持农村能源发展、健康发展的机制体系。

在农村能源规划指导方面，省能源局负责全省农村能源总体规划，农业厅、水利厅、林业局、环保厅等多部门负责农村能源与各环节统一协调，形成了统一规划分领域协同管控的良好局面。

在财税扶持机制方面，河北省深入贯彻习近平新时代中国特色社会主义思想，坚持"绿色青山就是金山银山"的理念，在农村用能、光伏扶贫、"双代"、建筑节能等方面相继出台财税扶持政策，构成相对完备的农村能源财税政策体系。

在监管保障机制方面，2018年出台《河北省农村散煤复燃监督检查方案》，就农村散煤复燃问题提出完善"发现、处置、报告、通报、问责"监督检查工作制度。2019年出台《河北省优化调整能源结构实施意见（2019—2025年）》，提出创新监管方式，建立省级主管部门与国家能源局派出机构、各市、县政府部门之间上下联动、横向协同、相互配合的能源监管机制。

四、河北农村现代能源体系建设的约束性因素

农村能源与当地经济、气候条件、区域资源、城镇化率等因素密切相关，河北两山山区、坝上高原、山前平原、黑龙港流域及沿海经济带等不同地区农村的地域差异性，要求河北农村能源发展必须结合各地区农村能源的区域特点，充分考虑农民的经济承受能力，因地制宜发展适合本地区的农村能源道路，服务好城乡融合和乡村振兴战略。

（一）地域约束因素

河北地处中纬度沿海与内陆交接地带，高原、山地、丘陵、盆地、平原类型齐全，从西北向东南依次为坝上高原、燕山和太行山地、河北平原三大地貌单元，不同地区农村的地域差异性，要求河北农村能源发展不能一刀切，需因地制宜选择发展方式和技术路径（表1）。

表1 河北省农村基本情况差异

名称	全年日照/h	平均温度/℃	农村人均耕地面积/m²
石家庄（含辛集）	2150.7	14.2	828.60
唐山	2536.5	12.4	1008.74
秦皇岛	2763.9	11.5	915.81
邯郸	2134.8	14.6	872.30
邢台	1965.0	14.2	1087.81
保定（含定州）	2170.8	13.1	825.06
张家口	2875.7	7.1	2963.62
承德	2590.9	8.1	1316.28
沧州	2586.0	13.8	1300.51
廊坊	2483.5	12.9	1082.06
衡水	2339.4	14.1	1530.87
标准偏差	288.05	2.54	612.17

注：数据来源于《河北省经济年鉴（2019）》。

（二）环保约束因素

河北环境治理形势依然严峻，《中国能源统计年鉴（2018）》显示，河北农村能源消费中煤炭占比为47.60%，仍占主导地位，压煤减煤是优化能源结构的首要目标，农村能源的开发利用必须以保护并优化乡村生态环境为基本前提（表2）。

表2 河北省农村生产生活能源消费统计

名称	煤	油品	天然气	电力
2017年消费量	1367.32万t	318.86万t	13.33亿m³	363.28亿kW·h
折合标准煤	976.67万tce[①]	468.72万tce	159.96万tce	446.47万tce
占比	47.60%	22.84%	7.80%	21.76%

注：数据来源于《中国能源统计年鉴（2018）》。

---

① tce为1 t标准煤当量。

（三）经济约束因素

《中国统计年鉴（2019）》显示，河北农村居民的人均可支配收入为 12 880 元，较城镇居民低 57.84%。农民对能源产品的价格变化敏感，农村能源发展应当通过规模化经营、提高建筑节能用能效率，尽可能减轻农民的经济负担（表3）。

表3　人均可支配收入和支出对比　　　　　　　　　　　　　　　　　单位：元

项目名称	河北省农村居民	河北省城镇居民
人均可支配收入	12 880	30 547
人均消费支出	10 536	20 600
能源生活消费支出	974.68	914.20
能源消费支出占比	9.25%	4.44%

注：数据来源于《中国能源统计年鉴（2018）》和《中国统计年鉴（2019）》。

（四）城镇化约束因素

2010—2019 年，随着河北省新型城镇化进程的加快，河北农村地区的人口数量由 3993 万下降到 3383 万，减少了约 610 万人，城镇化率由 44.50% 上升到 57.42%，提升了 12.92 个百分点。农村能源发展必须结合农村人口分布特点和变化趋势，防止能源规划与城镇化进程出现矛盾（图2）。

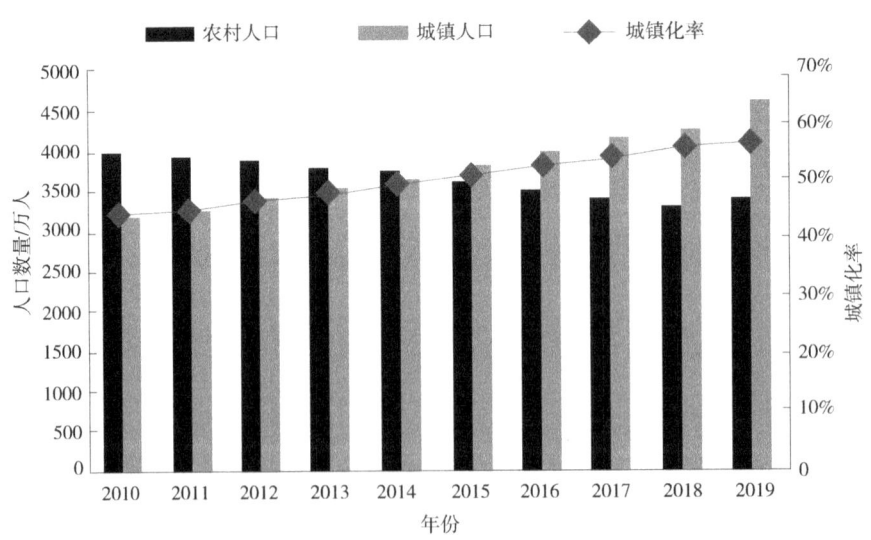

图2　2010—2019 年河北省城镇化率变化情况

注：数据来源于 2010—2018 年《河北经济年鉴》和《河北省人民政府工作报告（2019）》。

五、河北农村现代能源体系建设面临的挑战

河北农村现代能源体系建设成效显著，对促进农村经济发展，保障和改善农村民生起到了重要作用。但同时也应看到，河北农村能源体系仍不完善，在消费、生产和服务等方面仍存在一些深层次的问题亟须解决。

（一）能源消费侧

1. 用能结构持续优化，但以煤炭为主导的格局仍未改变

散煤用量大是影响农村生态文明建设的重要原因。近几年来，农村生产和生活用能中清洁能源占比逐年提升。但受"富煤贫油少气"的资源禀赋、农村劣质散煤监管难、用能成本差异等因素影响，目前河北农村能源仍主要依靠煤炭，河北农村能源消费中煤炭占比达47.10%，比全国农村煤炭占比38.40%高8.7个百分点，农村能源环保治理形势依然严峻（表4）。

表4 河北省农村生产生活能源消费统计

名称	煤/万 t	油品/万 t	天然气/亿 m³	热力/万 kJ	电力/亿（kW·h）
农林牧渔业消费	95.32	154.99	3.10	206 87 万	107.68
农村生活消费	1272.00	163.86	10.23	—	255.60
消费量合计	1367.32	318.85	13.33	206 87 万	363.28
折合标准煤	976.67 万 tce	468.71 万 tce	174.62 万 tce	703 万 tce	446.47 万 tce
占比	47.10%	22.61%	8.42%	0.34%	21.53%

注：数据来源于《中国能源统计年鉴（2018）》。

2. 能源消费持续升级，但用能效率普遍不高

建造与地域气候条件和太阳辐射资源相适应的被动低能耗建筑，因地制宜设计安装高效的建筑用能系统，是提升用能效率、降低能源支出的重要手段。但由于一次性投入较高，农民节能改造意愿并不强烈。以石家庄地区100 m²农房采用热泵式电采暖设备为例，采用50 mm聚苯板外墙、平开式塑钢窗、增加吊顶的方式对农房进行节能改造，减去河北农房节能改造试点补助资金4000元，费用约需1.3万元。经测算，用

户保温房屋的抗停电承受时间大幅提升到 5 h，改造后采暖热负荷降低了 70 W/m² 左右，可减少 50% 左右的采暖能耗，年节约取暖成本 800 元。以目前用电补贴政策测算，资金回收年限约 16 年。同时，用能设备尤其是取暖设备选型标准不同导致设备效率参差不齐（图 3）。

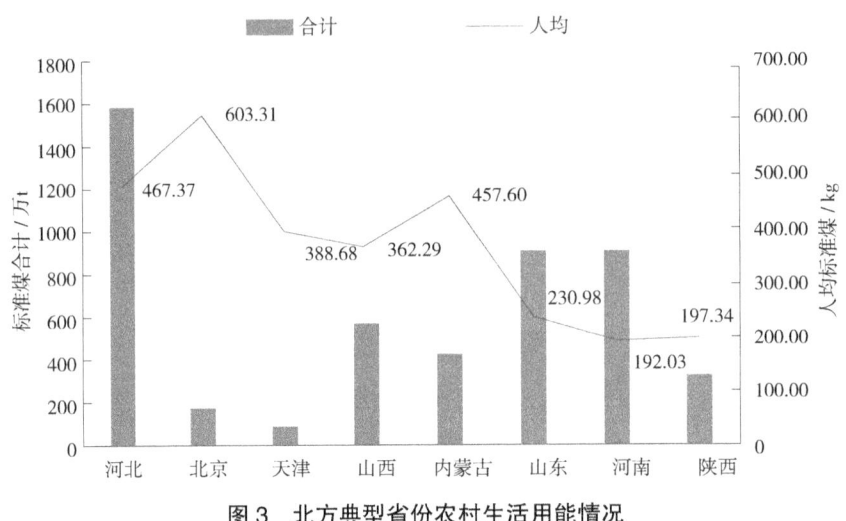

图 3　北方典型省份农村生活用能情况

注：数据来源于《中国能源统计年鉴（2018）》和《中国统计年鉴（2018）》。

近 3 年，河北"双代煤"工作密集开展，改善空气质量的同时带来了一些新的问题。"煤改电"需要政府、用户、产业、电网全方位推动；"煤改气"主要以限制各地工业用气的方式"挤出"气源，并通过跨地区调运来保障居民取暖用气，供应压力较大。"双代煤"长期持续发展的基础不牢固，部分地区存在"返煤"的可能。从 2020 年收集的河北《乡镇用能情况调研问卷》中可以看出，"双代煤"后，取暖支出占到农民能源消费支出的 70% 以上，可以说清洁取暖能否更经济更便利，直接影响到河北清洁能源消费能否可持续发展。

（二）能源生产侧

1. 生物质能潜力巨大，但产业发展阻碍重重

河北省生物质资源丰富，农作物秸秆、林业剩余物、畜禽的粪便、生活垃圾等生物质能源折合成标准煤合计 5735.9 万 t。理论上讲，河北省生物质能源总量能够满足农村地区全部生产生活用能。但目前，河北省生物质能源利用结构不够合理，行业总体处于起步阶段，缺乏生物质能源利用的整体规划，原料供应体系不完善，

开发利用模式还有待进一步拓展。以秸秆为例，全省秸秆综合利用率达到96%，全国领先，但近2/3的秸秆用于还田，还田若处理不当，容易引起病菌、虫害，影响下茬庄稼发芽。目前，河北秸秆能源利用率仅为6%左右，其能源价值未充分发挥。无论从优化用能结构的角度，还是从延长农业产业链、发展循环经济、为农民增收的角度，应将生物质能源化利用作为农村现代能源发展的重要部分，实现一举多得（表5）。

表5 河北省主要生物质资源总量

类别	可利用资源量/万t	折合标准煤/万tce
农作物秸秆	5044	2668
林业剩余物	1276	715
畜禽粪污	2641	1886
生活垃圾（含城镇）	1130	467
合计	10 091	5736

注：数据来源于《河北农村统计年鉴（2018）》和《河北省"十三五"生物质发电规划》。

将生物质能作为农村能源生产革命的发力点有其必然性。近年来，河北加大了生物质天然气、热电联产等项目建设力度，但生物质能产业总体处于起步阶段，生物质能源利用率仍处于低位。经调研分析，阻碍河北生物质能发展的原因主要有以下几个方面。一是收储运体系不健全，老百姓缺乏收集积极性，田间秸秆等得不到充分收购，且平均收购价格上涨，导致企业收购成本增加；二是农村垃圾主要实行"村收集、镇转运、县处理"模式进行填埋处理，就地能源化利用未引起重视；三是生物质能涉及原料收集、加工转化、产品消费、伴生品处理等诸多环节，目前河北尚未形成系统化的高附加值商业开发模式。

2. 新能源产业发展全国领先，但增速大幅放缓

新能源产业在农村的快速发展，为农村产业拓展和升级提供了新动能。但受政策与经济环境等因素影响，2019年河北省新能源装机增速大幅下降。以光伏为例，2019年河北新增装机容量为240万kW，同比下降34.43%，全国新增装机容量同比下降31.20%，河北高于全国平均降幅约3个百分点。其原因主要是有两个方面。一方面，自2018年以来补贴退坡步伐加快，新能源产业收益短期受到冲击；另一方面，近年来新能源发展速率超过了政策机制优化的速率，对产业良性发展产生一定影响（图4）。

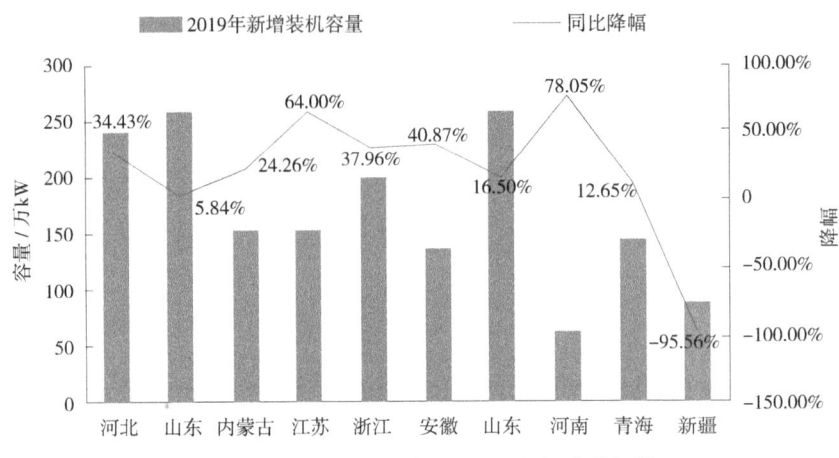

图 4　光伏总装机十强省份 2019 年新增装机情况

注：数据来源于"国家能源局官网"。

（三）能源服务侧

农村能源服务能力大幅提升，但仍与城镇有较大差距。随着可再生能源生产的大幅推广，河北农村能源已经发展到了"建服并重"的阶段，结合农村环保能源建设的发展现状，如何处理协调好"建"与"服"并重的实际问题，对提升河北农村能源普遍服务能力有着重要意义。目前，农村仍受制于"城乡二元结构"约束，农村能源基础设施与城镇仍有较大差距。部分偏远农村线路供电半径长，导致用户端电压偏低；天然气和热力管网规模化供能特点与农村分散式居住特点之间存在矛盾，导致集中供能在农村覆盖面窄。农村新能源的后期运维团队、运维资金来源等在政策层面尚未明确，服务市场仍存在标准缺失、准入门槛模糊、人员资质参差不齐等问题，农村能源综合服务体系尚未建成。

六、农村现代能源体系发展趋势

（一）生物质资源高效利用，在农村能源中占有重要的地位

生物质资源包括农作物秸秆、林业剩余物、农产品加工废弃物、畜禽粪便、生活垃圾等，在国家乡村振兴战略中，生物质能作为唯一与"三农"有直接关系的能源类型，被列为重要发展方向。近期，为了促进生物质能源化利用，国家发布了一系列政策进行引

导。例如，2018年1月国家能源局发布了136项《"百个城镇"生物质热电联产县域清洁供热示范项目》，河北占据21项，装机容量共70万kW，项目数量和装机容量各省最高；2018年12月国家能源局向各省下发了《关于请编制生物天然气发展中长期规划的通知》，将生物质天然气列入国家能源发展战略，国家政策推动了河北生物质能源化利用快速发展。

目前，许多农业大国已将发展生物质能源产业作为重大国家战略来推进，发达国家在生物质能利用方面具有领先优势，充分发挥生物质在改善生态环境和清洁能源产品方面的双向清洁作用。美国作为生物质能利用最早的国家之一，近年来致力于利用有机固体废弃物生产生物能源，同时生产肥料等附加产品，其经济效益非常可观。加拿大开发了基于互联网技术的农村废物回收和产业共生平台，大幅提升了农业废弃物回收率。欧盟各国在政府相关政策的支持下，逐步加强生物质能的利用工作，通过对生物质能免税、实施差额摊税政策，激励生物质产业发展。日本将无线射频识别（RFID）技术在垃圾清运、计量系统及废弃物统计、监测管理等领域进行了应用。

（二）多能协同互补，引领能效变革

农村地区多种能源共存，每种能源的利用都存在不足，在农村能源发展中，因地制宜发展分布式和集中式相结合的多能协同互补系统，发挥生物质、风电、光伏等可再生能源与传统化石能源的各自优势，是农村现代能源的发展趋势。日本在经历福岛核泄漏后，加快了分布式能源技术创新和电力市场创新的步伐，能源供给系统开始向分布式能源体系转型，通过以需求响应和虚拟电厂为代表的新业态，不仅聚集了大量散落的分布式能源，而且创造了防灾减灾的新价值。丹麦等欧盟国家以分布式供能方式开发建设的风电、生物质发电和热电联产项目比重越来越高，政府不仅在法律上明确了保护和支持分布式能源发展的立场，而且给予相应的财政补贴。美国LO3能源公司以微网为依托，以区块链为底层技术基础，通过智能电表和计算单元共同测量农户的能源生产与消费，实现电力供需就地平衡，降低区域内用户负担的调度、输配电成本，提高了能源系统利用效率。

河北农村地区风能、太阳能、生物质能、地源热能等可再生能源丰富，但各种能源在供能的持续性和稳定性上存在自身的不足，构建分布式多能协同互补的能源网络，是建设农村现代能源体系的必然选择。其经济效益主要体现在：提高能源利用效率和

降低能源损耗；提升可再生能源消费比重和促进就地消纳；使广大农户从能源消费者向能源生产者转变，带动广大农村贫困地区脱贫致富。

（三）强化节能优先，是农村能源消费总量控制的有效手段

在目前可再生能源短期难以等量替代传统化石能源的情况下，大多数发达国家尤其是日本把降低能耗放在了重要位置。日本通过颁布《关于能源合理化使用的法律》，从法律法规方面进行约束，同时重视建筑节能，"节约能源""延长建筑的使用寿命"已深入建筑设计和日常使用中。我国发布的《促进能源生产和消费革命战略》也提出控制总能耗、大幅提高能源利用效率的战略要求。河北农村生活用能占到农村用能总量的 76.72%，通过降低农民生活能耗，可极大降低农民的生活成本，保障农民能源消费可持续性升级。

（四）社会各方协同，是降低政府投入的有效手段

发达国家在谋求农村能源可持续发展中，政策侧重点由初期的促进产业成熟转变为提高支持资金的使用效率，同时积极引导社会各界参与，政府只需有限出资，带动大量资本投入。例如，美国的非营利性机构——农电合作社由一定区域范围内的农户自愿组成，通过同比例集资和向联邦政府申请低息贷款的方式筹集建设资金，并负责日常能源设施的维护；欧盟非常重视民众对可再生能源的理解和参与，欧盟的可再生能源项目基本由个体在政府的引导下自发发展起来；农民协会作为日本农民自主、自助、自治的重要经济组织，为农业生产包括能源发展构建了强有力的社会化服务体系。

七、河北加快构建农村现代能源体系的对策建议

构建河北农村现代能源体系，可结合乡村振兴战略阶段性目标和各阶段具体要求，按"示范建设期（2020年）、体系定型期（2021—2022年）、全面建设期（2023—2035年）、可持续发展期（2036—2050年）"4个阶段逐步推进（图5）。加强农业、水利、电力、林业、住建、科技、财政等部门的横向协作，对河北农村能源进行普查+典型调查，在顶层设计上，制定长期发展规划，以高质量发展为根本，在各阶段明确电能在终

端能源比重、可再生能源开发规模、清洁煤占比等建设目标,确立区域环境治理、能源利用效率、普遍服务水平、产业带动能力等效益目标,充分发挥市场机制,合理界定供、需、服三方职责,持续推进河北农村能源发展,以减少农村现代能源体系构建中的投资浪费和效率损失。针对目前河北构建农村现代能源体系面临的主要问题,提出以下建议。

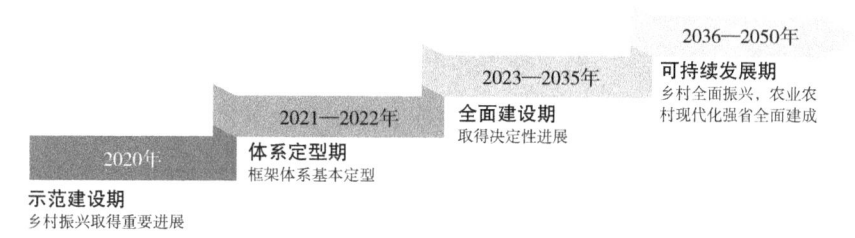

图 5　河北省农村现代能源体系发展阶段

（一）提高清洁用能能效,推动农民能源消费升级

一是科学建立清洁用能评价体系。将环保性和经济性作为评价体系的两项重要指标,在环保性评价上,不局限于取暖形式。在经济性评价上,同时考虑供应成本和消费成本。在制订清洁取暖计划前,县级政府对本县可利用的清洁能源情况进行摸底,市级政府进行监督,根据评价结果,自主选择适宜的清洁取暖方式,因地制宜地选好清洁取暖方式,保障河北农村清洁取暖可持续发展。二是在聚居型村落打造低碳用能系统。结合《河北省新型城镇化与城乡统筹示范区建设规划（2016—2020）》,以社会总投资最小化、资源利用率最大化为出发点,在居住率高、经济基础好的聚居型村落,推广"集中式水蓄热电锅炉"和"集中式热泵"供热方式,打造电能"生态村";在居住率低、生物质资源丰富的聚居型村落,推广"生物质颗粒物加工站+清洁炉灶"和"集中式生物质锅炉"供热方式,打造生物质能"生态村";在非聚居型村落,通过建立科学的清洁用能评价体系,因地制宜选择分散式用能方式。三是综合考虑舒适性、经济性和生活习惯等因素,探索适宜的被动式低能耗农房。首先,应加强农房节能宣传,加大"双代煤"农户和贫困户的农房节能改造补贴力度,在政策补贴上,从"补炉子"向"补房子"过渡,培养农民建筑节能意识;其次,结合河北"城郊融合、集聚提升、特色保护、搬迁撤并、保留改善"等不同村庄类型,因地制宜探索被动式低能耗农房发展;最后,针对河北既有农房特点,编制《既有农房节能改造技术导则》,采用"菜单"形式,设定节能30%、60%等不同等级的改造方案,供农民结合自身需求和承受能力搭配选择,并进行差异性补贴。

（二）将生物质能源置于优化农村能源结构的首位，深挖生物质能开发潜力

生物质资源是农村最丰富、最容易被应用的可再生能源形式，生物质能源化在优化农村能源结构的同时，对改善生态环境、延长农业产业链，解决农村劳动力就业等方面均有促进作用。结合实际情况，现阶段河北发展生物质能源应从以下几个方面着手。一是建立政策保障机制。对生物质等可再生能源项目，优先办理土地、规划、环保、招投标、发电并网、生物质天然气入网等手续，尤其在占地方面开辟"绿色通道"。二是提升生物质能利用优先级，通过关键技术攻关和综合利用示范区带动，推动生物质能向原料多元化、产品多样化和多联产的循环经济梯次综合利用，提升生物质能源化利用比例；谋划推进生物质锅炉供热产业化发展，因地制宜采取生物质户用炉具、生物质锅炉和热电联产3种形式，为居民提供清洁供暖。三是建立"1+X"的原料收储运供应体系。按照合理半径构建一个乡镇级收储中心加多个村级收储点的供应网络，促进原材料便捷有效利用。同时可将收储点建设列入村集体财产，建立企业租用支付费用、收储利润村民共享的利益链接机制，同时吸纳农村剩余劳动力参与收储点运营管理，增加农民额外收入。四是探索废弃物全量资源化利用。可率先在省级畜牧业园等开展畜禽粪污综合利用试点，重点研究畜禽粪污—能源—作物协同处置与循环利用技术，农村垃圾—畜禽粪污—生物质废弃物协同处置与多联产系统，多联产产品深加工等关键技术，建设农村代谢综合产业园，将农林废物、农村生活垃圾、畜禽粪污等的治理和利用与现代能源、化工结合，提高现代农业的附加值。

（三）集中式和分布式供能协同互补，提升农村能源供应保障能力

一是结合城乡统筹规划，加快集中供能方式向农村地区延伸。加强农村地区清洁煤加工点及村镇生物质燃气站、管网和储气调峰等能源基础设施建设，扩大天然气管网和热力管网覆盖范围，增强清洁型煤、燃气、电力供给能力，加快集中供能方式向农村地区延伸。二是发展分布式和集中式相结合的多能协同互补系统。发挥生物质、风电、光伏等可再生能源与传统化石能源的各自优势，根据坝上高原、燕山及太行山地与河北平原的资源禀赋差异，发挥不同能源在季节、天气、地域上的互补作用，促进能源与畜牧业、种植业的联动互补。三是通过"互联网+智慧能源"技术，建立以电能为核心的管控平台，通过互联网技术，将不同能源的信息流、能源流、业务流深

度融合，提高可再生能源传输和利用效率，提升农村电气化水平，实现用能需求及时响应，降低运维成本，进而提高农村能源管理和服务水平。

（四）强化城乡融合发展理念，提升农村能源运维服务能力

一是强化"全生命周期"治理运维意识。通过特许经营、招标或其他竞争性比选方式，择优选择有质量保障、长期经营能力强的能源建设和服务企业，实行市场化运作，统一负责农村能源建设、运营管理和技术服务等事务。二是加强市、县两级农村能源机构及服务体系建设，保留专门机构，增强农村能源综合协同、监管、服务能力，充分发挥科技特派员的能源服务指导作用，开展农村能源生产和运维职业技能培训，面向广大农民普及宣传农村能源科学知识，提高节能环保意识。三是可采用新能源运维保险方式，按分散式电站、村级集体电站缴纳、政府同比例承担保险金的方式，整体购买保险，解决新能源服务资金出处难的问题，保障广大农户持久受益。

（五）创新市场机制，加强金融保障

一是通过设立农村能源专项基金或明确可再生能源发展基金中用于农村能源建设资金的份额，落实生物质利用项目税收优惠政策，加大财政支持力度，提高建设水平，建立政府主导、社会参与的资金投入机制。二是加快推进绿色电力证书交易和竞价补贴目录，充分反映可再生能源的生态价值和代际成本，引导农村绿色消费，促进清洁能源消纳利用。三是建立多元化投入机制，通过积极引入社会资本参与农村能源开发建设，一方面可允许企业通过首次公开发行（IPO）股票或再融资、发行企业债券、短期融资券等债务融资工具，参与农村能源服务站、秸秆收储中心（点）等可商业化运行的能源服务领域建设和运营；另一方面可通过PPP等模式，通过市场化运作，积极引导社会资本参与生物质多联产、分布式多能协同等政府重点扶持的示范项目建设。

（六）充分发挥创新驱动作用

一是可整合农林业科研院校等资源，积极引进国外先进技术和经验，加大研发投入力度，加强对前沿性重点技术的攻关。重点加强对非粮生物质燃料生产、面向资源化的农村废弃物综合利用、农村节能型建筑、能源互联网等技术研究和设备研发。二是可结合河北农村资源禀赋、科研平台条件和产业基础优势，因地制宜试点开展低碳

村,在行唐、元氏、邓庄、怀来、威县等省级以上畜牧产业示范区建立农村代谢共生产业园,在正定、崇礼等有现代农村能源发展基础的县域试点建设农村能源革命示范县和"智慧能源+农业、旅游、会展生态圈",探索可复制、可推广的商业发展模式,树立河北农村现代能源体系的标杆。三是可培育以企业为主体的农村能源技术创新战略联盟,同时构建以市场为主导的资源自由流动和优化配置的政策环境,促进科技、信息、资金、管理等现代生产要素向乡村集聚,带动农村能源产业链发展。

参考文献

[1] 国网河北经研院. 乡土中国"能"从何来[J]. 能源评论,2019(11):56-59.

[2] 谢克昌,任相坤. 农村能源革命与西部能源发展战略研究[M]. 北京:科学出版社,2019.

[3] 河北省统计局. 河北经济年鉴(2018)[EB/OL].[2020-08-20].http://tjj.hebei.gov.cn/res/nj2018/indexce.htm.

[4] 国家统计局能源统计司. 中国能源统计年鉴(2018)[EB/OL].(2019-09-24)[2020-08-20].http://www.stats.gov.cn/tjsj/tjcbw/201909/t20190924_1699094.html.

[5] 国家统计局农村社会经济调查司. 中国农村统计年鉴(2019)[EB/OL].(2020-08-26)[2020-08-30].http://www.stats.gov.cn/tjsj/tjcbw/202008/t20200826_1785896.html.

第二篇 探索农村能源"四个革命"

报告 1　以生物质为发力点，促进农村能源生产革命

摘要：

　　生物质资源是农村最易被开发利用，也是唯一与"三农"密切相关的能源形式。生物质能源化利用在优化能源结构的同时，对改善农村生态环境、延长农业产业链、解决农村劳动力就业等方面均有促进作用，所以可以将生物质能作为农村能源生产革命的发力点。河北省生物质资源能源化利用潜力巨大，这给河北生物质产业发展提供了原料保障。在政府多项政策的推动下，河北省目前形成生物质发电、天然气、固体成型燃料、废沼肥综合利用等多种形式综合发展的局面，生物质能源化已成为河北省农村能源生产的重要部分。本文在测算河北省生物质资源开发潜力的基础上，介绍了河北省生物质产业发展现状和相关支持政策，并通过分析制约河北省生物质能源化利用的主要因素，提出了对全省生物质能源化利用进行系统性规划、进一步完善政策保障机制、建立双级原料收储运供应体系、因地制宜多元化发展生物质能源产业等保障河北生物质能高质量发展的对策建议。

作者简介：

　　刘　钊，国网河北省电力有限公司经济技术研究院，高级经济师，研究方向：能源经济与能源互联网。

　　胡梦锦，国网河北省电力有限公司经济技术研究院，工程师，研究方向：能源经济与新能源。

　　赵贤龙，国网河北省电力有限公司经济技术研究院，高级工程师，注册咨询师，研究方向：能源经济与能源系统。

一、河北省生物质资源整体情况

（一）河北省生物质资源储量大

生物质是指利用大气、水、土地等通过光合作用而产生的各种有机体，即一切有生命的可以生长的有机物质通称为生物质。它包括植物、动物和微生物。广义上，生物质包括所有的植物、微生物及以植物、微生物为食物的动物及其生产的废弃物；狭义上，生物质主要是指农林业生产过程中除粮食、果实以外的秸秆、树木等木质纤维素（简称木质素）、农产品加工业下脚料、农林剩余物及畜牧业生产过程中的畜禽粪污和废弃物等物质。生物质具有可再生、低污染、分布广等特点，是农村能源生产清洁化的重要途径。

1. 农作物产量保持稳定

近年来，河北省稳政策、稳面积、稳产量，深入实施优质粮食工程，大力推广优质专用和节水品种、绿色高产高效集成技术，以粮食生产功能区和重要农产品生产保护区为重点。根据《河北省现代农业发展"十三五"规划》，粮食播种面积不小于9300万亩，粮食综合生产能力不小于670亿斤，秸秆综合利用率达到96%。2020年2月，河北省委、省政府出台的《关于抓好"三农"领域重点工作确保如期实现全面小康的实施意见》提出，"2020年粮食总产量保持在700亿斤以上。以粮食生产功能区和重要农产品生产保护区为重点加快推进高标准农田建设，新建286万亩、达到4982万亩"。稳定的粮食产量和节水品种、绿色高产高效集成技术的推广，为农业剩余物收集、处理，建立现代化利用体系提供基础保障（表1）。

表1 河北省农作物播种面积及产量汇总

名称	2016年		2017年		2018年	
	播种面积/万hm²	产量/万t	播种面积/万hm²	产量/万t	播种面积/hm²	产量/万t
粮食作物						
谷类	6686.7	3682.1	6721.0	3759.0	651 9700	3605.4
豆类	89.1	19.8	90.1	20.8	116 000	28.1
薯类	211.8	117.6	211.6	133.9	226 200	147.9

续表

名称	2016年		2017年		2018年	
	播种面积/万hm²	产量/万t	播种面积/万hm²	产量/万t	播种面积/hm²	产量/万t
油料作物	383.1	126.2	394.6	129.4	367 900	121.4
棉花	230.9	23.9	220.6	24.0	210 000	23.9
麻类						
糖类	12.1	60.4	12.2	62.5	18 100	94.1
烟叶	1.4	0.2	1.3	0.2	1400	0.3
蔬菜类	751.6	5038.9	748.6	5058.5	787 600	5154.5
瓜果	70.3		70.7		73 900	
青饲料	98.1		115.0		71 000	

2. 国土绿化加速推进

河北省坚持绿色惠民、林果富民政策，国土绿化大规模开展，森林资源管护全面加强，为建设美丽河北提供了有力支撑。根据《河北省林业发展"十三五"规划》，"十三五"期间，河北省将完成造林绿化2100万亩，其中人工造林1400万亩，飞播造林和封山育林700万亩。完成森林抚育1500万亩，低质低效林改造250万亩，稀疏林补植补造100万亩。预计"十三五"末，河北省林地面积将达到9850万亩，森林覆盖率达到35%，森林蓄积量达到1.71亿m³，林业产业总产值达到2000亿元，果品产量达到2200万t（表2）。

表2　河北省造林面积和果园产量

年份	人工造林/万hm²	飞播造林/万hm²	新封山育林/万hm²	退化林修复/万hm²	人工更新/万hm²	森林抚育/万hm²	年末实有封山育林/万hm²	零星植树/万hm²	育苗/万hm²	果园/万hm²	果园产量/万t
2016	34.6	3.3	13.5	6.6	0.4	40.8	93.7	1043.0	8.6	55.3	1333
2017	37.2	2.0	8.5	0.2	0.3	40.4	86.5	972.9	9.2	56.0	1365
2018	35.9	1.5	22.4	0.0	0.3	44.9	101.9	937.9	9.5	53.0	1347

3. 畜禽养殖成长为支柱产业

畜牧业是河北省农业和农村经济的重要组成部分，是引领河北省农业实现现代化和可持续发展的基础性和战略性产业。河北省畜牧养殖行业近些年发生翻天覆地的变化，畜牧业总产值2018年达到1809.2亿元，位居全国第四，畜牧业占农林牧渔业总产值的比重达到32.3%，已经成为第一产业的支柱，畜牧业的快速发展对河北省农业农村经济及农民生活水平的改善做出了重大贡献（表3至表5）。

表3 河北省畜牧业分项产值　　　　　　　　　　　　　　单位：亿元

年份	畜牧业总产值	牲畜饲养	猪的饲养	家禽饲养	狩猎和捕猎动物	其他畜牧业
2016	1939.2	589.4	686.6	461.3	0	201.9
2017	1735.8	549.9	637.4	395.8	0	152.7
2018	1809.2	605.4	654.7	400.3	0	148.9

表4 2018年河北省主要牲畜出栏量

肉猪/万头	肉牛/万头	肉羊/万头	家禽/万只
3709.6	345.6	2201.4	59 728.2

表5 2018年河北省主要牲畜存栏量　　　　　　　　　　　单位：万头

牛	马	驴	骡	猪	羊
342.0	6.1	18.0	5.5	1820.8	1179.6

4. 垃圾分类逐步规范

河北省出台的《河北省城乡生活垃圾处理设施建设三年行动计划（2018—2020年）》提出，到2020年，基本实现生活垃圾处理设施全覆盖，平原地区基本实现生活垃圾应烧尽烧，山区基本实现生活垃圾无害化处理。石家庄市建成区实现原生垃圾零填埋，生活垃圾无害化处理率达到100%，其他设市城市和县城生活垃圾无害化处理率达到98%以上，农村（建制镇和村庄）生活垃圾无害化处理率达到90%以上。

2018年，石家庄市、邯郸市市区率先开展生活垃圾分类试点，根据试点城市成效，在全省逐步扩大推广范围。承德市作为农村生活垃圾治理工作试点，全市域推进农村生活垃圾治理。省确定的38个示范县（市、区），实施农村生活垃圾就地分类和资源化利用。该计划提出，要加快完善设市城市和县城收转运体系，提高生活垃圾收集覆盖范围和运输装备水平。按照使用人口、垃圾产生量、收集频率等指标，在街道、公园、广场等公共场所，合理设置满足需要的生活垃圾收集容器，全面整治淘汰脏、破、敞口、易散落等不达标收集容器。

在农村，河北省从源头上将生活垃圾按照可堆肥垃圾、不可堆肥垃圾、可回收垃圾、有毒有害垃圾分类，积极探索推行处理源头减量化、收集分类化、处理资源化方式。

（二）河北省生物质资源能源化利用潜力大

结合河北省各种生物质能源种类和资源量，不难发现，河北省生物质资源能源化利用潜力巨大。无论从优化用能结构的角度，还是从延长农业产业链、发展循环经济、为农民增收的角度,应将生物质能源化利用作为农村现代能源发展的重要部分,实现一举多得。

1. 农作物秸秆资源

农作物秸秆是指在农业生产过程中,收获了稻谷、小麦、玉米等农作物籽粒或最具经济价值的皮棉、薯类块茎等部分以后,残留的不能食用的茎、叶等剩余物,与农作物经济产量、农业生产条件和自然条件等因素密切相关。秸秆资源是河北省农业生物质资源的主要组成部分,根据《农业农村部办公厅关于做好农作物秸秆资源台账建设工作的通知》(农办科〔2019〕3号),可收集资源量为理论资源量与收集系数的乘积,其中理论资源量为作物产量与该农作物谷草比的乘积。谷草比专指禾谷类作物的谷粒与其藁秆重量(干物质量)的比值;收集系数为某一区域某种农作物秸秆可收集资源量与理论资源量的比值。

计算公式如下:

$$Q_i = P_i \times R_i \times T_i 。 \tag{1}$$

其中,Q_i为各种农作物秸秆的理论可获得量;i为各种农作物秸秆编号,$i=1,2,3,\cdots,n$;P_i为第i种农作物的年产量;R_i为第i种农作物秸秆的谷草比;T_i为第i种农作物秸秆的收集系数。

谷草比计算公式为:

$$R_i = \frac{m_{i,\text{S}}(1-A_{i,\text{S}})/(1-15\%)}{m_{i,\text{G}}(1-A_{i,\text{G}})/(1-12.5\%)} 。 \tag{2}$$

其中,$m_{i,\text{S}}$表示第i种农作物秸秆的重量;$m_{i,\text{G}}$表示第i种农作物籽粒的重量;$A_{i,\text{S}}$表示第i种农作物秸秆的含水量;$A_{i,\text{G}}$表示第i种农作物籽粒的含水量和杂质率。

表6为华北地区主要农作物谷草比系数。

表6 华北地区主要农作物谷草比系数

玉米	水稻	小麦	其他谷物	棉花	油菜	花生	豆类	薯类
1.73	0.93	1.34	0.85	3.99	—	1.22	1.57	1.00

农作物秸秆收集系数如式(3)所示:

$$T_i = [(1-L_{i,\text{jc}}/L_i) \times J_i + (1-L_{i,\text{sc}}/L_i) \times L_i] \times (1-Z_i) 。 \tag{3}$$

其中,L_i为第i种农作物的平均株高;$L_{i,\text{jc}}$为机械收割时第i种农作物的平均割茬高度;$L_{i,\text{sc}}$为人工收割时第i种农作物的平均割茬高度;J_i为第i种农作物机械收获面积占总收获面积的比例;Z_i为第i种农作物在收获及运输过程中的损失。

可参考的主要农作物秸秆收集系数如表7所示。

表7 可参考的主要农作物秸秆收集系数

序号	秸秆种类	可收集系数
1	玉米秸	0.85
		0.90
2	稻草	0.74
		0.83
3	麦秸	0.73
		0.83
4	其他谷物秸秆	0.85
5	棉梗	0.86
6	油菜梗	0.64
7	花生秧	0.83
8	豆类秸秆	0.56
9	薯类秸秆	0.73
10	甘蔗叶梢	0.70

以现有秸秆资源量和粮食生产分布为基础，河北省农作物秸秆资源可收集量约5044万t（表8）。

表8 河北省农作物秸秆资源量测算　　　　　　　　　　　　　单位：万t

名称	作物产量	谷草比	收集系数	可收集资源量
粮食作物				5044.16
谷类				
玉米	3604.40	1.73	0.90	3022.45
水稻	52.50	0.93	0.83	40.52
小麦	1450.70	1.34	0.83	1613.47
其他		0.85	0.85	58.16
豆类	28.10	1.57	0.56	24.71
薯类	147.90	1.00	0.73	107.97
油料作物	121.38	1.22	0.64	94.77
棉花	23.93	3.99	0.86	82.11

2. 林业剩余物资源

林业剩余物是含硫量小的优质生物质资源，林业剩余物即在林业育苗、采伐造材、加工和利用过程中产生废弃物潜在量的总和。

根据最近一次全国森林资源统计测算，木材加工剩余物率为35%，根据该数据可测算木材加工剩余物；根据《河北统计年鉴（2019）》《中国林业统计年鉴（2019）》确定河北中龄林、幼龄林面积，计算出幼龄林抚育占中幼龄林抚育面积比，按幼龄林抚育均为剩余物，中龄林抚育剩余物率按采伐、造材剩余物率计算，可得出：

$$S=[\sum_{i=1}^{n}\sum_{j=1}^{m}(F_{ij}y_{ij}Q_{ij}+T_{ij}X_{ij}Y_{ij})]+\frac{1}{3}W \quad 。 \tag{4}$$

其中，S 表示统计地区范围内的新材料资源量；i 表示范围内的区域数，$i=1$，2，3，$\cdots$，n；j 表示 i 省份内林地种类数，$j=1$，2，3，$\cdots$，m；F_{ij} 表示 i 省份内不同种林地各占不同的面积；y_{ij} 表示某一种林地产柴率（每公顷一年产量）；Q_{ij} 表示该种林地取柴系数；T_{ij} 表示在 i 区域内 m 中旁林产柴率；X_{ij} 表示第 i 区第 j 种四旁树株数；Y_{ij} 表示第 i 区第 j 种四旁树取柴系数；1/3 为从原木到加工成材剩余物比例；W 表示范围内年原木产量。

可参考的主要林作物取柴系数如表9所示。

表9 可参考的主要林作物取柴系数

林种	薪炭林	用材林	防护林	疏林	灌木林	四旁树
产柴率/（kg/株）	3750	600	375	750	1200	2
取柴系数	1.0	0.2	0.2	0.3	0.3	1.0

以林业条件和废弃物统计为基础，平原地区可收集系数按0.7考虑，山地地区按0.5考虑，测算得出河北省林业剩余物资源量为1276万t。

3. 畜禽粪污资源

在现代化农业发展的大背景下，河北省的养殖业迅速从庭院养殖向集约化、规模化、商品化方向发展，特别是在《河北省奶业振兴规划纲要（2019—2025年）》实施以来，万头以上奶牛场数量迅速增加，蒙牛、君乐宝、河北犇放、新希望、正邦集团、牧原等知名牧业品牌快速发展，在保障肉蛋奶供给的同时，畜牧业也产生了大量废弃物。

畜禽粪污是我国农业生物质能的又一个主要来源。现今，在我国的农业生物质利用技术中，畜禽粪污可以用于田间作为肥料，也可用于沼气的制取等。河北省饲养的畜禽主要有猪、牛、马、驴、羊、鸡、鸭等。其粪便量受畜禽类的生长周期及畜禽的用途所限。具体公式如下：

$$D=\sum_{i=1}^{n}Q_i \times d_i \times m_i =\sum_{i=1}^{n}Q_i \times M_i \quad 。 \tag{5}$$

其中，D 表示畜禽粪污实物总量；Q_i 表示第 i 类畜禽总量；d_i 表示第 i 类畜禽每天产出的粪便总量；m_i表示第i类畜禽的生长周期；M_i表示第i类畜禽在其一个完整的生长周期内粪便产出总量。

根据畜禽饲养期内粪便排放量和河北省主要畜禽饲养存栏数量，计算得出河北省2018年畜禽粪污排放总量为5359.858万t（表10、表11）。考虑0.7的综合收集系数，河北省畜禽粪污可利用量为3751.901万t。

表10 畜禽饲养期内粪便排放总量　　　　　　　　　　　单位：kg

畜禽	肉牛	奶牛	马	驴
粪便排放总量	7300	21 900	550	330
畜禽	骡	猪	羊	家禽
粪便排放总量	330	730	180	5

表11 2018年河北省主要畜禽饲养存栏数量　　　　　　单位：万头

肉牛	奶牛	马	驴	骡	猪	羊
199.3	105.9	6.1	18.0	5.5	1820.8	1179.6

4. 生活垃圾资源

根据生活垃圾资源和清运量现状，结合"十三五"新增转运设施规划，《河北省"十三五"生物质发电规划》计算数据显示，2015年河北省生活垃圾年清运总量约1130万t，预计到2020年河北省生活垃圾年清运总量将达到2360.8万t，增长比例达到109%，呈快速增长态势（图1）。

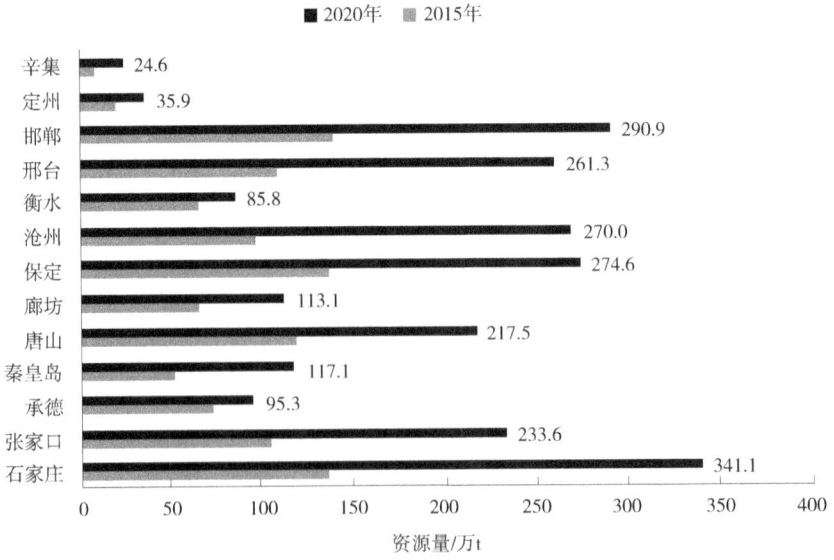

图1　河北省各地市生活垃圾资源量

5. 能源化理论利用量测算

根据河北省生物质资源量和收集现状，结合《中国能源统计年鉴》中各种能源设算标准煤的参考系数，河北省农作物秸秆的可利用量为5044万t，相当于2668.3万吨标准煤；林业剩余物可利用总量为1276万t，相当于714.56万吨标准煤；畜禽的粪便可利用资源量为3772.706万t，相当于1886.35万吨标准煤；生活垃圾可利用量为1130万t，相当于466.69万吨标准煤，河北省生物质资源可利用量合计为5735.9万吨标准煤。理论上讲，河北省生物质资源总量能够满足农村地区全部生活用能，将生物质能作为农村能源革命的着力点有其必然性（表12）。

表12 生物质能源折算系数　　　　　　　　　　　　单位：kg标准煤/kg

生物质	稻秆	麦秆	玉米秆	豆/棉秆	薯类	油料类	麻类
折合标准煤系数	0.429	1.500	0.529	0.543	0.529	0.441	0.500

生物质	牛粪	马粪	猪粪	羊、驴粪	鸡粪	生活垃圾	
折合标准煤系数	0.471	0.529	0.429	0.529	0.643	0.413	

目前，河北省生物质资源利用结构不够合理。以能源化利用潜力最大的秸秆为例，全省秸秆综合利用率达到96%，全国领先，但近2/3的秸秆用于还田。还田若处理不当，容易引起病菌、虫害，影响下茬庄稼发芽。目前，河北省秸秆能源利用率仅为6%左右，其能源价值未充分发挥。无论从优化用能结构的角度，还是从延长农业产业链、发展循环经济、为农民增收的角度，应将生物质能源化利用作为农村现代能源发展的重要部分，实现一举多得（图2）。

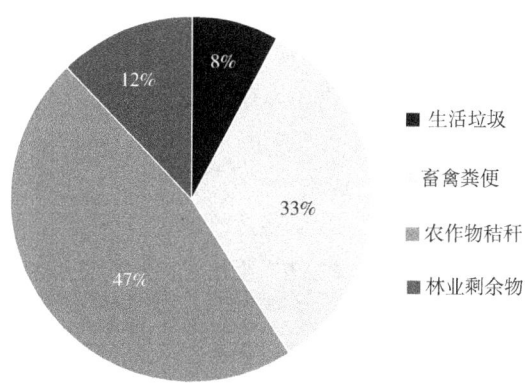

图2 河北省生物质能源化利用潜力分布情况

二、河北省生物质能产业现状

生物质能的转化技术主要有生物转化、化学转化、物理转化3种类型。生物转化主要包括水解发酵和气体发酵,化学转化主要包括热解、气化、液化和直接燃烧等,物理转化主要包括固体成型燃料等。结合产业现状和发展趋势,河北省生物质产业发展主要集中在发电、天然气、固体成型燃料、废沼肥综合利用等形式。

(一)生物质发电

生物质发电是利用生物质所具有的生物质能进行发电,主要包括农林剩余物直燃发电、农林剩余物气化发电、垃圾焚烧发电、沼气发电等形式。其中,生物质热电联产具有可减少温室气体排放、降低热电网输送系统的投资、增强能源供给的稳定性等优点,我国目前生物质发电从以发电为主向生物质热电联产的方向转变。

河北省从全省可再生能源发展总体战略出发,围绕生物质清洁供热、农林生物质发电热电联产,不断提升生物质能源化利用水平,构建分布式绿色低碳清洁环保供热体系,有效治理雾霾,应对气候变化。2018年9月,河北省能源局以"统筹规划、分步实施、市场驱动、政策支持、清洁利用、绿色低碳、部分替代、局部主导"为原则,发布了《河北省"十三五"生物质发电规划》。"十三五"期间,全省规划新建农林生物质发电217.43万kW,城镇生活垃圾焚烧发电111.15万kW(表13、表14)。2019年10月,河北省能源局对"十三五"农林生物质发电和城镇生活垃圾焚烧发电项目进行布局修订,其中对3个农林生物质发电项目装机容量进行调整,取消14个垃圾焚烧发电项目,新增25个垃圾焚烧发电项目;对18个项目的装机容量、日处理规模等进行调整。

表13 《河北省"十三五"生物质发电规划》规模   单位:万kW

所在市	2018年9月	2019年10月	调整后规模
石家庄	25.6	增加1.5	27.1
张家口	25.1	—	25.1
承德	14.0	增加1.5	15.5

续表

所在市	2018年9月	2019年10月	调整后规模
秦皇岛	8.9	—	8.9
唐山	21.2	增加1.5	22.7
廊坊	12.0	—	12.0
保定	16.0	—	16.0
沧州	17.0	—	17.0
衡水	20.6	—	20.6
邢台	25.9	—	25.9
邯郸	25.1	—	25.1
定州	3.0	—	3.0
辛集	3.0	—	3.0
全省合计	217.4	增加4.5	221.9

表14 《河北省生活垃圾焚烧发电中长期专项规划（2018—2030年）》规模　　单位：万kW

所在市	2018年9月	2019年10月	调整后规模
石家庄	20.1	增加10.1	30.2
张家口	5.1	—	5.1
承德	4.5	减少1.4	3.1
秦皇岛	2.9	增加4.1	7.0
唐山	9.9	增加1.8	11.7
廊坊	11.7	—	11.7
保定	14.0	增加10.9	24.9
沧州	15.3	—	15.3
衡水	10.0	减少0.7	9.3
邢台	5.7	增加3.4	9.1
邯郸	9.7	增加5.7	15.4
定州	1.2	增加0.6	1.8
辛集	1.2	—	1.2
全省合计	111.3	增加34.5	145.8

"十三五"生物质发电项目建成后，生物质发电项目规模将达到253.71万kW，城镇生活垃圾焚烧发电项目将达到161.85万kW，每年可节省标准煤约173万t，减排二

氧化碳约370.5 t，二氧化硫约2442 t，氮氧化物约5389 t，对应对能源危机、促进环境治理有重要意义。

（二）生物质天然气

生物质天然气是由秸秆、畜禽粪便、餐厨垃圾等生物质原料经厌氧发酵产生的沼气净化提纯获得，甲烷含量达97%以上，与常规化石天然气无异。发展生物质天然气项目是国家战略，也是中国"十三五"期间重点推广的环保项目，不仅可以解决中国农作物秸秆、畜禽粪污、餐厨垃圾等带来的污染问题，还可以解决农村面源污染、调整区域能源结构。同时，生物质天然气可缓解中国"气荒"，沼渣、沼液可加工成有机肥，用于发展生态农业生物质天然气，不仅能够有利于补齐天然气供需短板，降低进口依存度，提高能源安全保障程度，还能够保护城乡生态环境，促进生态文明建设。

2019年2月，发展改革委发布《关于促进生物天然气产业化发展的指导意见》，要求加快生物质天然气产业化发展，到2025年，生物质天然气具备一定规模，形成绿色低碳清洁可再生燃气新兴产业，生物质天然气年产量超过100亿 m^3。到2030年，生物质天然气实现稳步发展。规模位居世界前列，生物质天然气年产量超过200亿 m^3，在国内天然气产量中占有一定比重。

河北省重视生物质天然气促进可再生能源发展。优化能源结构具有综合利用、拓宽供应、减污降碳等多方面的作用，经济效益和社会效益非常显著。随着规模化发展，产业体量的不断增大，生物质天然气必将发挥更加重要的战略性支撑作用，河北省生物质资源丰富，是生物质天然气发展的热土，近年来，河北省生物质天然气走向快速发展轨道，在定州、衡水等地孕育出了一批全国领先的企业和项目。

亚洲最大的单体生物质天然气项目——中广核衡水生物质天然气项目，是国家生物质天然气工程示范项目、国家能源结构重点扶持项目，被中科院亚热带研究所授予"畜禽养殖污染控制与资源化技术国家工程实验室"。项目占地319.66亩，总投资11亿元，年产车用天然气8910万 m^3、有机肥116万 t，年减排二氧化碳170万 t。项目分两期建设，一期投资4.1亿元，占地150亩。该项目以衡水市丰富的玉米秸秆、畜禽粪污、果蔬垃圾、酒糟为原料，采取以"预处理+干式发酵+沼气净化+沼气压缩+车用燃气"为核心的处理工艺，生产优质的清洁能源和生物有机肥料，形成"工农业废弃物+生物燃气+有机肥料+绿色农业种植"的生物质新能源生态循环产业模式，可有效缓解能源短缺、环境污染双重问题，提高企业增值空间，增加农民收入，促进生态农业发展，实现经济绿色生态、可持续可循环发展。2019年，衡水以此项目为基础，启动了"国际生物质天然气城"创建活动，将成立国家生物质天然气科学研究中心、国家生物质天然气产业装备制造基地、国家生物质天然气示范基地等，大力实施能源清洁利用，加快推动绿色产业发展。

（三）生物质液体燃料

生物质液体燃料的产品形态主要包含燃料乙醇和生物柴油等，生物质液体燃料和传统化石燃料相比，不含硫、含氮元素低，更重要的是生物质液体燃料主要元素碳参与自然界碳元素的循环，这与传统化石能源的本质不同，生物质液体燃料的碳元素的产生和消耗过程完全取自现有自然界中碳元素的循环，不会增加自然环境中碳元素的总量，是一种不破坏自然界现有碳元素平衡及热能平衡的绿色环保型能源。

河北省人民政府办公厅2009年印发的《关于促进生物产业加快发展的实施意见》中指出，"积极开展以甜高粱、薯类、黄连木、文冠果及植物纤维等非粮食作物为原料的液体生物燃料生产试点，推动燃料乙醇和生物柴油等生物能源的发展"。目前，在税收上生物柴油与传统化石能源税率一致，没有优惠政策，尚未形成相应的产业发展规划及产品标准，产业处于起步阶段，需要进一步拓展发展空间。2019年，河北省出台《车用乙醇汽油推广方案》，明确提出"在河北省南部6市已封闭运行车用乙醇汽油基础上，自2019年6月1日起，对承德、张家口、唐山、秦皇岛、廊坊5市开始推广使用车用乙醇汽油，12月底实现全省全域封闭运行"。该政策将进一步促进河北生物质燃料产业发展，但用粮食生产液体乙醇涉及国家粮食安全问题，以粮食为原材料的生产体系受国家粮食产量及粮食安全问题影响较大，因此拓展液体乙醇产业需要进一步研究以非粮食为原料的液体乙醇生产技术。目前，河北省燃料乙醇自产率较低，为了保障供应，由河南天冠集团、中粮安徽公司、河北首钢朗泽公司和国投生物科技投资公司联合供应。河北首钢朗泽公司采用全球最为领先的生物科技，将工业尾气、农林剩余物、城市垃圾转化为燃料乙醇、蛋白饲料等高附加值产品，实现废弃资源的高效清洁利用，践行绿色低碳、循环经济、可持续发展。

（四）生物质成型燃料

生物质成型燃料是以农林剩余物为主原料，经过切片—粉碎—除杂—精粉—筛选—混合—软化—调质—挤压—烘干—冷却—质检—包装等工艺，最后制成成型环保燃料，热值高、燃烧充分。河北省生物质成型燃料的生产包括两种方式：一种是分散方式，在广大农村地区采用分散的小型化加工方式，就近利用农作物秸秆，主要用于解决农民自身用能需要，剩余部分作为商品燃料出售；另一种是集中方式，在有条件的地区，建设大型生物质成型燃料加工厂，实行规模化生产，为大工业用户或城乡居民提供生物质商品燃料。

河北省是我国最主要的生物质成型机械生产区之一，秸秆成型装备整体技术水平和设备加工能力处于全国领先地位。河北天太生物质能源开发有限公司研制生产的成型机械设备入选了《绿色能源示范县建设项目设备供应和技术服务企业推荐目录》。河北奥科瑞丰生物质技术有限公司成功组建了河北省第一家"省级生物质成型机械及燃烧设备技术研发中心"，为提升技术研发水平和设备性能提供了研究平台。全省生物质成型燃料产量约为60万t，其中河北奥科瑞丰生物质技术有限公司全年秸秆固体成型燃料销售量达到了82 355 t；沧州于集振华发植物炭有限公司销售秸秆炭5160 t，河北省已连续4年实施了"农村秸秆成型燃料炊事采暖试点示范项目"。

三、"十三五"以来河北省生物质能相关政策

河北省是农业大省，人口基数大，具有丰富的生物质能资源，发展生物质能具有广阔的空间，大力发展生物质能对替代部分化石能源消费、促进节能减排、提高能源供应保障能力具有重要意义。"十三五"以来，中央各部委及河北省出台了多项政策，推动生物质能源化发展。

（一）"十三五"以来能源领域相关政策

"十三五"以来，能源领域相关政策如表15所示。

表15 "十三五"以来能源领域相关政策

发布机构	名称	发布日期	要点
河北省发展改革委	《河北省可再生能源发展"十三五"规划》	2016年10月14日	因地制宜发展生物质能利用。到2020年，力争推广成型燃料炉具250万户，年应用成型燃料50万t

续表

发布机构	名称	发布日期	要点
国家能源局	《生物质能发展"十三五"规划》	2016年10月28日	发挥生物质成型燃料锅炉在城镇商业设施及公共设施中的应用。在大气污染形势严峻、淘汰燃煤锅炉任务较重的京津冀鲁、长三角、珠三角、东北等区域,以及散煤消费较多的农村地区,加快推广生物质成型燃料锅炉供热,为城镇、工业园区及公共和商业设施提供可再生清洁热力
发展改革委、国家能源局	《能源发展"十三五"规划》	2016年12月26日	积极发展生物质液体燃料、气体燃料、固体成型燃料,有序发展生物质直燃发电、生物质耦合发电,因地制宜发展生物质热电联产
发展改革委	《可再生能源发展"十三五"规划》	2016年12月10日	加快发展生物质能,按照因地制宜、统筹兼顾、综合利用、提高效率的思路,建立健全资源收集、加工转化、就近利用的分布式生产消费体系,加快生物质天然气、生物质能供热等非电利用的产业化发展步伐,提高生物质能利用效率和效益
河北省人民政府办公厅	《河北省节能"十三五"规划》	2017年4月26日	开发利用农村清洁能源,引导农户使用清洁能源进行炊事和取暖,推广秸秆等废弃物能源化利用,发展大型沼气工程,提高高效清洁燃烧炉具使用比例,逐年提高太阳能等其他清洁能源使用比例。到2020年,累计推广高效清洁燃烧炉具100万台,秸秆能源化利用250万t,加快推广燃气、生物质锅炉
国家能源局综合司	《关于开展北方地区可再生能源清洁取暖实施方案编制有关工作的通知》	2017年6月6日	生物质发电尽可能实行热电联产集中供暖,不具备建设生物质热电厂条件的地区,可推广生物质锅炉供暖或生物质成型燃料。结合新农村建设、异地搬迁、小城镇、中心村建设等,在农村推广小型可再生能源集中供暖设施。根据资源条件,推广地源、空气源热泵供暖、生物质锅炉供暖,支持农村地区应用电供暖
国家能源局综合司	《关于开展生物质热电联产县域清洁供热示范项目建设的通知》	2017年8月4日	对示范新建项目优先核准,保障示范项目享受各地清洁供热支持政策,建成后优先获得国家可再生能源发电补贴
河北省人民政府办公厅	《河北省"十三五"能源发展规划》	2017年9月13日	大力发展绿色电力。生物质发电:在农林作物富集、收贮便利等条件好的区域,推广生物质(垃圾)发电,到2020年农林生物质发电装机达到50万kW,垃圾发电装机达到25万kW,沼气发电3.1万kW。 建设优质高效服务体系:突出农作物秸秆、生活垃圾、畜禽粪便等能源化利用,发展生物质、垃圾发电,建设沼气工程和户用沼气设施,发展秸秆成型燃料、纤维素乙醇等液体燃料
发展改革委、国家能源局	《关于印发促进生物质能供热发展指导意见的通知》	2017年12月6日	生物质能供热是绿色低碳清洁的可再生能源供热方式,是替代县域及农村燃煤供热的重要措施

续表

发布机构	名称	发布日期	要点
河北省气代煤、电代煤工作领导小组办公室	《河北省2018年冬季清洁取暖工作方案》	2018年7月24日	继续推进生物质能取暖。在邯郸市充分利用秸秆、枝条、畜禽粪便等资源，加快建设生物质成型燃料，新增生物质供暖0.43万户
河北省发展改革委	《河北省"十三五"生物质发电规划》	2018年9月7日	农林生物质能属于可再生资源，具有绿色、低碳、清洁、可再生等特点；垃圾焚烧热电联产是城镇生活垃圾无害化处理的重要手段。大力发展生物质能利用对替代部分化石能源消费、促进节能减排、提高能源供应保障能力具有重要意义
发展改革委	《关于建立健全可再生能源电力消纳保障机制的通知》	2019年5月10日	对各省级行政区域设定可再生能源电力消纳责任权重，并提出13项具体政策措施，促进我国对可再生能源的开发和利用
国家能源局	《关于解决"煤改气""煤改电"等清洁供暖推进过程中有关问题的通知》	2019年6月26日	在农村地区，重点发展生物质能供暖，同时解决大量农林废弃物直接燃烧引起的环境问题
发展改革委、国家能源局等十部委	《关于促进生物天然气产业化发展的指导意见》	2019年12月4日	到2025年，生物天然气具备一定规模，形成绿色低碳清洁可再生燃气新兴产业，生物天然气年产量超过100亿 m^3。到2030年，生物质天然气年产量超过200亿 m^3，占国内天然气产量一定比重
财政部、发展改革委、国家能源局	《关于促进非水可再生能源发电健康发展的若干意见》和《关于印发〈可再生能源电价附加资金管理办法〉的通知》	2020年1月20日	以收定支的管控思路，使新增项目的电价补助能够按年度及时足额发放，生物质发电产业将会在未来一段时间平稳发展。对存量生物质发电项目进行了"补贴确权"，只要符合条件的均可纳入补贴清单。这将大大改善中小发电企业的投融资环境，缓解了企业经营困难和生存困境

（二）农业、环保和经济等其他领域相关政策

农业、环保和经济等其他领域的相关政策如表16所示。

表16 农业、环保和经济等领域的相关政策

发布机构	名称	发布日期	要点
国务院办公厅	《关于加快推进畜禽养殖废弃物资源化利用的意见》	2017年5月31日	到2020年，建立科学规范、权责清晰、约束有力的畜禽养殖废弃物资源化利用制度，构建种养循环发展机制，全国畜禽粪污综合利用率达到75%以上，规模养殖场粪污处理设施装备配套率达到95%以上，大型规模养殖场粪污处理设施装备配套率提前一年达到100%

续表

发布机构	名称	发布日期	要点
河北省农业厅	《河北省农作物秸秆全量化综合利用推进方案》	2017年6月6日	扎实推进秸秆沼气、秸秆气化、秸秆成型燃料、秸秆打捆直燃等能源利用方式的先进技术引进。加大对农作物秸秆综合利用的政策扶持，在土地、金融、税收等方面给予大力支持。积极探索多元化投入机制，建立资金筹措平台，引导金融资本、社会资本投向秸秆全量化综合利用
中华全国供销合作总社	《关于加快推进再生资源行业转型升级的指导意见》	2018年4月12日	到2020年，发展规范化的城乡回收站点10万个、建设设施先进的再生资源综合分拣中心1500个、回收利用基地（园区）120个、培育10家年收入超过50亿元的大型环境服务型龙头企业。加快形成"村级回收+乡镇转运+县域分拣加工+再生资源基地综合利用"的供销合作社再生资源回收利用体系
河北省人民代表大会常务委员会	《农作物秸秆综合利用和禁止露天焚烧的决定》	2018年7月27日	加大财政投入力度，大力推进秸秆压块利用；鼓励秸秆利用企业投资建设生物质成型燃料压块基地，利用秸秆生物固化成型及炭化等技术发展生物质能
河北省人民政府	《河北省打赢蓝天保卫战三年行动方案》	2018年8月23日	积极开展地热、风电、光伏和生物质能源利用试点项目建设。在具备资源条件的地方，鼓励发展县域生物质热电联产、生物质成型燃料锅炉及规模化生物质天然气
国家税务总局	《支持脱贫攻坚税收优惠政策指引》	2019年8月14日	以部分农林剩余物为原料生产燃料电力热力实行增值税即征即退100%；以农作物秸秆及壳皮等原料生产电力等产品实行减按90%计入企业所得税收入总额；沼气综合开发利用享受企业所得税"三免三减半"

四、"十三五"收官之年河北省生物质能发展措施

2020年，河北省统筹中央、省级资金，重点支持畜禽粪污资源化利用、秸秆综合利用、生物质能开发利用等，助力农村人居环境整治和农业绿色发展，谋划开展农村新能源开发利用项目。

（一）强化沼气提升工程建设

2020年，河北省计划新建沼气项目4个，建成后可新增工程量20 600 m³，年新增

畜禽粪污处理能力12.4万t或青储秸秆利用能力2.5万t。沼气提升项目3处，可新增沼气集中供气310户，年新增沼肥生产能力2万t。

（二）强化生物质能源利用

2020年，河北省计划建设生物质燃料基地项目4个，建成后可新增生物质燃料（秸秆颗粒、秸秆压块）加工能力28 000 t，节能折合标准煤15 400 t。生物质集中供热项目3个，建成后受益农户675户，年均可利用生物质燃料约2000 t，户均取暖支出3100元，相比用电和用天然气预计分别节约2400元和1100元。农业设施园区用能改造项目，建成后可年利用生物质燃料150 t，节能折合标准煤75 t，预计取暖财务支出比用电、用燃气分别减少17.4万元、13.5万元。

（三）加强农村清洁能源集成示范建设

在美丽乡村重点村，改造村内清洁用能公共设施，农户购置、安装太阳能、空气能、地热等新能源设备，预计受益农户1060户，可年均节能折合标准煤2120 t，户均取暖支出相比用电和用天然气节约1000元。

（四）加强秸秆收储运体系建设

重点支持安平、定州、遵化、玉田、临西、大城、冀州、威县等沼气工程、生物质发电大县，加强秸秆收储运体系建设，提升秸秆与畜禽粪污有机结合能源化利用水平和效益。

五、面临的主要问题和对策建议

生物质资源是农村最丰富、最容易被应用的可再生能源形式，生物质能源化在优化农村能源结构的同时，对改善生态环境、延长农业产业链，解决农村劳动力就业等均有促进作用。近年来，河北省加大了生物质天然气、热电联产等项目的建设力度，但生物质能产业总体处于起步阶段。阻碍河北省生物质能源化利用的原因主要有以下几个方面：一是收储运体系不健全，老百姓缺乏收集积极性，田间秸秆等得不到充分收购，且平均收购价格上涨，导致企业收购成本增加；二是农村垃圾主要施行"村收集、镇转运、县处理"模式进行填埋处理，就地能源化利用未引起重视；三是生物质能涉及原料收集、加工转化、产品消费、伴生品处理等诸多环节，目前河北省尚未形成系统化的高附加值商业开发模式。结合河北省实际问题，现阶段河北省发展生物质能源可从以下几个方面着手。

（一）对全省生物质能源化利用潜力进行摸底

生物质能作为唯一与"三农"有直接关系的能源，是改善农村生活面貌、发展循环农业的必要载体，其综合效益是其他新能源所无法比拟的。建议能源、化工、农业、林业、环保等相关部门和产业单位，开展全省生物质资源调查，进一步摸清全省生物质资源的总量、可获得量、可利用量、资源区划等，科学测算生物质能源发展潜力，提高能源化利用比例，优化生物质资源利用结构。

（二）完善政策保障机制

对生物质等可再生能源项目，优先办理土地、规划、环保、招投标、发电并网、生物质天然气入网等手续，尤其在占地方面开辟"绿色通道"；逐步出台或完善生物质天然气产业发展指导意见、气价与有机肥后端补贴政策、财税优惠措施、行业标准、产业监管等系列配套政策。

通过关键技术攻关和综合利用示范区带动，推动生物质能向原料多元化、产品多样化和多联产的循环经济梯次综合利用，提升生物质能源化利用比例；谋划推进生物质锅炉供热产业化发展，因地制宜采取生物质户用炉具、生物质锅炉和热电联产 3 种形式，为居民提供清洁供暖。

加大资金投入。对农村可再生能源项目建设，列专项资金，建立发展基金，加大支持力度，提高建设水平。建立多元化投入机制，政府引导、企业主体、社会协同、农户共享。加强各级农村能源机构及服务体系建设。在机构改革中，进一步加强市、县两级农村能源机构及服务体系建设，保留专门机构，增强其综合协调、监管、服务能力。

（三）建立"1+X"的原料收储运供应体系

秸秆收集主要依靠人工和小型机械，缺乏专业化收集、运输、储存及供应完整体系，是造成农林生物质发电项目燃料成本高的重要原因。建议根据不同区域主要农作物产量和产业特点等，按照合理半径构建一个乡镇级收储中心、多个村级收储点的"1+X"的收储运供应网络，促进原材料有效利用。在体系运转上，可将收储点建设列入村集体财产，建立企业租用支付费用、收储利润村民共享的利益链接机制，同时吸纳农村剩余劳动力参与收储点运营管理，增加农民额外收入。

（四）因地制宜多元化发展生物质能源产业

综合考虑生物质资源条件、气候差异、农林业生产特点和农村实际情况，以及生物质能利用技术成熟程度和市场发育程度等因素，因地制宜推动生物质热电联产、固体燃料、气体燃料等多元化生物质能源产业发展。例如，在生物质固体燃料项目开发上，可根据"立足本村、就地产出、就地消费"原则，以人口分散居住的中小规模自然村为基本单位，建立小型生物质颗粒燃料加工点，按照"来料加工、即完即走"的方式，保留生物质廉价易得的特点，促进生物质分布式清洁取暖设备和灶具的推广。

可率先在省级畜牧业园等开展畜禽粪污综合利用试点，重点研究畜禽粪污—能源—作物协同处置与循环利用技术、农村垃圾—畜禽粪污—生物质废弃物协同处置与多联产系统、多联产产品深加工等关键技术，建设农村代谢综合产业园，将农林剩余物、农村生活垃圾、畜禽粪污等的治理和利用与现代能源、化工结合，提高现代农业的附加值。

参考文献

[1] 河北省统计局.河北经济年鉴（2019）[EB/OL].[2020-08-20].http：//tjj.hebei.gov.cn/res/nj2018/indexce.htm.

[2] 国家统计局.中国林业统计年鉴（2019）[EB/OL].[2020-08-20]. http://www.stats.gov.cn/tjsj/ndsj/2019/indexch.htm.

[3] 河北省发展改革委.河北省"十三五"生物质发电规划（冀发改能源〔2018〕1185号）[EB/OL].（2018-09-03）[2020-08-20].http：//hbdrc.hebei.gov.cn/web/web/xxgkzxgh/4028818b65a3do5do165acd302cb1540.htm.

[4] 国家林业局调查规划设计院.河北省森林资源现状评析分析[J].林业资源管理，2018（5）：25-28.

[5] 国网河北经研院.乡土中国"能"从何来[J].能源评论，2019（11）：56-59.

[6] 河北省农业厅.省农业厅谈"秸秆资源化利用"[EB/OL].（2017-09-15）[2020-08-20].http：//tousu.hebnews.cn/2017-09-15/content_662326/.htm.

报告 2　优化用能结构提升用能效率，加快农村能源消费革命

摘要：

农村能源在河北省能源消费中占据重要位置，优化农村能源消费结构，推进清洁能源利用，对控制煤炭消费总量、减少大气污染、提高农村居民生活质量、建设美丽乡村具有重要意义。本文分析了河北省农村商品能源、生物质能等新能源在农村生产和生活领域的消费情况，预测了河北省农村能源发展趋势，提出未来依托综合能源技术，按照"因地制宜、多能互补、综合利用、讲求效益"的方针，构建农村能源体系，保障农村能源供应，推动农村能源消费升级等建议。

作者简介：

马国真，国网河北省电力有限公司经济技术研究院，高级经济师，研究方向：能源经济。

胡　珀，国网河北省电力有限公司经济技术研究院，高级经济师，研究方向：能源经济。

张泽亚，国网河北省电力有限公司经济技术研究院，工程师，研究方向：能源经济。

庞　凝，国网河北省电力有限公司经济技术研究院，工程师，研究方向：电力系统工程。

一、河北农村能源消费总体情况

2017 年，河北省农村各类能源消费总量如表 1 所示。其中，消费煤炭 1367.34 万 t、油品 318.85 万 t、液化石油气 26.35 万 t、天然气 13.33 亿 m³、热力 2.07×10^{12} kJ、电力 363.28 亿 kW·h。

表 1　2012—2017 年河北省农村能源消费总量

能源品种	2012 年	2013 年	2014 年	2015 年	2016 年	2017 年
煤炭 / 万 t	961.53	1486.71	1382.85	1488.56	1577.93	1367.34

续表

能源品种	2012年	2013年	2014年	2015年	2016年	2017年
油品/万t	242.99	266.16	279.86	323.50	321.11	318.85
液化石油气/万t	5.80	23.95	24.95	34.10	34.12	26.35
天然气/亿 m^3			0.20	1.69	3.20	13.33
热力/10^{10} kJ				94.80	104.80	206.84
电力/亿（kW·h）	301.83	288.07	313.61	323.95	330.68	363.28

注：数据来源于2013—2018年《中国能源统计年鉴》。

2012—2017年，河北省农村能源消费趋势和结构变化呈现以下特点。

一是从增速看，煤炭、油品、液化石油气等传统化石能源消费总量经历快速增长后，于2016年出现消费拐点，增速开始下滑，至2017年消费总量呈现负增长，分别同比下降13.35、0.70、22.77个百分点；而天然气、热力、电力消费快速增长，2012—2017年年均增速达到305.45%、29.7%、3.78%。

二是从结构看，煤、油、气、电等能源主要应用于生活领域。煤炭在生活能源消费的比重逐年上升，占煤炭消费总量的比重提升至93.03%。近3年油品消费结构较为稳定，生产用油和生活用油比例约为1∶1。液化石油气在生产能源消费中占比较小，2017年仅在农村生活中应用。天然气从2015年开始应用于农村生产领域，2017年生产消费占比23.26%。电力生产和生活消费比重总体维持在3∶7，在此范围内小幅波动。仅有热力能源应用范围集中在生产领域（表2）。

表2　2012—2017年河北省农村能源消费结构

能源品种	分类	2012年	2013年	2014年	2015年	2016年	2017年
煤炭	生产	15.87%	10.47%	9.73%	8.84%	8.27%	6.97%
	生活	84.13%	89.53%	90.27%	91.16%	91.73%	93.03%
油品	生产	78.72%	57.59%	55.55%	47.49%	49.28%	48.61%
	生活	21.28%	42.41%	44.45%	52.51%	50.72%	51.39%
液化石油气	生产	21.55%	5.39%	5.17%	1.85%	1.91%	0
	生活	78.45%	94.61%	94.83%	98.15%	98.09%	100.00%
天然气	生产			0	40.83%	21.88%	23.26%
	生活			100.00%	59.17%	78.13%	76.74%
热力	生产				100.00%	100.00%	100.00%
	生活				0	0	0
电力	生产	32.13%	26.76%	30.57%	30.41%	29.45%	29.64%
	生活	67.87%	73.24%	69.43%	69.59%	70.55%	70.36%

二、河北农村能源生活消费现状和趋势

河北省农村生活能源主要包括商品能源（煤炭、电力、液化气等）、传统生物质能源（秸秆、薪柴）和新能源（太阳能、沼气、地热等）。

（一）商品能源消费情况

河北省农村生活主要商品能源仍然以煤炭为主，但消费总量呈现下降趋势。油品、天然气、电力消费总量逐年提高，2012年以来保持高速增长（表3）。

表3 2012—2017年河北省农村生活能源消费情况

能源品种	2012年	2013年	2014年	2015年	2016年	2017年
煤炭合计/万t	808.89	1331.11	1248.25	1356.96	1447.38	1272.02
其中：原煤	466.84	1293.00	1215.00	1220.98	1332.38	1174.10
其他洗煤	299.70					
型煤	42.35	38.11	33.25	135.98	115.00	97.92
焦炉煤气/亿m^3	13.32			2.10	3.10	
其他煤气/亿m^3				4.55	3.05	
油品合计/万t	51.72	112.88	124.40	169.88	162.88	163.86
其中：汽油	17.50	37.00	41.40	78.95	78.95	85.45
煤油	1.04	1.04	1.04			
柴油	28.63	52.18	58.30	57.46	50.46	52.06
液化石油气	4.55	22.66	23.66	33.47	33.47	26.35
天然气/亿m^3			0.20	1.00	2.50	10.23
热力/10^{10}kJ						
电力/亿（kW·h）	204.86	210.98	217.74	225.44	233.30	255.60

注：数据来源于2013—2018年《中国能源统计年鉴》。

1. 煤炭

2012—2017年，河北农村生活用煤炭消费波动较为明显，呈现双峰型。2017年，国务院提出打好蓝天保卫战，煤炭消费显著下降，较上年下跌12.12%。其中生活用煤以原

煤为主，原煤消费占煤炭消费的比重由2012年的57.71%提升至2017年的92.30%（图1）。

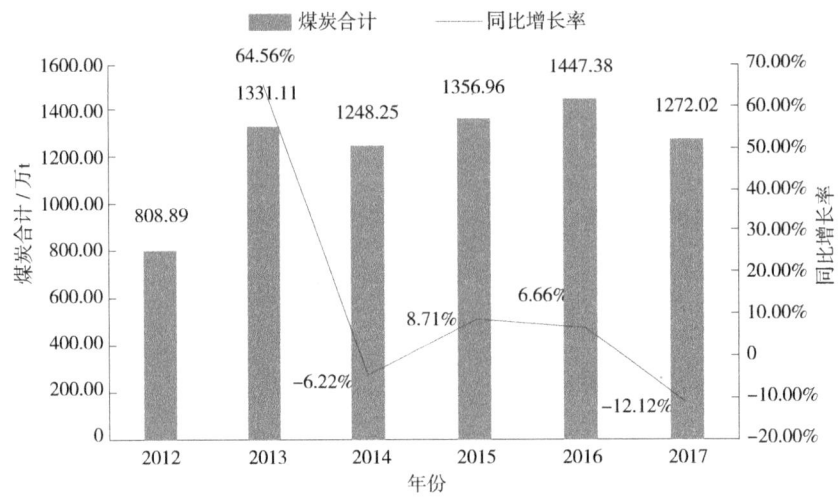

图1　2012—2017年农村生活用煤炭消费情况

2. 油品

随着农村居民收入水平的提高，农村汽车保有量逐年提高，油品消费也在不断增长，2015—2017年维持在165万t左右（图2）。

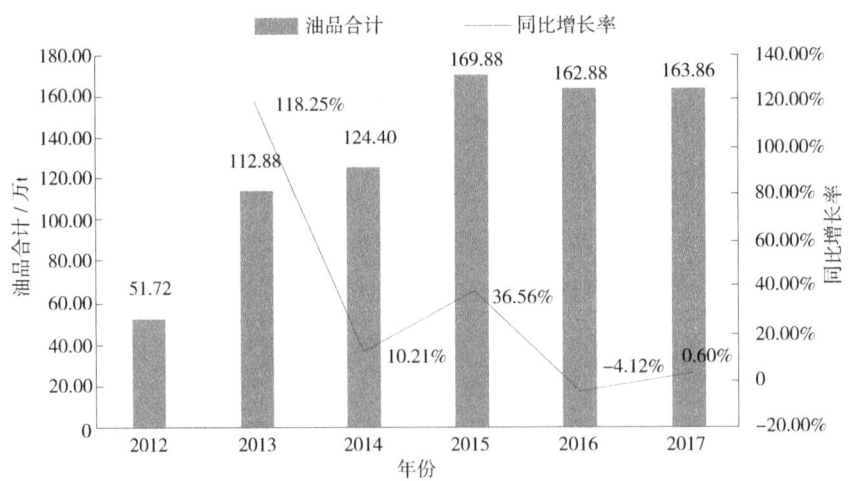

图2　2012—2017年农村生活用油品消费情况

其中，汽油消费与油品总消费趋势类似，2012—2015年是高速增长期，2015—2017年是稳定波动期。柴油消费自2013年以来稳定在55万t左右。2014年后煤油退出了农村生活消费的历史舞台（图3）。

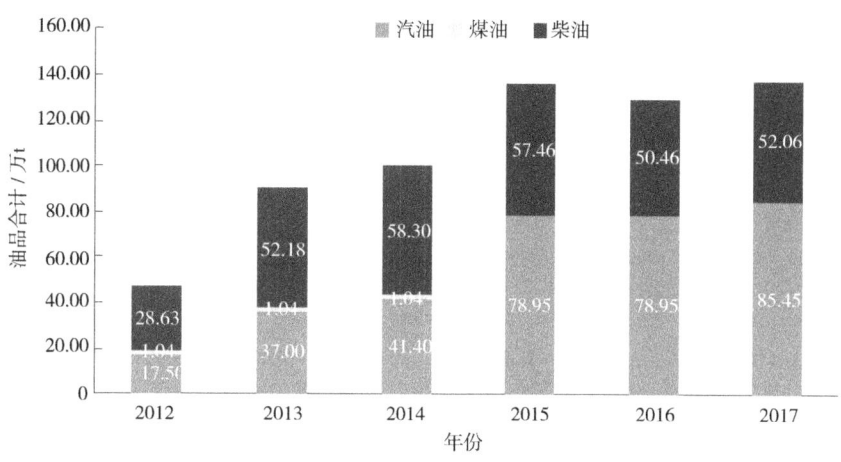

图3 2012—2017年农村生活用油品消费结构

3. 液化石油气

农村居民主要在炊事上使用液化石油气作为燃料，2012—2016年液化石油气消费呈现台阶式增长，由4.55万t增长到33.47万t。2017年，受天然气推广使用影响，液化石油气消费同比下降21.27%（图4）。

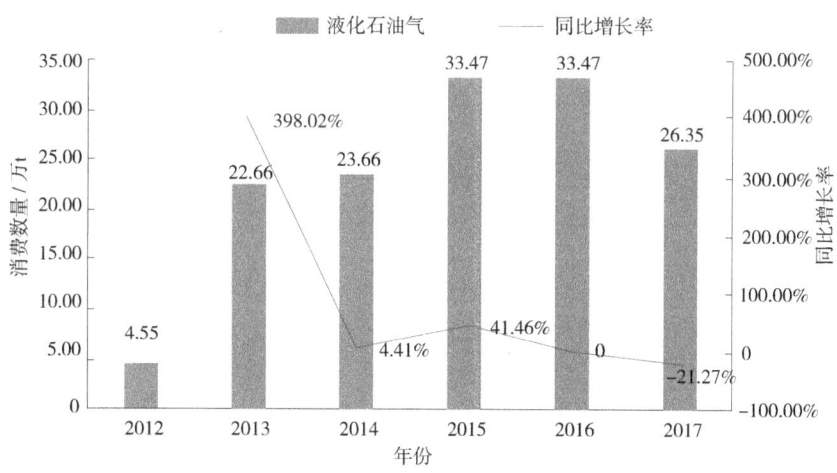

图4 2012—2017年农村生活用液化石油气消费情况

4. 天然气

为节能减排及应对环境变化，河北天然气使用规模不断扩大，2017年在冬季清洁取暖工作的推动下，完成气代煤改造231.8万户，天然气消费量突增至10.23亿m^3，年均增速达271.21%（图5）。

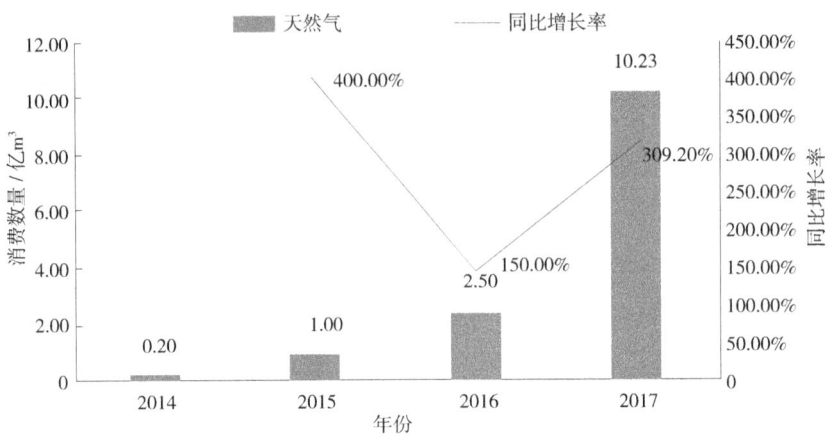

图5　2014—2017年农村生活用天然气消费情况

5. 电力

农村家庭电气化水平逐年提高，电力消费涉及炊事、照明、采暖制冷、文化娱乐等方面，居民生活电量稳步攀升。2012—2016年，平均增速约为3%，2017年随着"煤改电"工程实施，电力消费在采暖领域进一步扩大，农村居民生活电量达255.6亿kW·h，较上年增长9.56%（图6）。

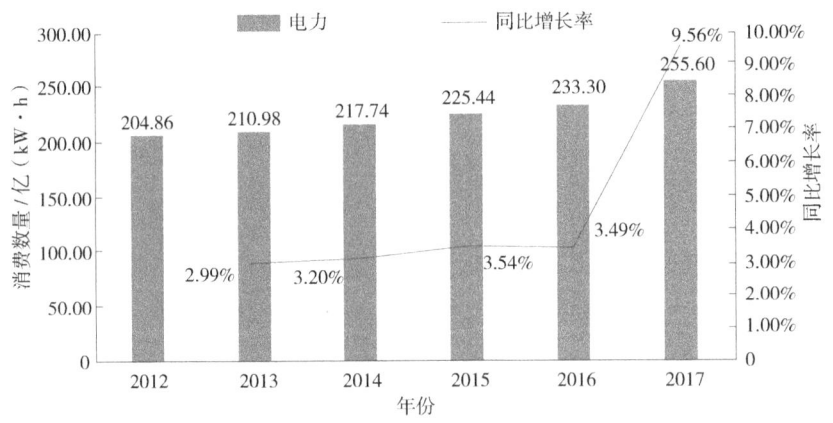

图6　2012—2017年农村生活用电力消费情况

（二）传统生物质能源消费情况

秸秆、薪柴的直接燃烧一直是农村对传统生物质能利用的主要方式。由于2007年后不再统计农村秸秆、薪柴消费量，大部分学者都是通过实地考察获取农村秸秆、薪柴消费数据。由于调研地区与考察样本的差异，用能数据有些许出入，但是仍然可以看出河北农村地区秸秆、薪柴消费量明显下降。一方面原因是随着农村居民收入的增长，生活用能的品质不断提升；另一方面原因是政府为解决环境污染问题，限制秸秆、薪柴的直接燃烧。

（三）新能源消费情况

沼气是生物质能清洁转化的一种有效方式，在农村地区得到大力推广。统计数据显示，河北省农村沼气池产气总量下降较快，2017年较2012年减少52.36%，沼气池由小型向大中型发展。

河北农村地区太阳能资源丰富，且建筑房屋多为平房，便于太阳能在农村区域的推广发展。目前，河北地区对太阳能的开发利用主要是太阳能热水器形式，2012—2017年年均增长3.12%，2017年达到682.9万 m^2。近年来，太阳房使用有所减少，2017年仅122.1万 m^2，较2012年减少18.38%。太阳灶2012—2015年发展较快，峰值达51 563台，2016年起使用数量出现回落（表4）。

表4 2012—2017年河北省农村生活可再生能源消费情况

年份	沼气池产气总量/万 m^3	大中型沼气工程	太阳能热水器/万 m^2	太阳房/万 m^2	太阳灶/台	生活污水净化沼气池/个
2012	95 207.9	7602.0	585.6	149.6	36 059	159
2013	90 856.4	8746.4	605.6	139.6	42 247	153
2014	84 259.3	9757.7	628.3	128.1	51 432	139
2015	75 529.7	9888.9	640.9	126.8	51 563	137
2016	70 382.3	9764.8	668.6	124.9	51 283	135
2017	45 360.9	12 789.6	682.9	122.1	39 727	103

注：数据来源于2013—2018年《中国农村统计年鉴》。

（四）河北农村生活消费能源结构

由于2007年对传统生物质能（秸秆、薪柴）的消费数据不再进行统计，因此无法对各种能源在农村生活能源消费中的具体比例进行计算。但是大部分学者的调查显示，河北农村地区能源消费集中在商品能源，秸秆、薪柴的消费量已大幅下降，新能源应用比例较低。

在农村生活的商品能源消费中，煤炭消费是其主流形式。为了便于分析比较，现将各种能源实物量统一根据我国现行的各种能源折标准煤参考系数折算成标准煤（表5）。

表5　2012—2017年河北农村生活商品能源消费　　　单位：万吨标准煤

能源品种	2012年	2013年	2014年	2015年	2016年	2017年
煤炭合计	715.27	950.81	891.62	998.42	1063.80	908.60
油品合计	69.00	132.00	147.40	199.89	189.69	201.59
液化石油气	7.80	38.85	40.56	57.38	57.38	45.17
天然气			2.66	13.30	33.25	136.06
电力	251.77	259.29	267.60	277.07	286.73	314.13
商品能源总计	1043.84	1380.95	1349.84	1546.06	1630.85	1605.55

2012年，农村生活商品消费能源由煤炭、电力、油品、液化石油气组成，占比分别为68.5%、24.1%、6.6%、0.7%。随着农村居民收入水平的提高、政府环境污染政策的出台，天然气开始逐步推广使用，比重逐年提高，2017年达8.5%；煤炭消费比重下降明显，较2012年减少了11.9个百分点，削减至56.6%；电力消费比重略有下降；油品、液化石油气消费比重小幅上升（图7）。

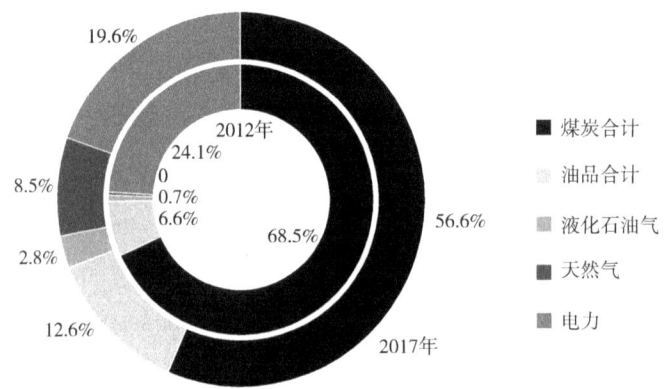

图7　2012—2017年河北农村生活商品能源消费结构对比

三、河北农村能源生产消费现状和趋势

1. 农村生产能源消费

农村生产能源消费主要涉及农林牧渔业。2012—2017年，农村生产用能消费结构发生变化，逐渐由煤炭、液化石油气向天然气、热力、电力转变（表6）。

表6 2012—2017年河北农村生产能源消费情况

能源品种	2012年	2013年	2014年	2015年	2016年	2017年
煤炭合计/万t	152.64	155.60	134.60	131.60	130.55	95.32
其中：原煤	152.41	155.60	134.60	131.60	130.55	95.32
洗精煤	0.23					
焦炭				2.06	2.12	0
油品合计/万t	191.27	153.28	155.46	153.62	158.23	154.99
其中：汽油	43.25	44.55	47.55	52.05	53.61	55.36
煤油	0.50	0.52	0.52	0.80	0.82	
柴油	145.43	106.05	105.23	98.78	101.74	99.63
燃料油	0.84	0.87	0.87	1.36	1.40	
液化石油气	1.25	1.29	1.29	0.63	0.65	
天然气/亿m^3				0.69	0.70	3.10
热力/10^{10}kJ				94.80	104.80	206.84
电力/亿（kW·h）	96.97	77.09	95.87	98.51	97.38	107.68

注：数据来源于2013—2018年《中国农村统计年鉴》。

（1）煤炭

从消费总量看，煤炭消费逐年下降，由2012年的152.64万t降至2017年的95.32万t，下降幅度达到-37.6%（图8）。生产用煤炭包括原煤、洗精煤、焦炭3类，其中洗精煤和焦炭消费量较少。截至2017年，农村生产用煤炭仅使用原煤。

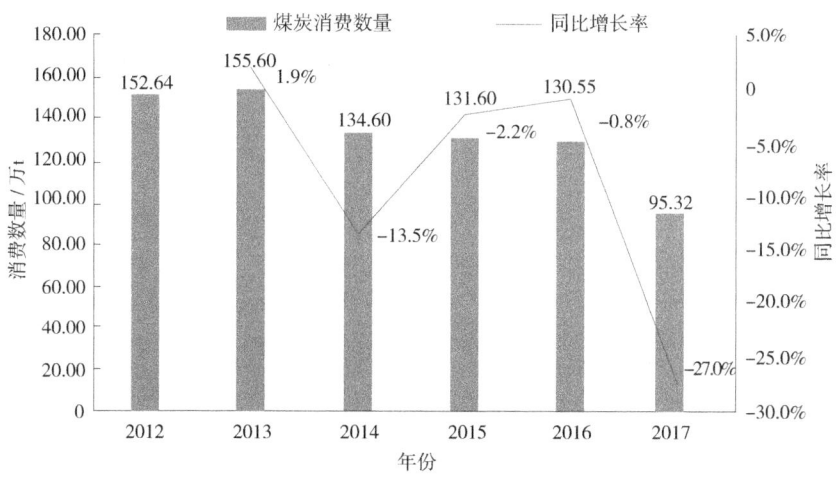

图8 2012—2017年河北省农村生产用煤炭消费情况

（2）液化石油气

2012年，河北省农村生产消费液化石油气1.25万t，2013年、2014年分别消费1.29万t。2015年，随着天然气的广泛应用，液化石油气消费开始逐年萎缩，截至2017年已全部被天然气替代（图9）。

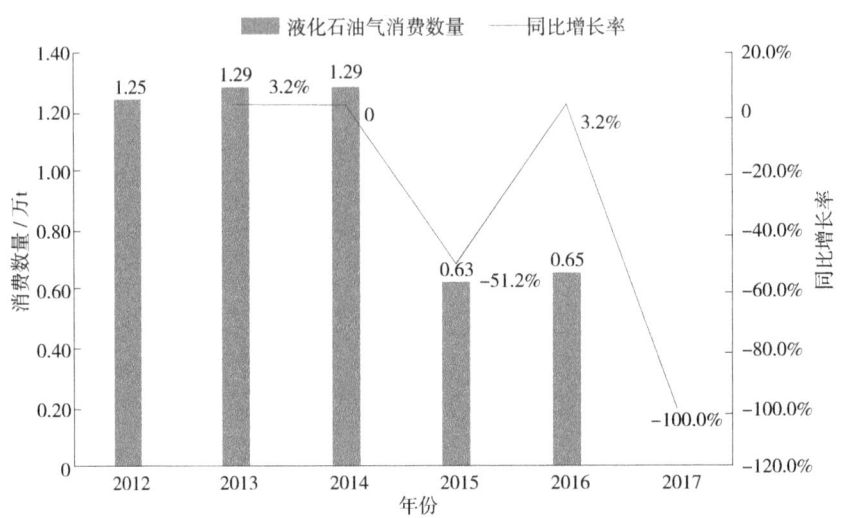

图9　2012—2017年河北省农村生产用液化石油气消费情况

（3）天然气

天然气作为一种清洁能源，近年来在河北省农林牧渔业生产中广泛应用。由2015年的0.69亿m^3增长至2017年的3.10亿m^3，消费总量上涨了约3.5倍（图10）。

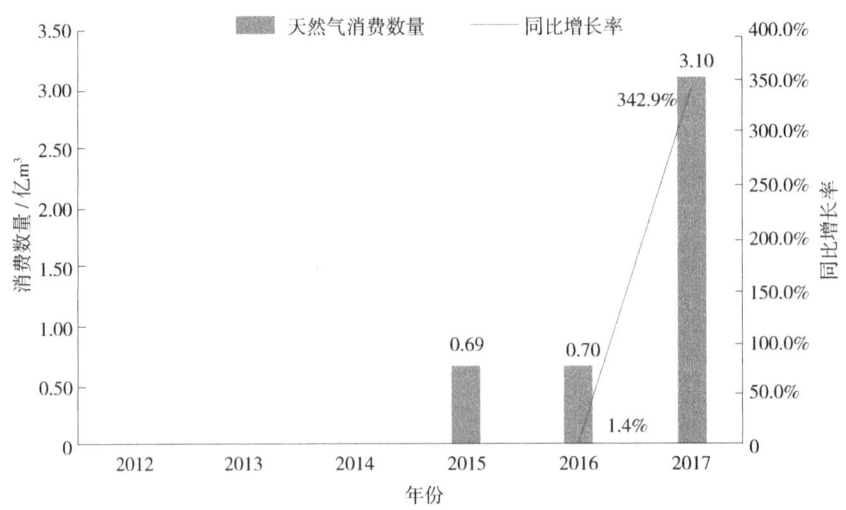

图10　2012—2017年河北省农村生产用天然气消费情况

（4）油品

油品消费总量近年来保持稳定，年消费量维持在150万t左右（图11）。

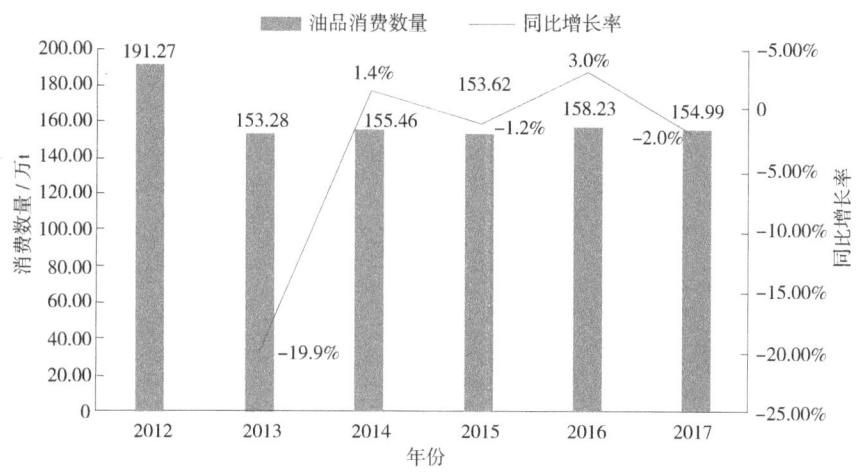

图11 2012—2017年河北省农村生产用油品消费情况

农林牧渔业生产用油品种类主要包括汽油、煤油、柴油、燃料油等4类。虽然油品消费总量保持稳定，但消费结构调整较大。2012年汽油、煤油、柴油、燃料油消费占比分别为22.8%、0.3%、76.5%、0.4%，2017年则调整为35.7%、0、64.3%、0。可以看出汽油消费比重明显提升，柴油消费比重降低（图12）。

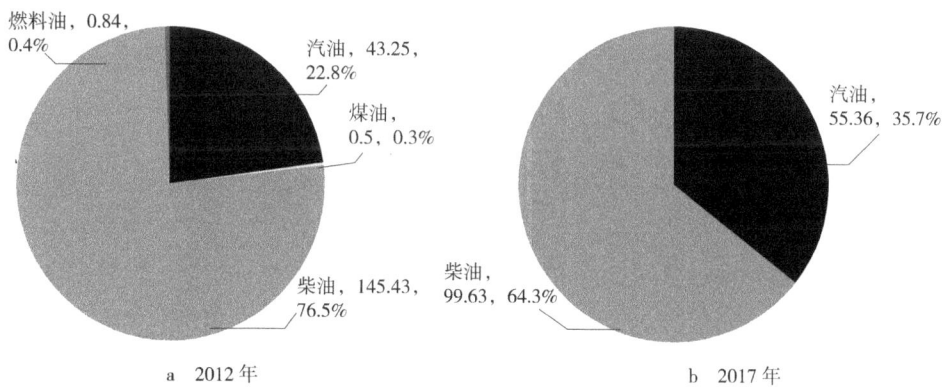

a 2012年　　　　　　　　　　b 2017年

图12 农村生产用油品消费结构

（5）热力

热力消费快速增长，2016年、2017年同比增速分别达到10.5%、97.4%，消费总量分别为1.05×10^{12} kJ、2.07×10^{12} kJ（图13）。

图 13　2012—2017 年河北省农村生产用热力消费情况

（6）电力

电力消费波动上涨，2017 年农林牧渔业生产用电达到 107.68 亿 kW·h，较 2012 年上涨 11.0%（图 14）。

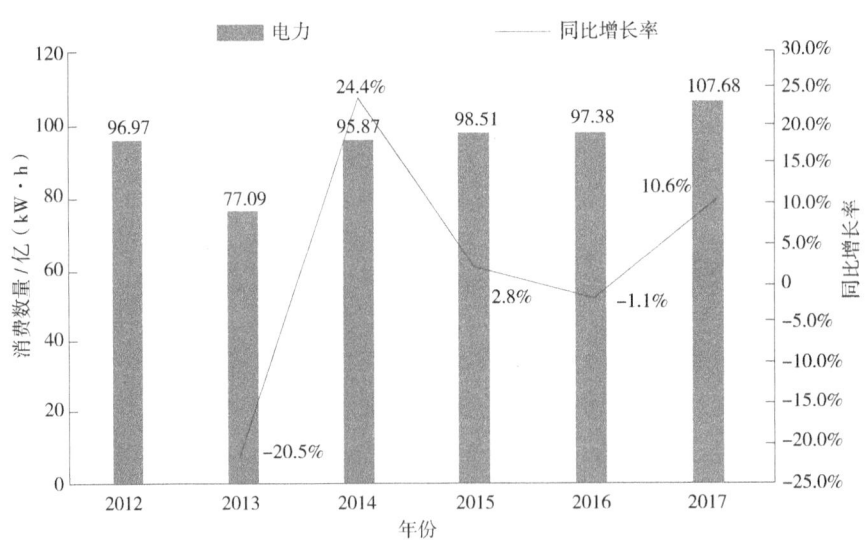

图 14　2012—2017 年河北省农村生产用电力消费情况

2. 农村生产能源消费与经济增长关系

（1）农林牧渔业产值规模

2017 年，河北省农林牧渔业固定资产投资 77 亿元，较 2012 年投资规模减少约 50 个百分点，近年投资处于下降趋势。2017 年总产值为 5373.4 亿元（当年价），增加值为 3297.8 亿元（当年价）（表 7）。

表 7　2012—2017 年农林牧渔业经济增长情况

指标	2012 年	2013 年	2014 年	2015 年	2016 年	2017 年
固定资产投资/亿元	152.6	106.6	83.4	89.7	88.7	77.0
总产值/亿元（当年价）	5340.1	5832.9	5994.8	5978.9	6083.9	5373.4
增加值/亿元（当年价）	3186.7	3500.4	3576.5	3578.7	3644.8	3297.8
中间消耗/亿元（当年价）	2153.4	2332.5	2418.3	2400.2	2439.8	2075.6

（2）农林牧渔业能源消费结构

将河北省农村生产用能折算成万吨标准煤进行分析。总体能耗由 2012 年的 507.89 万吨标准煤降至 2017 年的 475.35 万吨标准煤，年均增速为 -1.32%（表 8）。

表 8　2012—2017 年农村生产能源消费情况　　　　　　单位：万吨标准煤

能源品种	折算系数	折算系数单位	2012 年	2013 年	2014 年	2015 年	2016 年	2017 年
原煤	0.7143	kg 标准煤/kg	108.87	111.15	96.14	94.00	93.25	68.09
洗精煤	0.9	kg 标准煤/kg	0.21	0.00	0.00	0.00	0.00	0.00
焦炭	0.9714	kg 标准煤/kg	0.00	0.00	0.00	2.00	2.06	0.00
汽油	1.4714	kg 标准煤/kg	63.64	65.55	69.97	76.59	78.88	81.46
煤油	1.4714	kg 标准煤/kg	0.74	0.77	0.77	1.18	1.21	1.80
柴油	1.4571	kg 标准煤/kg	211.91	154.53	153.33	143.93	148.25	145.17
燃料油	1.4286	kg 标准煤/kg	1.20	1.24	1.24	1.94	2.00	0.00
液化石油气	1.7143	kg 标准煤/kg	2.14	2.21	2.21	1.08	1.11	0.00
天然气	1.33	kg 标准煤/m^3	0.00	0.00	0.00	9.18	9.31	41.23
热力	0.034 12	kg 标准煤/MJ	0.00	0.00	0.00	3.23	3.58	7.06
电力	0.1229	kg 标准煤/(kW·h)（用于计算最终消费）	119.18	94.74	117.82	121.07	119.68	132.34
合计			507.89	430.19	441.48	454.20	459.33	475.35

注：我国采用的能源标准是标准煤，以此作为各种能源换算成标准煤时的标准量。《综合能耗计算通则》规定，每千克标准煤的热值为 29 271 kJ（7000 kcal）。

从生产用能结构看，2017 年电力、热力、天然气、汽油占总体能源消费比例分别为 27.4%、1.48%、8.67%、17.14%，较 2012 年比重有所提高。而原煤、柴油消费比重由 2012 年的 21.44%、41.72% 分别降至 2017 年的 14.32%、30.54%。洗精煤、焦炭、煤油、燃料油、液化石油气等品种在农村生产中消费量较少，2017 年消费量为 0.00%（图 15）。

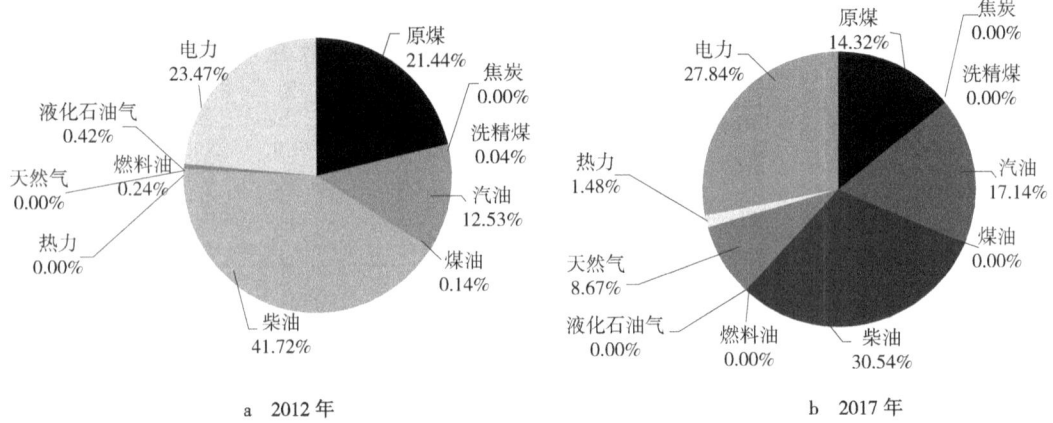

图 15　河北省农林牧渔业能源消耗结构对比

（3）农林牧渔业单位产值能耗分析

单位 GDP 能耗是衡量一个国家或地区能源效率水平的指标，也称能源消费强度，它综合反映了生产中的能源利用效率。采用"农林牧渔业单位总产值能耗"指标，分析农村生产能源利用效率，公式如下：

农林牧渔业单位总产值能耗 = 能源消费总量（万吨标准煤）/农林牧渔业总产值（亿元，可比价）　　　　　　　　　　　　　　　　　　　　　　　　　　　　　　（1）

河北省农村生产能源利用效率在 2013 年、2014 年、2015 年、2016 年较 2012 年有大幅提高，农林牧渔业每亿元产值能耗分别为 0.0780 万吨标准煤、0.0728 万吨标准煤、0.0738 万吨标准煤、0.0743 万吨标准煤。2017 年能源利用效率有所下降，每亿元产值能耗升至 0.0885 万吨标准煤，但仍低于 2012 年能耗水平（图 16）。

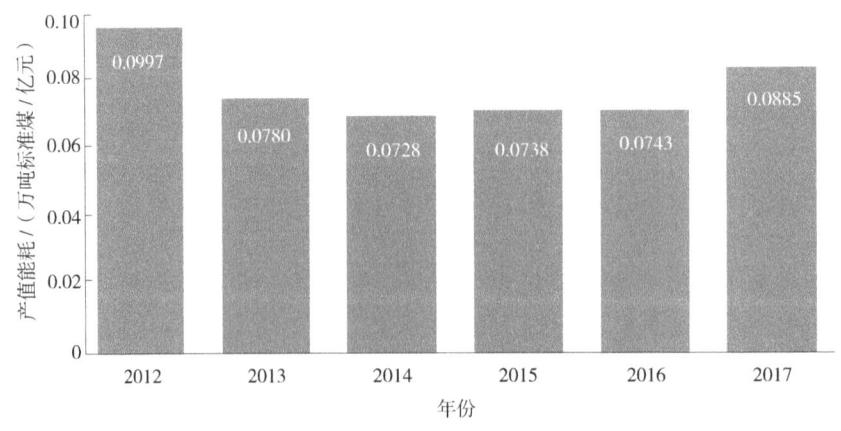

图 16　2012—2017 年单位总产值能耗

3. 农村能源消费的影响因素

（1）经济发展

一般情况下，能源消费的增长会促进当地经济的增长，而当地经济的快速增长又会反过来拉动能源消费增长。近几年来，河北省农村地区的经济迅速发展，农业生产方式越来越多地依靠大型机械以提高生产效率，因此，商品能源尤其是石油和电力的消费会大大增加（图17）。

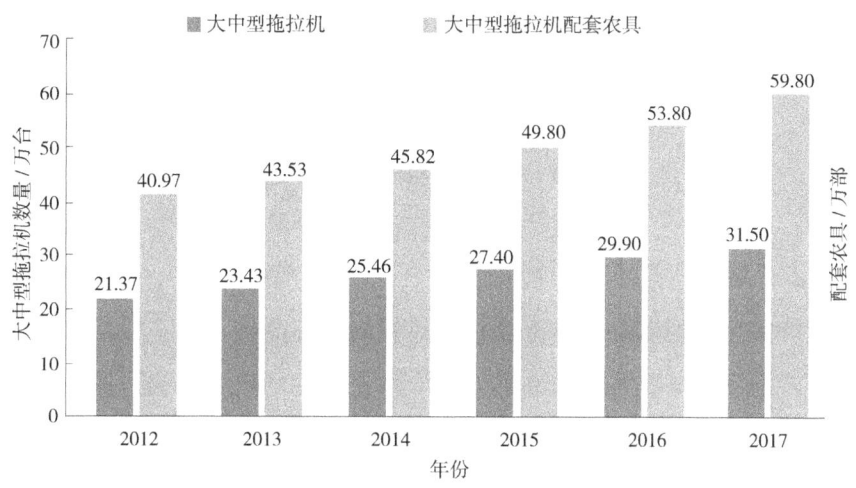

图17　2012—2017年农业生产用具规模

（2）消费水平

城镇化意味着农村居民生活质量的提高，河北省农村居民人均可支配收入、人均消费水平逐年上升。2012—2017年，农村居民人均可支配收入、人均消费水平年均增速分别达到9.77%、13.60%。随着消费能力的提高，选择能源时，不再仅考虑价格因素，而是转向清洁、方便、高效的优质能源，从而推动农村能源消费升级。

（3）人口变化

河北省农村人口由2012年的3876.96万人，减少至2017年的3383万人，年均减少2.69个百分点。农村青壮劳动力不断向城市、城镇转移，导致农村没有足够劳动力建设维护沼气池，生物质能消费逐年萎缩（图18）。

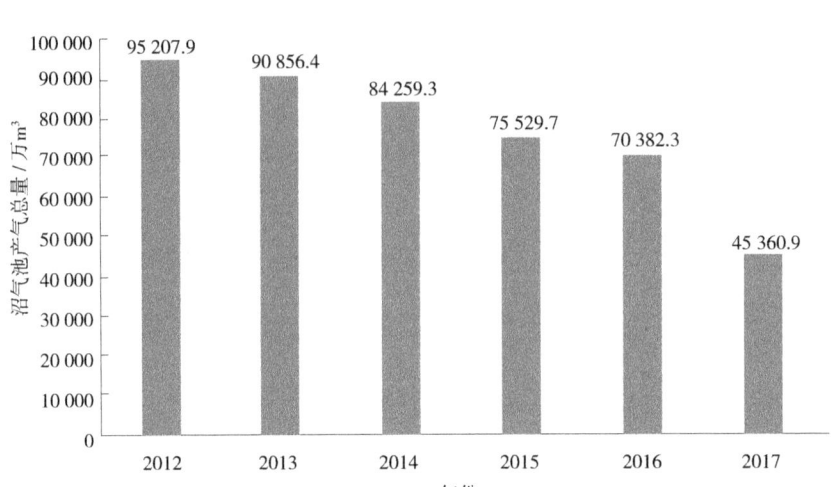

图18 2012—2017年沼气池产量

（4）能源价格

农村生产用能种类较多，对于能相互替代的能源品种，当一种能源价格上升时，会引起另一种替代能源的消费量增加。从农用排灌电动机和柴油机拥有量可以看出，柴油价格的高位运行，直接影响柴油消费，农用排灌柴油机使用量由2012年的105.28万台，降至2017年的75.4万台，减少28.4%（图19）。

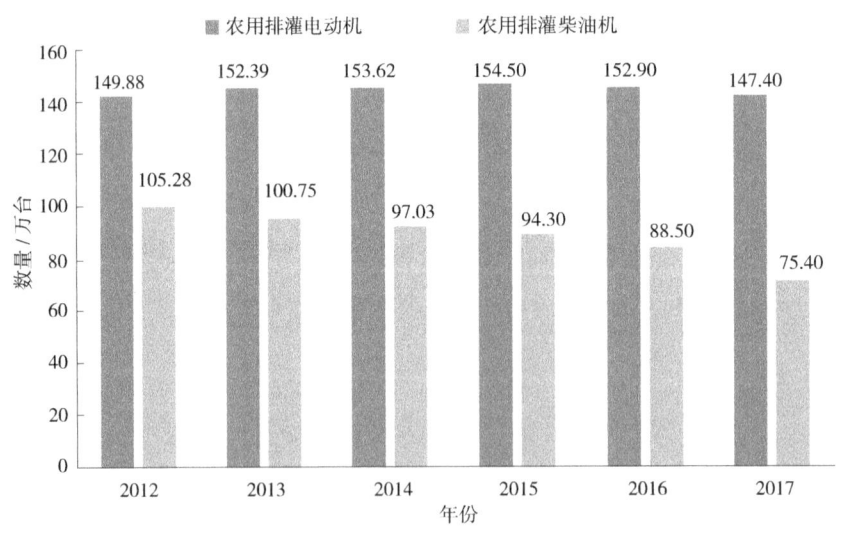

图19 2012—2017年农用排灌电动机与农用排灌柴油机数量

（5）技术进步

技术水平的发展会影响到农业的投入产出效率。一方面，农村能源技术，尤其是可再生能源技术的发展，可以促进农村生产用能向清洁、低碳、高效发展；另一方面，农业生产设备性能不断提升，使单位产出能耗水平不断降低。

（6）政策法规

为改变农村传统能源消费结构，正确引导和鼓励农村能源消费领域科学发展，河北省相继出台一系列政策法规。通过制定并落实好规划、法规、技术、标准、财政、税收等相关政策方针，顺利推进新建生物质炉具采暖、新建秸秆气化集中供气、新型高效燃煤清洁燃烧炉具等一系列工程。减少农村劣质煤消费，提升生物质能、地热、太阳能、天然气等清洁能源消费比重。

四、推动农村能源消费升级的建议

农村能源的消费趋势，会给农业生产和农民生活带来双重影响。河北省须以优化农村能源消费结构，提高能源效率作为未来的发展方向。

（1）多能互补，保障农村能源供给

乡村振兴战略是党的十九大做出的重大战略部署，《乡村振兴战略规划（2018—2022年）》明确指出需要构建农村现代能源体系，优化能源供给结构，进一步加强农村基础设施建设。综合利用风电、光伏、地热、生物质等可再生能源，根据不同地域的资源禀赋差异，发展多能协同互补能源供应系统，发挥不同能源的优势作用，提升农村能源供应保障能力。有效利用农林剩余物等天然资源，在省级畜牧业科技园和大型奶牛养殖企业开展畜禽粪污综合利用试点，探索废弃物全量资源化利用，提高现代农业的附加值。

（2）综合利用，促进低碳消费升级

传统的石油、煤炭等化石能源，使用过程中会造成环境污染，破坏生态环境。在能源形势紧张、大气污染防治的背景下，能源结构亟待优化。在能源消费上，因地制宜推广空气源热泵、水蓄热电锅炉、生物质颗粒物加工站、清洁炉灶、低能耗建筑等农村低碳用能系统，以优质电能、热能、生物质能替代煤炭、石油等化石能源，优化用能结构，保障农村地区能源的可持续使用。

参考文献

[1] 河北省统计局.河北经济年鉴（2019）[EB/OL].[2020-08-20].http：//tjj.hebei.gov.cn/res/nj2018/indexce.htm.

[2] 国家统计局能源统计司.中国能源统计年鉴（2018）[EB/OL].（2019-09-24）[2020-08-30].http：//www.stats.gov.cn/tjsj./tjcbw/201909/t20190924_1699094.html.

[3] 国家统计局农村社会经济调查司.中国农村统计年鉴（2019）[EB/OL].（2020-08-26）[2020-08-30].http：//www.stats.gov.cn/tjsj./tjcbw/202008/t20200826_1785896.html.

[4] 柯国华，张夏，刘丽珍，等.能源综合利用应用于北京市农村家庭供暖的可行性[J].能源研究与管理，2020（1）：98-102.

[5] 许永兵，黄礼龙.京津冀农村能源消费结构研究[J].河北经贸大学学报，2018，39（3）：65-73.

报告 3 推动农村能源体制革命，打通农村能源发展快车道

摘要：

党的十八大以来，河北省落实党中央、国务院的关于乡村振兴战略的部署，初步形成了支持农村能源发展健康发展的机制体系。在农村能源法律层面逐步形成多方约束的基本保障机制，在规划层面涉及农村能源的内容逐步丰富，在财政层面不断加大对农村能源的投入，在监管方面建立了省级主管部门与国家能源局派出机构、各市、县政府部门之间上下联动、横向协同、相互配合的能源监管机制。本文梳理了我国农村能源管理体制的发展历程，总结了我国和河北省农村能源管理机制，在分析河北农村能源规划指导、财税扶持、监管保障等管理现状的基础上，从决策支撑、资金保障、监管加强、科技创新等角度提出加强农村能源体制机制建设的对策建议。

作者简介：

刘　钊，国网河北省电力有限公司经济技术研究院，高级经济师，研究方向：能源经济与能源互联网。

胡梦锦，国网河北省电力有限公司经济技术研究院，工程师，研究方向：能源经济与新能源。

杨　洋，国网河北省电力有限公司经济技术研究院，工程师，研究方向：能源经济与能源供需。

刘雪飞，国网河北省电力有限公司经济技术研究院，高级工程师，研究方向：能源经济与能源系统。

一、政府在农村能源管理中的定位

政府经济管理行为是指《经济法》要赋予政府依法干预、管理社会经济运行的职权，以保证市场调节的基本自然生态不被破坏为前提，以不超越法定职权范围为根

本，遵循通行的市场规则和法律规定的内容、程序，促进市场配置资源成本更低且富有效率。强化政府管理权威的同时，更应注重发挥和追求市场调节的积极效果，注重限制和制约政府经济行政权力的运用。政府管理经济社会活动、解决市场失灵问题、实现特定政策目标的方式是灵活多样的。林卫斌在《能源管理体制比较与研究》中，对 Djankove 等提出的制度可行性曲线进行了分析，在政府干预和控制经济社会活动的"国有化、监管、法律和完全的自由化" 4 种模式的基础上介入"税收和补贴"模式，以实现理想的政策目标，提出了政府管理的制度可行性曲线，y 轴代表由于市场失灵造成的制度成本，x 轴代表政府失灵造成的制度成本。曲线 i 为市场失灵与政府失灵的成本组合，即制度可行性曲线（图 1）。

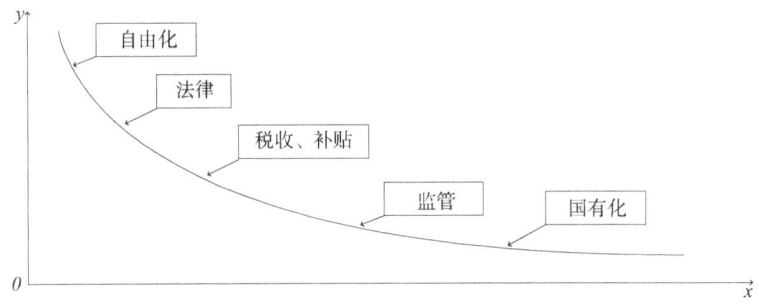

图 1　政府管理的制度可行性曲线

不同的管理目标具有不同性质和不同形状的制度可行性曲线。保障农村可再生能源的合理开发利用，消除城乡能源消费差异、推动农村能源技术创新发展，协同能源、环境与经济之间的关系，促进社会公平和服务乡村振兴战略实施是政府进行农村能源管理的基本目标。政府在农村现代能源体系建设中，需要以法律为根本，重点发挥规划引导、税收补贴、市场监管、国有企业等方面"看得见的手"作用，为各要素在农村地区集聚创造良好的条件，破除农村能源发展过程中的体制机制壁垒，为农村能源发展提供良性的发展空间。

二、我国农村能源体制机制的发展历程

作为农村基础建设的关键点，农村能源问题引起各级政府的重视，解决好农村能

源的问题才能够促进城乡一体化、乡村振兴战略的开展。当下,农村能源已成为我国能源体系的重要组成部分,乡村振兴战略实施以来,按照党中央、国务院的部署,法律层面逐步形成多方约束的基本保障机制,规划层面涉及农村能源的内容逐步丰富,财政层面不断加大对农村的投入,初步形成了支持农村能源发展、健康发展的机制体系。

(一)我国农村能源政策的演变

持续安全的能源供给是中国农村社会经济发展和农民生活质量提高的基本保证,是实现农村经济可持续发展的基本前提,是减缓和适应气候变化的有效手段。因此,我国政府为了促进农业增产、农村生态环境改善和农民生活质量提高,因时因地出台了一系列的发展农村能源的政策(表1至表5)。

表1 第一阶段:计划经济时期的农村能源政策(1949—1976年)

时间	农村能源主要政策
"一五"期间 (1953—1957年)	国民经济处于恢复时期,国家迅速整合恢复现有能源工业,在"自力更生、自给自足"的总方针下,充分发挥国家煤炭资源优势,同时充分利用易于获取的秸秆、木柴等生物质燃料,挖掘农村能源潜力
"二五"期间 (1958—1962年)	"大炼钢铁"方针下,能源消费总量快速上升,但能源利用效率降低。1963年拨款2.4亿元,加强农电建设,农电设施成倍增长
"三五"期间和"四五"期间(1966—1976年)	中国能源工业战略部署因"三线"建设而调整,石油产量的提高鼓励了中国能源消费结构的调整

表2 第二阶段:市场化改革初期的农村能源政策(1977—1995年)

时间	主要政策	农村能源主要内容
1979年	国务院批转《关于当前农村沼气建设中几个问题的报告》	对农村沼气建设做了具体规定
1982年	"六五"计划	提出"因地制宜、多能互补、综合利用、讲究效益"的农村能源建设方案
1983年	国务院批转水电部《关于积极发展小水电建设中国式农村电气化试点县的报告》	积极发展农村小水电建设,实现电气化。有关部门要在技术和资金等方面给予指导和资助
1984年	国务院发布《关于成立国务院农村能源领导小组的通知》	明确小组主要任务是:审查农村能源整体规划、提出开发方针,督促、协调有关工作
1986年	国务院下发《关于加强农村能源建设的意见》	编制长远规划,研究经济政策,加强科技攻关和开发示范
1990年	"八五"计划	以县为单元的农村能源综合建设纳入"八五"计划

续表

时间	主要政策	农村能源主要内容
1991年	电力工业部提出《电力服务农村发展的方针》	为农业生产、农村经济发展、农民生活服务
1994年	国务院发布《二十一世纪议程》	提出增加农村能源开发利用的投入,加强农村能源建设的研究,开展县级试点,大力发展薪炭林,推广省柴节电灶,特别是可再生能源的开发和利用,增加农村能源供应
1995年	国家四部委印发《中国新能源和可再生能源发展纲要(1996—2010)》	完善省柴灶的产业体系和服务体系;加速生物质能利用技术的更新换代;扩大太阳能的开发利用

表3　第三阶段：经济高速发展时期的农村能源政策(1996—2006年)

时间	主要政策	农村能源主要内容
1996年	"九五"计划	提出"把农村能源建设作为农业和农村经济可持续发展的重要组成部分,加快农村能源的商品化进程、形成产业"的农村能源发展方向
1998年	卫生计生委发布《关于加快农村电网建设(改造)工作有关问题的通知》	执行以"两改一同价"(改革农电管理体制、改造农村电网、实现城乡通网同价)为主要内容的农村电网建设改造
2001年	"十五"规划	发展沼气、节能灶等新能源和新型节能技术,加强农村能源综合建设;完成农村电网改造,实现城乡同电同网同价,努力解决无电地区的用电问题
2006年	财政部发布《可再生能源发展专项资金管理暂行办法》	提出发展专项资金用于资助农村、牧区生活用能的可再生能源利用项目
2006年	"十一五"规划	提出"积极发展农村沼气、秸秆发电、小水电、太阳能、风能等可再生能源,完善农村电网"

表4　第四阶段：科学发展观时代的农村能源政策(2007—2013年)

时间	主要政策	农村能源主要内容
2007年	农业部颁发《全国农村沼气服务体系建设方案》	到2010年,全国农村沼气乡村服务网点达到10万个,试点建设县级服务站和省级实训基地
2007年	国务院发布《可再生能源中长期发展规划》	提出在农村就地利用可再生能源,实现多能互补,显著改善农民生产、生活用能条件
2008年	国务院发布《中共中央关于推进农村改革发展若干重大问题的决定》	推进农村能源建设,扩大电网供电人口覆盖率,推广沼气、秸秆利用、小水电、风能、太阳能等可再生能源技术,形成清洁、经济的农村能源体系

续表

时间	主要政策	农村能源主要内容
2012年	《可再生能源发展"十二五"规划》	因地制宜利用农林剩余物、畜禽养殖废弃物、农村生活垃圾等可再生能源资源，建设户用沼气、中小型沼气和生物质气化工程，推广生物质成型燃料，为农户提供清洁生物质燃料，促进农村家庭炊事和取暖用能清洁化
2013年	《能源发展"十二五"规划》	提出加快农村电网建设，结合农村资源条件和用能习惯，完善农村能源基础服务体系3个方面的农村能源政策

表5 第五阶段：乡村振兴时代的农村能源政策（2013年至今）

时间	主要政策	农村能源主要内容
2014年	能源"四个革命一个合作"战略	推动能源消费革命，抑制不合理能源消费。推动能源供给革命，建立多元供应体系。推动能源技术革命，带动产业升级。推动能源体制革命，打通能源发展快车道。全方位加强国际合作，实现开放条件下能源安全
2016年	《关于实施光伏发电扶贫工作的意见》	准确识别扶贫对象、因地制宜确定光伏扶贫模式、统筹落实项目建设资金、建立长期可靠的项目运营管理体系、加强配套电网建设和运行服务、建立扶贫收益分配管理制度、加强技术和质量监督管理、编制光伏扶贫实施方案等8项重点工作
2016年	《生物质能发展"十三五"规划》	到2020年，生物质能基本实现商业化和规模化利用。生物质能年利用量约5800万吨标准煤。生物质发电总装机容量达到1500万kW，年发电量900亿kW·h，其中农林生物质直燃发电700万kW，城镇生活垃圾焚烧发电750万kW，沼气发电50万kW；生物天然气年利用量80亿m^3；生物液体燃料年利用量600万t；生物质成型燃料年利用量3000万t
2017年	《能源发展"十三五"规划》	大力发展农村清洁能源。采取有效措施推进农村地区可再生能源开发利用，促进农村清洁用能，加快推进农村采暖电能替代。鼓励分布式光伏发电与设施农业发展相结合，大力推广应用太阳能热水器、小风电等小型能源设施，实现农村能源供应方式多元化，推进绿色能源乡村建设

续表

时间	主要政策	农村能源主要内容
2017年	《关于开展北方地区可再生能源清洁取暖实施方案编制有关工作的通知》	按集中供暖与分散取暖相结合的原则，确定适合当地实际的主推的可再生能源供暖方式。农村地区结合新农村建设、异地搬迁、小城镇、中心村建设等，在农村推广小型可再生能源集中供暖设施。根据资源条件，推广地源、空气源热泵供暖、生物质锅炉供暖，支持农村地区应用电供暖
2018年	中共中央、国务院印发《乡村振兴战略规划（2018—2022年）》	提出构建农村现代能源体系：优化农村能源供给结构；完善农村能源基础设施网络；加快推进生物质；推进农村能源消费升级；加快实施北方农村地区冬季清洁取暖；推广农村绿色节能建筑和农用节能技术、产品；大力发展"互联网+"智慧能源

（二）我国农村能源的法律基础

纵览我国法律体系，与农村能源相关的法律包括《能源法》《电力法》《煤炭法》《节约能源法》《可再生能源法》等5部单行能源法律，《农业法》《畜牧法》《循环经济促进法》等3部相关法律。农村能源领域结构严谨、内容和谐，保障国家能源安全和可持续发展的，与社会主义市场经济体制相适应的，有中国特色的服务乡村振兴的法律体系逐步构建起来，这对于有效解决能源领域发展、改革和管理等重大问题，保障能源与经济社会协调发展具有重要的战略意义和现实意义（表6）。

表6 我国农村能源的法律相关政策汇总

时间	主要政策	农村能源主要内容
1995年	《电力法》	应当制定农村电气化发展规划，并将其纳入当地电力发展规划及国民经济和社会发展计划。 国家对农村电气化实行优惠政策，对少数民族地区、边远地区和贫困地区的农村电力建设给予重点扶持。 国家提倡农村开发水能资源，建设中、小型水电站，促进农村电气化。 国家鼓励和支持农村利用太阳能、风能、地热能、生物质能和其他能源进行农村电源建设，增加农村电力供应。 县级以上地方人民政府及其经济综合主管部门在安排用电指标时，应当保证农业和农村用电的适当比例，优先保证农村排涝、抗旱和农业季节性生产用电
1996年	《煤炭法》	国家对乡镇煤矿采取扶持、改造、整顿、联合、提高的方针，实行正规合理开发和有序发展

续表

时间	主要政策	农村能源主要内容
2008年	《节约能源法》	县级以上各级人民政府应当按照因地制宜、多能互补、综合利用、讲求效益的原则，加强农业和农村节能工作，增加对农业和农村节能技术、节能产品推广应用的资金投入
2006年	《可再生能源法》	国家鼓励和支持农村地区的可再生能源开发利用。根据当地经济社会发展，制订农村地区可再生能源发展规划，因地制宜地推广应用沼气等生物质资源转化、户用太阳能、小型风能、小型水能等技术
1993年	《农业法》	合理开发和利用水能、沼气、太阳能、风能等可再生能源和清洁能源，发展生态农业，保护和改善生态环境。县级以上人民政府应当制定农业资源区划或者农业资源合理利用和保护的区划，建立农业资源监测制度。 从事畜禽等动物规模养殖的单位和个人应当对粪便、废水及其他废弃物进行无害化处理或者综合利用
2005年	《畜牧法》	有对畜禽粪便、废水和其他固体废弃物进行综合利用的沼气池等设施或者其他无害化处理设施
2009年	《循环经济促进法》	推动农业机械节能，优先发展生态农业。 鼓励和支持农业生产者和相关企业采用先进或者适用技术，对农作物秸秆、畜禽粪便、农产品加工业副产品、废农用薄膜等进行综合利用，开发利用沼气等生物质能源
2020年	《能源法》（征求意见稿）	可再生能源为能源发展优先级。提出国家支持农村能源资源开发，因地制宜推广可再生能源，改善农民炊事、取暖等用能条件，提高农村生产和生活用能效率，提高清洁能源在农村能源消费中的比重

（三）我国农村能源的财税支持制度

近年来，按照党中央、国务院的部署，中央财政不断加大对农村的投入，已经把农村能源作为一个支持重点，同时采取调整结构和并网电价分摊的措施，并针对清洁取暖、生物质利用、脱贫攻坚等重要任务，有针对性地提出财税支持政策，目前初步形成了支持农村能源发展的政策体系（表7）。

表7 我国农村能源财税支持政策汇总

时间	主要政策	主要内容
2006年	《可再生能源发电价格和费用分摊管理试行办法》	生物质发电每千瓦时可补贴0.25元，在项目运行满15年后取消。自2010年起，每年新批准和核准建设的发电项目补贴电价比上年批准项目递减2%。发电消耗热量中常规能源超过20%的混燃发电项目，不享受补贴电价

续表

时间	主要政策	主要内容
2011年	《绿色能源示范县建设补助资金管理暂行办法》	对绿色能源示范县的补助资金原则上每个县不超过2500万元，补助力度加大，加上地方安排的资金，据测算,能够实现绿色能源的规模化发展。同时，示范县建设资金的使用、具体的实施方案、支持项目、补助标准等都由地方确立
2016年	《关于开展中央财政支持北方地区冬季清洁取暖试点工作的通知》	中央财政支持试点城市推进清洁方式取暖替代散煤燃烧取暖，中央财政奖补资金标准根据城市规模分档确定
2017年	农作物秸秆综合利用项目	中央财政对项目县（市/区）每个项目补贴1000万~2000万元，包括秸秆农机补贴、秸秆三贮一化利用补助、秸秆综合利用能源化补助、秸秆粉碎还田补助、收储中心建设补助
2019年	支持脱贫攻坚税收优惠政策指引	以部分农林剩余物为原料生产燃料电力热力实行增值税即征即退100%；以农作物秸秆及壳皮等原料生产电力等产品实行减按90%计入企业所得税收入总额；沼气综合开发利用享受企业所得税"三免三减半"
2020年	《可再生能源电价附加资金管理办法》	以收定支的管控思路，使新增项目的电价补助能够按年度及时足额发放，对存量生物质发电项目进行了"补贴确权"

三、河北农村能源体制机制现状

党的十八大以来，河北省落实中央"三农"决策部署，农业供给侧结构性改革取得明显成效，农民收入持续较快增长，农村社会事业全面改善。在农村现代能源体系建设方面，当下受农民收入、经济活力、基础设施、认识意识等方面的因素制约，需要政府通过构建市场主导、政府引导的体制机制体系，促进农村能源健康有序发展（图2）。

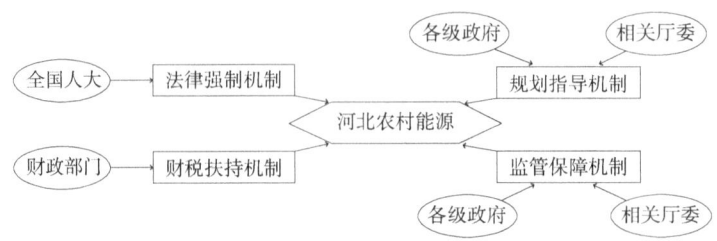

图2　河北省农村能源保障机制体系

在规划指导机制方面，目前河北省农村工作在中央农村工作领导小组的领导下设有农村工作部（农工部）、农业办公室（农办）。在农村能源规划指导上，省能源局负责河北省能源总体规划和监管，具体职能分散在水利厅、农业厅、林业局、环保厅等部门。上述规划指导体制的优点是党政都有比较健全和相对独立的工作机构负责农村能源各方面的工作，弊端是易形成各部门对农村能源工作各负其责、多头管理、职能交叉重叠等现象。

在财税扶持机制方面，河北省深入贯彻习近平新时代中国特色社会主义思想，坚持"绿色青山就是金山银山"的理念，在农村用能、光伏扶贫、"双代"、建筑节能等方面相继出台财税扶持政策，构成相对完备的农村能源财税政策体系。但同时需要看到，河北农村能源价财税体系仍不能充分反映能源产品市场供求关系、稀缺程度及对环境的影响程度。

在监管保障机制方面，2018 年河北省出台《河北省农村散煤复燃监督检查方案》，就农村散煤复燃问题提出完善"发现、处置、报告、通报、问责"监督检查工作制度，2019 年河北省出台《河北省优化调整能源结构实施意见（2019—2025 年）》，提出创新监管方式，建立省级主管部门与国家能源局派出机构、各市、县政府部门之间上下联动、横向协同、相互配合的能源监管机制。河北省农村能源专业性监管力量、技术手段、标准规范等仍难以满足农村现代能源体系发展需要（表 8）。

表 8　河北省农村能源政策梳理

时间	类别	文件名称	相关内容
2014 年	财政补贴	《城乡居民分散采暖燃煤污染治理工作实施方案》	由各级市政府对配送中心所售清洁煤进行补贴，补贴最高的是石家庄市 360 元 /t，其他各市平均补贴为 300 元 /t
2015 年	监管机制	《进一步规范光伏发电项目管理的指导意见》	加快项目建设、资源高效配置、严格审定程序
2018 年	战略规划	《中共河北省委河北省人民政府关于实施乡村振兴战略的意见》	推进新一轮农村电网改造升级工程；畜禽养殖废弃物资源化利用装备纳入农机补贴范围；有序开展农村散煤治理，积极发展清洁能源取暖
2018 年	财政补贴	《河北省"十三五"生物质发电规划》	积极争取国家大气污染防治专项资金、中央预算内资金等支持，制定强化支持政策，加快建立完善秸秆收储、垃圾处理补贴政策，鼓励银行等金融机构对农林秸秆电站和城镇生活垃圾电站提供优惠贷款

续表

时间	类别	文件名称	相关内容
2018年	财政补贴	《河北省大气污染防治（建筑节能补助）专项资金管理办法》	按省确定的既改补助金额与全省符合条件的既改项目建筑面积综合计算
2018年	财政补贴	《河北省2018—2020年农业机械购置补贴实施指导意见》	结合农业设备类型和档次进行补贴
2018年	财政补贴	《关于调整完善农村地区清洁取暖财政补助政策的通知》（冀代煤办〔2018〕30号）	2018—2019年采暖季电代煤运行补贴为0.12元/（kW·h），每户最高补贴电量10 000 kW·h、补助1200元，由省、市、县各承担1/3，暂执行3年
2018年	监管机制	《河北光伏扶贫收益分配实施办法》	县、乡两级收益分配使用结果，每年年底进行公示公告，结转机构每年第一季度向县扶贫开发和脱贫工作领导小组报告上一年度光伏扶贫电站收益分配情况，并主动接受检查和审计
2018年	财政补贴	《关于明确光伏扶贫电站电价补贴政策的通知》	2018年年底前并网发电的光伏扶贫电站上网电价，补贴标准为每千瓦时0.2元，自并网发电之日起补贴3年，到期后按照国家现行光伏电站电价政策执行。2019年1月1日后新建的光伏扶贫电站，不再享受电价补贴
2019年	监管机制	《河北省优化调整能源结构实施意见（2019—2025年）》	创新监管方式，建立省级主管部门与国家能源局派出机构、各市、县政府部门之间上下联动、横向协同、相互配合的能源监管机制
2019年	财政补贴	《2019年农村地区冬季清洁取暖工作实施方案》	省级继续执行现行电代煤补助政策，按照电代煤补助标准、拨付方式测算安排和下达省级补助资金
2019年	监管机制	《河北省农村散煤复燃监督检查方案》	完善"发现、处置、报告、通报、问责"监督检查工作制度

四、河北农村能源体制机制发展建议

（一）建立"规划引领、因势利导"的决策支撑体系

统筹农业、水利、电力、林业、住建、科技等部门，形成分工合理、密切配合、整体推进的工作格局，立足本地资源禀赋、经济实力、基础设施、技术成熟度、农民消费能力等条件，统筹利用各类清洁能源，在符合清洁利用标准的基础上，加强经济

性、稳定性、合理性和可操作性论证，制定河北省农村能源总体规划、主体功能区规划、区域专项规划和行动方案，并通过监督检查和评价机制，保障规划和行动方案有效落实，以减少农村现代能源体系构建中的投资浪费和效率损失。

（二）建立"政府引导、市场调节"的资金保障体系

一是通过设立农村能源专项基金或明确可再生能源发展基金中用于农村能源建设资金的份额，加大财政支持力度；二是统筹各级扶贫资金用途，增加对农村地区生物质能开发利用、光伏扶贫资金投入，增强贫困地区的"造血"功能；三是加快推进绿色电力证书交易和竞价补贴目录，充分反应可再生能源的生态价值和代际成本，引导全社会绿色消费，促进清洁能源消纳利用；四是积极引入社会资本参与农村能源开发建设。一方面可允许企业通过首次公开发行（IPO）股票或再融资、发行企业债券、短期融资券等债务融资工具等方式，参与农村能源服务站、秸秆收储中心（点）等可商业化运行的能源服务领域建设和运营；另一方面可通过PPP等模式，采用市场化运作模式，积极引导社会资本参与生物质多联产、分布式多能协同等政府重点扶持的示范项目建设。

（三）建立"高效精准、执纪规范"的农村能源监管体系

一是加大对农村能源监管的人员、资金、物资投入，配置必要的监管执法设施，进一步充实一线监管力量。二是加强跨部门的协同监管力度，发挥自身的专业优势和职能作用，发挥就近就便监管作用，及时纠偏纠错，更好地推动农村能源监管工作。三是充分利用信息化、互联网技术提升监管工作，推动农村能源监管一体化信息平台系统建设，运用大数据技术进一步提高监管效能，增强非现场监管能力的同时减轻监管对象的工作负担。

（四）建立"集聚合力、技术驱动"的科技创新体系

一是可培育以企业为主导的农村能源技术创新战略联盟，促进科技、信息、资金、管理等现代生产要素向乡村集聚，带动农村能源产业链创业发展。发挥当地农民和企业了解村情、县情的优势，以自下而上的思路，集中精力发展一批适合河北省资源优势、科研平台条件和产业基础优势的农村能源技术。二是加大对超低能耗建筑、农业

电气化、农林等废弃物的综合利用，对微能网和能源互联网等技术创新的支持，试点打造互联网+智慧能源示范工程、低碳低能耗村、农村代谢共生产业园、电气化示范县等，发挥先进技术在农村能源发展中的关键作用。

参考文献

[1] 陈廷辉.我国农村能源转型的政策与法律制度研究[M].北京：中国政法大学出版社，2013.
[2] 林卫斌，苏剑.如何理解监管：基于比较制度分析的新视角[J].经济学家，2012（11）：37-45.

报告 4 推动农村能源技术革命，带动农村产业升级

报告 4-1 农业电气化

摘要：

"十三五"以来，河北省高度重视农业现代化，农业电气化水平稳步提升，为现代农业发展奠定了坚实基础。近年来，持续的农村电网的建设和改造，大幅提升了河北农村供电保障能力，为带动产业发展和提高农业电气化水平打下了良好基础。本文结合河北省农业种植和农业养殖中的电气化应用场景，介绍了农业电气化的技术手段和经济、环境效益，并根据发展现状，提出了财政支持、针对性培训、加强宣传等对策建议，以进一步提高河北省农业电气化水平。

作者简介：

王云佳，国网河北省电力有限公司经济技术研究院，助理工程师，研究方向：能源经济。

张　凯，国网河北省电力有限公司，高级工程师，研究方向：综合能源、电力市场。

张　然，国网河北省电力有限公司，高级工程师，研究方向：综合能源、电能替代。

一、农业电气化概述

1. 农业电气化意义

农业电气化主要是指：为了更好地提高农村的生产力、改善农村的生活水平、方便农活的开展及各类电子电器的使用，从而在农村广泛建立电站网，向农村输送电力。因为农村各项农活的开展都离不开电力，所以农业电气化是农业机械化的重要条件，

同时也可以完成很多其他动力机械难以完成的作业。近年来，国家不断加大农业基础设施投入建设，注重提升农业生产工作效率，改善农民劳动基础条件和环境；同时国家电网公司在农村电网的投入、农村电网结构得到了显著提高，为农业电气化快速推广和普及提供了有力的后盾，电气化程度迅速提高，获得了空前的发展机遇和应用前景，农村地区生态环境得到了显著改善。

首先，电能输送便捷灵活，使农田中电能的输送范围摆脱了距离的限制，与农业作业区域宽广、负载分散形成了良好的互补关系。农业电气化的发展促进了农业生产中电动传动代替传统的机械传动，有效改善了农业生产中不必要的时间和人力的浪费。

其次，农业电气化技术可以提升农业生产和家庭生活的效率。在农业领域，广泛采用遥感技术、动态监测技术，代替传统农作物耕种和管理方式；在家庭取暖领域，电气化技术代替传统的燃料取暖，不仅可以提高能源的使用效率，还可以减少环境中空气污染的隐患。这都从一定程度上反映出用电技术的优势，也预示着农业现代化雏形初步呈现。

最后，农业电气化技术强有力地支撑并完善了农业发展基本体系。一系列电气化技术推广应用于现代农业的发展中，有效解决了农业生产中的节能环保问题、人身安全隐患问题。因此，农业电气化可大大提高农民经济收益，减轻能源、原材料等相关资源浪费，逐渐成为现代化农业的重要基础保障之一。

历年实践证明，农业电气化是农业现代化过程中最基础、最关键的一个环节。通过推进农业电气化发展，不仅可以有效降低农业生产成本，还能增加农民生产收入，进而改善农村地区生态环境和农民生活质量。

2. 河北省政策引导

2007—2019 年，河北省不断出台支持农业电气化发展的相关指导政策，鼓励农业电气化在农业生产和农民生活中的推广应用，为河北省农业电气化有效长足发展提供了足够动能。

农业电气化相关政策导向，涉及农村电网基础建设、农业机械化进程、农业电气化人才技术培养等相应内容。2007 年，开始逐步开展新农村电气化建设工程，以最基础的农村电网建设为起始点，不断提高农村电网安全稳定运行水平。2009 年，启动农业机械化推进工程，进一步扩大农机具购置补贴范围。2012 年，针对河北省农业电气化水平较低，农业技术推广较慢等问题，推进农田建设工程，完善田间灌排沟渠等基础设施；有序推进农业机械化进程，优化农机装备结构。2015年，大力发展节水灌溉，鼓励校企联合、产学研协作平台，并提出"互联网+现代农业"行动计划以加快农业信息化发展。2019年，河北省提出在财税、金融、土地、人才等方面为河北省农业机械化和农机装备产业高质量发展提供全方位政策保障。

二、河北农业电气化主要应用场景

1. 农业电网电能变换

截至2018年年底，河北省内乡村半水电站共251座；农村电力装机容量40.4万kW，比上年同期增长2.02%；发电量达67 103万kW·h，比上年同期增长9.90%；农村用电量505.2亿kW·h。河北省农村有丰富的可再生资源，可以因地制宜采用分布式发电技术改善农村的用能条件。河北省西北部张家口和承德地区为全国太阳能资源二类地区，冀中南为太阳能资源三类地区，可以推广使用光伏发电；张北地区风力资源丰富且风速稳定，完全具备全国大型风电基地条件，可以推广使用风力发电，也可以推广风光互补发电；同时，河北省作为农业大省，有着丰富的生物质资源，还可以结合农村沼气池、生物质能发电等，实现农业的电气化。

2. 农业种植中的电气化应用

①电排灌技术：电排灌是利用电动机驱动水泵进行提水后，通过管道、阀门及喷头对农作物进行喷灌、滴灌、微喷灌的一种手段，具有水分利用率高、有助于作物增产、节约劳动力等优势（图1）。

a 喷灌

b 滴灌

c 微喷灌

图1 电排灌

其中,喷灌主要用于大面积排灌和高产作物地区;滴灌系统成本较高,毛管滴头容易堵塞,目前用于茶叶、花卉等高经济价值作物;微喷灌技术则介于喷灌和滴灌之间,适用于蔬菜、花卉、果园、药材等作物,以及加湿降温场景(表1)。

表1 农业电排灌技术分类

分类		特点	应用场景
喷灌	固定式	需要大量管材,单位面积投资高	蔬菜种植区和高产作物区
	半固定式	设备投资比固定式喷灌系统少,效率较低	大田排灌
	移动式	可在一个灌溉季节的不同地块轮流使用	灌溉次数较少的大田作物和小地块
滴灌		造价较高,毛管滴头易堵塞	茶叶、花卉等高经济价值作物
微喷灌		低压小流量喷洒出流	蔬菜、花卉、果园、药材种植等场所

可以通过自动监测设备对土壤水分、温度、光照、二氧化碳含量等数据进行采集和记录,通过智能检测模块上传至云平台,之后即可通过终端实时检测;通过检测数据来管控自然环境变化带来的经济损失,以达到经济最大化。

②电烘干设备:传统的烘干设备主要采用燃煤锅炉进行烘干,能耗高,环境污染严重,排放出大量二氧化碳、二氧化硫等污染物,对周围环境污染较大。电烘干设备通电加热空气作热风源,产品工艺相比传统设备更容易操控,产品质量比传统设备进一步提高;使用电烘干还可以节省人力物力资源,同时使用谷电进行生产,综合生产成本得到了降低,在环境效益方面也基本实现了无污染、零排放,符合环保要求。另外一项潜在优势是,当客户参观电烘干设备区域时,干净整洁的生产环境会激发订单增多,拓宽产品销路。在河北省内,电烘干设备主要应用于中草药、蔬菜、茶叶等农业生产加工领域(图2)。

图2 电烘干设备烘干玫瑰花

③电采暖设备：电采暖设备是将电能转换为热能的一种设备，其按照技术原理不同主要分为蓄热式、直热式、热泵式3种类型。具体分类情况如表2所示。

表2 电采暖设备分类

类别	技术原理	设备种类	散热方式	供电依赖性
蓄热式	谷电时段，将电能转换成热能，并将热能存储在蓄热介质中，需要时将存储的热量释放供暖	蓄热式电锅炉	水循环	停电后可利用蓄热放热，在一定时间内满足供暖需求
		蓄热式电暖器	自然辐射、对流	
直热式	通过电热元件将电能直接转换为热能，并以对流或辐射散热的方式直接供暖	直热式电锅炉	水循环	停电即停止制热供暖
		直热式电暖器	自然辐射、对流	
		电热膜	红外辐射、对流	
热泵式	利用少量电能，通过热泵系统将热量从低位热源传送到高位，以满足供暖需求	空气源热泵	水循环（风机盘管）	
		地（水）源热泵	水循环（风机盘管）	

蓄热式电锅炉向散热器输出高温水或热载体，充分利用了峰谷电价差，电价低谷时段蓄热，有效降低运行成本；不过初期投资费用较大，适用于供热面积较大、需持续取暖的场景。

蓄热式电暖器将电能转化成的热能存储在固体蓄热体中，通过热辐射方式维持室内温度。其安装方式简便，可在不同采暖区域移动，适用于采暖分布零散、小范围局部采暖的场景。

直热式电锅炉通过锅炉换热，把电能转换成的热能直接输送至热端散热片。运行控制策略简单，根据室温按需供热，适用于峰谷电差较小的场景。

直热式电暖器通过电热元件将电能直接转换成热能，以对流或辐射的方式进行供暖；适用于采暖分布零散、小范围局部采暖的场景。

电热膜将其通电后所产生的热量以辐射的方式送入供暖空间，转换效率高；不过因其加工工艺限制，使用寿命较短。适用于需要分散、局部采暖的区域。

热泵式电采暖设备利用热泵系统，将热量从低位热源传送到高位，以满足供暖需求；其热效率高，运行成本经济实惠，一般能实现供热、供冷、供热水等多种功能；不过设备在初期时投入成本较高，占地面积也较大（图3）。

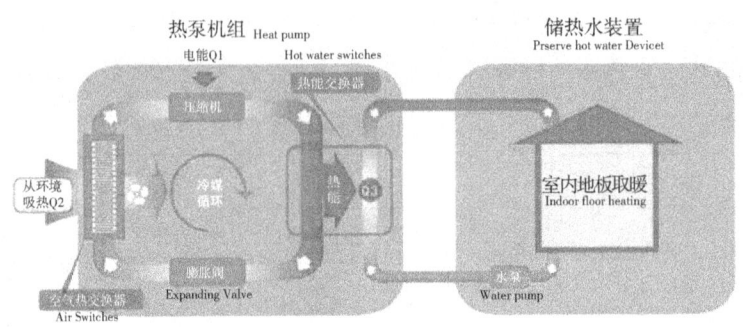

图 3 热泵技术原理

④电补光技术：在植物生长发育过程中必不可少的物理条件之一就是光照，电补光技术则根据植物的种类和生长状态不同，调节特定的光来控制植物光合作用。将植物电补光灯制成全蓝、全红、红蓝 3 种模式，以达到促进植物组织（如农作物、花卉、园艺）生长的目的（图 4）。

图 4 电补光应用于大棚农作物种植场景

电补光设备可以任意角度安装，空间占用小；在配光合理的情况下，使用物理手段就可以降低运行费用，促进作物生长发育，从一定程度上达到了节能环保的效果。

⑤精准施肥设备：在传统的施肥作业过程中，大多采用人工施肥方式，施肥方式不够精准，导致肥效不高，对环境产生了较大的降解隐患。精准施肥设备能够因地制宜，实现肥料播撒随农业机械的行驶速度进行自动调节，减少肥料的使用，降低对环

境的污染,优化农业生产,以获得最高的产量和最大的经济效益。

精准施肥设备可分为一体式和在线式两种,其中一体式可循环供水供肥,适合无土栽培情况;在线式并联到供水主管道,适用20~100亩的种植面积(图5)。

 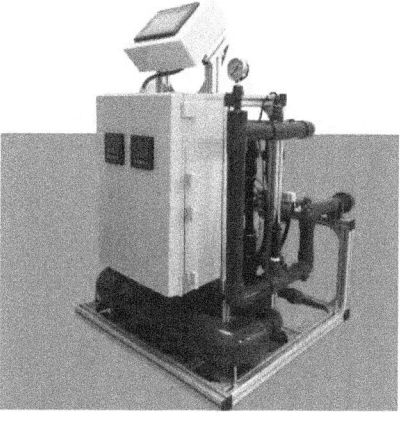

a 一体式　　　　　　　　　　　　b 在线式

图5　自动施肥设备

3. 养殖中的电气化应用

①自动喂食机:自动喂食机将调配好的饲料通过塑料管送入储料塔,经由输送机送到食槽,配有的自动化电脑控制箱按照设定好的时间进行投喂。由于自动化程度较高,自动喂食机适用于大规模工厂化的畜禽养殖,有着喂食均匀、节省人工成本、改善养殖室内空气质量的优势(图6)。

图6　自动喂食机

不过，自动喂食技术对农村配电网可靠性依赖程度较高，还需进一步挖掘大规模工厂化中的"孵化—养殖—有机肥料—屠宰加工"产业链，形成规模聚集效应，以争取更优惠的产业补贴、运维政策等支持。

②电挤奶技术：在大型的规模化牧场挤奶作业时，采用手工挤奶，劳动强度极大，很难保证良好的卫生条件。电挤奶技术通过高度模仿哺乳动物吮吸的这一生理动作，使挤奶系统中的真空泵装置产生负压，再由脉动器控制挤奶启动、暂停的节拍，达到最佳挤奶效果（图7）。

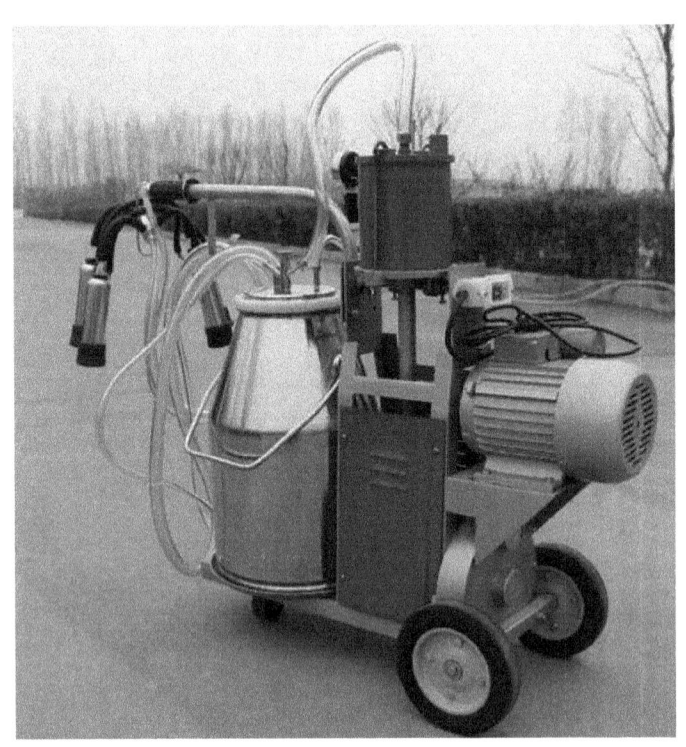

图7 电挤奶设备

通过相应的技术改善，电挤奶设备可以提高哺乳动物的产奶量，其中的真空罐可以暂时储存原料，有效地提升了挤奶工作的效率，适合规模化牧场养殖。

③电孵化技术：电孵化机是人工模仿母禽孵化生态具体需求，通过电脑控制温湿度和通风等环境。电孵化技术目前来看已经相对成熟、节能环保，在经济性、可靠性、安全性、便捷性及减排效益等方面存在明显优势。适用于禽蛋养殖环境，具有良好的推广和应用前景（图8）。

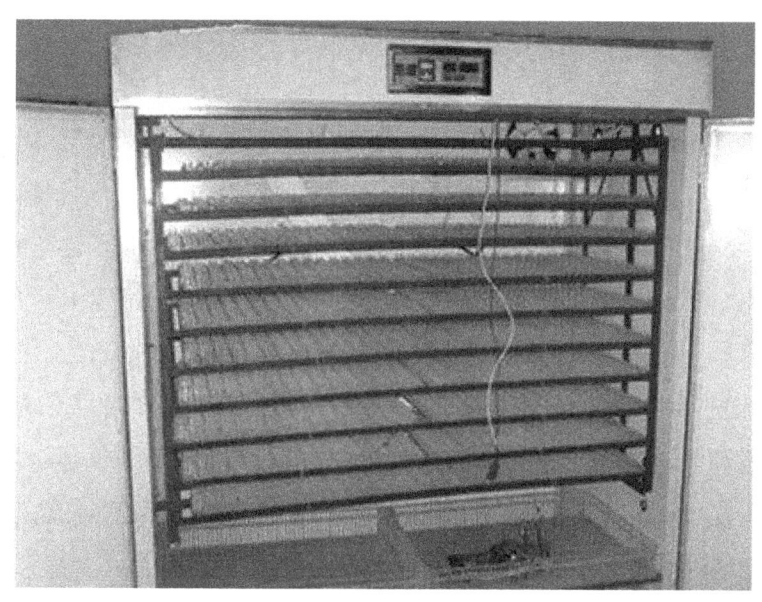

图 8 电孵化机

供电的高可靠性在电孵化过程中极为重要。当电孵化机遭遇到停电或降温故障时，需要立即采取措施以减少损失。要立即打开机门散热；之后迅速查明停电原因及停电时间，当停电时间较短时无须采取措施；当停电时间较长时，还需采取进一步措施以保障后续孵化进行。

④电加热循环技术：电加热循环技术包括电加热循环风和电加热水循环。电加热循环风利用电磁感应将电能转换为热能，通过风循环将热能传递到畜禽养殖的棚舍内，达到通风及保温的作用，适用于畜禽养殖中棚舍的通风和保温场景。电加热水循环通过冷热水进行循环，检测到水温不达标时，循环水泵转速加快，以达到加快养殖池内热量交换的目的（图9）。电加热水循环系统操作安全简单、自动化程度高，适用于水产养殖。

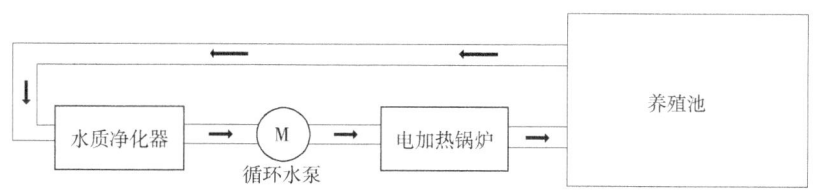

图 9 电加热水循环原理

随着养殖自动化程度的不断提高，电加热循环技术避免了燃煤消耗和污染气体排放，具有良好的应用前景。在提升技术手段的同时，还需建设相应的周边农村配电网条件，提供设备推广的前提条件。

⑤自动增氧技术：水产养殖对溶氧要求较高，且水产品的养殖密度增加会导致水体溶氧量低，造成投入风险过大。电动增氧技术以电动机为动力，驱动工作部件，驱动空气中的氧气迅速转移到养殖水体中，时刻保持水体中的氧气含量在一定水平之上。该技术可有效促进水体的对流和交换，改善水质环境，提高鱼类的成活率，进而提高亩产数，充分达到养殖增收的效果。在使用增氧机的过程中，尤其要注意定期补充新鲜水源并检查水质变化，及时清除叶轮上的缠绕物或附着物。

自动增氧机可按工作原理大致分为水车式增氧机、潜水式增氧机、充气式增氧机、喷水式增氧机和水轮式增氧机。其中，水车式增氧机推流效果强，适合虾、蟹类的养殖场景；潜水式增氧机适用于深水及大型池塘；充气式增氧机可使水体上下平缓溶氧，适合更大型池塘的使用；喷水式增氧机则用于小面积池塘（图10）。

图10　水车式增氧机

三、制约农业电气化推广的主要因素和对策建议

（一）制约农业电气化推广的主要因素

现阶段，河北省农村家用电器和生活电器基本普及，电脑、冰箱等已成为人民生活必不可少的电器，不过农业生产中的电气化发展仍存在不足和缺陷。经过综合因素考虑，主要有以下几点原因。

一是经济问题。农村居民在可支配收入相对较少的情况下自然会忽略农业生产电器的开销，使得很多农业工具性能都比较低下，在设备明显落后的情况下，会对农业电气化的推广产生很多阻力。

二是技术能力问题。对于农村群众而言，在技能方面很多较为复杂的电气化设备是难以熟练操作的，农民在对复杂工具不理解的情况下更多的就会去选择一些相对简单的单功能机器，同时更倾向于多年传承的实践经验。

三是技术宣传和推广不足。因为缺少科技和教育普及，所以对科学技术不了解，这对农业电气化的发展产生了一定程度的阻碍，同时也让农民掌握高科技农业产品的能力不足。

（二）有效推进农业电气化的发展建议

一是对于农村的财务情况，可给予更大力度的帮助，开展农业机械设备的帮扶工作，解决因收入不足而放弃购买农业生产电器的情况。政府在设立帮助方案的同时做好财政的合理分配方案，对于购入大型农业机械设备的农村家庭给予更多合理补助和福利，使得更多农民敢于积极购入、使用农业电气化设备。对部分尤为贫困偏远的地区实行更有利的补助政策，帮助他们在技术上敢于尝试，以便获得新的农业生产方式，提高农业生产的产量。除此之外，还可对部分农村家庭进行合理引导，宣传农业生产机械化的优势，使得他们能够认识与了解如何才能提高生产力。

二是向农村群众开展有关农业电气设备操作及专业技能知识的培训工作。可在各村委会安排专业人士进行技术操作讲解会，让村民真正理解、接受、学习此设备的正确使用方式，能够独立使用农业设备。向当地居民展示使用专业设备所带来的优势，寻找定点试验对象和试验区域，使大家看到使用农业电气化设备之后能够发家致富的真实案例。

三是努力提升农民的教育水平和科技知识理解程度。可采取科技普及等措施来提高农民的科技意识；对于理解能力欠缺的现象，可安排专业人士现场演示农业机械的实际操作。建立特殊的农业机械设备使用站点，简化操作流程，用简单的方式讲授给农民以便他们更有效地实习，定时开展文化活动普及科技知识、提升科技水平，明白农业电气化给农业生产带来的实际有效的帮助，让农民用得安心和放心，从而使农业电气化设备真正走进每一户。

参考文献

[1] 河北发展改革委.关于实施新农村电气化建设工程的通知（冀发改能源〔2007〕1458号）[EB/OL].（2007-09-12）[2020-08-20].http://info.hebei.gov.cn//eportal/ui?page-Id=6806152&articleKey=3354510zc&columnId=6806589.

[2] 河北省农业农村厅.关于河北省2009年促进农业稳定发展农民持续增收的实施意见[EB/OL].(2009-03-07)[2020-08-15]. http://nync.hebei.gov.cn/article/xxgk/200903/20090390040156.shtml.

[3] 河北省人民政府办公厅.关于加快转变农业发展方式的实施意见（冀政办发〔2015〕47号）[EB/OL].(2015-12-30)[2020-08-10]. http://info.hebei.gov.cn//eportal/ui?pageId=6806152&articleKey=6566894zc&columnId=6806589.

[4] 发展改革委.关于"十三五"期间实施新一轮农村电网改造升级工程的意见[EB/OL].(2016-02-06)[2020-08-10]. http://www.gov.cn/zhengce/content/2016-02/22/content_5044629.htm.

[5] 河北省人民政府办公厅.关于推进"互联网+"现代农业行动的实施意见（冀政办字〔2017〕59号）[EB/OL].(2017-05-27)[2020-08-10]. http://info.hebei.gov.cn//eportal/ui?pageId=6809997&articleKey=6813826&columnId=6810233.

[6] 国家统计局农村社会经济调查司.中国农村统计年鉴2019[M].北京：中国统计出版社，2019.

[7]《河北经济年鉴》编辑部.河北经济年鉴2018[M].北京：中国统计出版社，2018.

[8] 中国农业大学信息与电气工程学院.加快农业信息化建设，促进农业现代化发展[J].农业现代化研究，2010，31（3）：257-261.

报告 4-2　农村能源互联网技术

摘要：

随着美丽乡村建设的推进和可再生能源开发技术的进步，河北省各个地市都在大力开展清洁能源的开发和利用，县域之间能源互联也势在必行。自国务院提倡的"互联网＋"活动开展以来，河北省出台了多项政策推动基于"互联网＋"智慧能源的县域能源互联互通。本文通过分析能源互联网与乡村振兴的内在关系和制约因素，提出适宜河北省情的乡村振兴战略农村能源互联网战略路径，并从能源网架体系、信息支撑体系、价值创造体系3个层面提出技术路线。

作者简介：

刘　钊，国网河北省电力有限公司经济技术研究院，高级经济师，研究方向：能源经济与能源互联网。

贾宇琛，河北农业大学，讲师，研究方向：能源互联网。

温　鹏，河北农业大学，讲师，研究方向：能源互联网。

高立艾，河北农业大学，副教授，研究方向：电力系统。

一、农村能源互联网的建设意义

（一）农村现代能源体系建设的重要抓手

河北省农村现代能源体系仍存在3个短板：消费侧，能源消费持续升级但用能效率普遍不高；生产侧，以生物质能为代表的众多可再生能源生产潜力巨大，但产业发展阻碍重重；服务侧，农村能源基础设施和服务能力大幅提升，但仍与城镇有较大差距。

能源互联网"提升能源效率、优化能源结构,促进需求侧灵活响应"的三大功能定位,可以破解农村现代能源体系建设短板。

(二)改善"三农"问题的重要支撑

保障民生上,需要加快补齐农村民生短板,不断扩宽农村劳动者就业空间;农业现代化上,需要提升农业装备和信息化水平,加快农业由增产转向提质;美丽乡村建设上,需要以资源永续利用和美丽宜居为导向,提升农村人居环境质量。

能源互联网"互联互通、共享互济"的发展理念,能够为改善"三农"问题提供基础保障。

(三)乡村新基建的重要支点

推动农村产业融合上,需要发掘新功能新价值,培育新产业新业态;完善利益联结机制上,需要增强农民参与融合能力,创新收益分享模式;激发创新创业活力上,需要整合政府、企业、社会等多方资源,带动政策、技术、资本等各类要素向农村集聚。

能源互联网构建"传统能源、新能源、互联网、金融、装备制造、环境治理等相融合"的产业创新生态体系,将为壮大乡村新产业带来新动能。

二、农村建设能源互联网的约束因素

农村可再生能源资源丰富,能效提升空间大,但与城市相比,同时存在三大制约因素,城市能源互联网的大平台、多融合、快布局的发展策略不适用于农村能源互联网。

一是生产要素更薄弱。劳动力方面,农村人口呈现负增长趋势和低学历特点,影响能源互联网技术的应用推广;资本方面,金融资源配置向城市和工业部门流转的倾向,制约农村能源互联网建设的有效融资;土地方面,目前的土地开发和流转模式,限制农村土地资源潜在价值的发挥。

二是价格更敏感。从产业角度看,河北省第一产业增加值仅占国内生产总值的

9.19%，通过降低单位GDP能耗带来的边际收益低于工业、建筑业等高能耗产业。从居民角度看，河北省农村居民人均收入仅为城镇居民的37.24%，自2011年以来农民收入增长速度呈逐年下降趋势，居民对能源消费升级引起的支出变化更为关注。

三是用能场景更分散。从居住环境来看，我国农村类型在分散型和聚集型村落划分的基础上，又分为城郊融合、集聚提升、特色保护、搬迁撤并、保留改善等不同类型，不同的农房类型下难以形成统一的用能模式。从生产模式来看，户均耕地100亩以上的农户仅占2.2亿农户的1.4%，小型规模经营方式制约了机械化电气化推进进程。

面对农村能源互联网的制约因素，寻求其发展契机需要结合乡村振兴的内在需求来考量。一是美丽乡村建设的需求。在能源生产侧需要提升农林等废弃物综合利用率，将生物质"变废为宝"，消费侧需要清洁用能和提高能效，促进农村能源消费升级；二是培育新产业的需求，能源产业在优化农村能源结构的同时，需要提高农民参与能源生产和运维的程度，创新收益分享模式，进一步发挥能源产业延长产业链、增加就业机会等多重作用；三是重塑城乡关系的需求，能源作为城乡融合的基础要素，需要构建基础设施网络和综合服务体系，提升普遍服务能力，并通过农民参与能源生产和构建市场化平台，提升能源、劳动力、资本等要素的双向流动能力。

三、农村能源互联网的战略选择

农村建设能源互联网，除了城市能源互联网在成熟示范后向农村延伸，还需要结合农村的制约因素和发展契机，同时开展规划和建设。总体来看，农村能源互联网宜采用以需求为导向，自下而上、因地制宜发展的基本路径。第一阶段（2020—2025年），以集中式和分布式的多能互联，构建农村现代能源体系，保障能源清洁高效安全便利应用；第二阶段（2026—2030年），以能源流与信息流融合，促进农村经济可持续发展，保障乡村振兴取得重要进展；第三阶段（2031—2035年），以城市能源互联网与农村能源互联网融合，促进城乡一体化，保障乡村振兴取得决定性进展。农村能源互联网基本体系如图1所示。

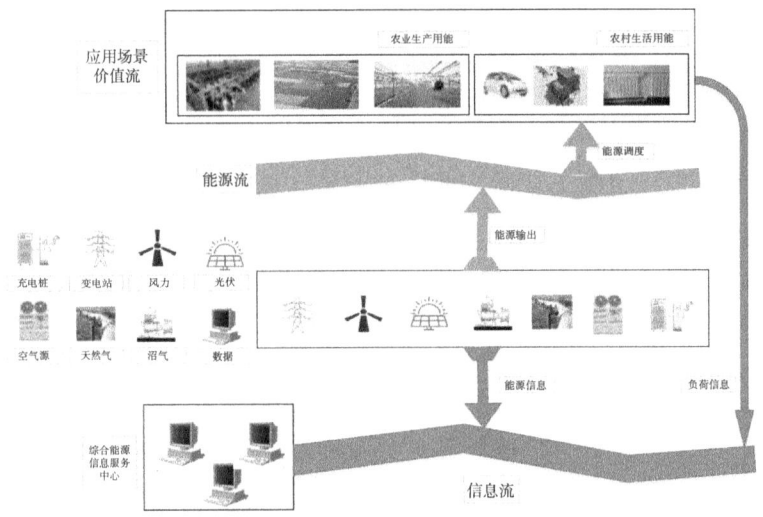

图 1 农村能源互联网基本体系

四、农村能源互联网的技术路线

（一）在能源网架体系层面，补强农村配电网，构建符合当地农村特征的多能互补网络

一是加快农村电网升级改造进程。以消除低电压和提升可靠性为切入点开展专项治理，同时推广智能配变终端，提升农网资源配置能力，将传统配电网改造为智能互联的现代化农网。二是发挥微网和农村电网双向支撑作用。选择在电压波动大、网架结构弱的地区，试点结合微电网的"开关站＋储能＋边缘控制中心"虚拟变电站结构模式，提升部分负荷的紧急响应能力，促进可再生能源与农网协同发展。三是结合资源禀赋构建能源互联站。支撑生物质能向原料多元化、产品多样化循环综合利用，太阳能向光热、光电、光氢等多形式利用方向发展，因地制宜开发地热能、水能、风能等多种能源，提升农村清洁能源占比，实现能源互联和综合应用。

农村的生活和生产用能包括冷、热、电的负荷需求，根据季节和地域差异，负荷需求也不相同。为促进清洁能源的就地消纳，提高综合能源的高效利用，构建农村的微能源系统，包括光伏、风电、微型燃气轮机、燃气锅炉、余热锅炉、溴化锂吸收式制冷机、蓄电池、冷热储能罐、空气源热泵等。微能网与配电网的某个节点连接，光伏、风电和微型燃气轮机用于满足微能网内部电负荷，余热锅炉、燃气锅炉、溴化锂吸收式制冷机和空气源热泵用于满足微能网内部冷热负荷，蓄电池和冷热储存器在微能网中主要起调节作用，同时冷—热—电—气各能量可以互相转化、互相支持，提高了能源的综合利用效率。农村微能源系统架构如图2所示。

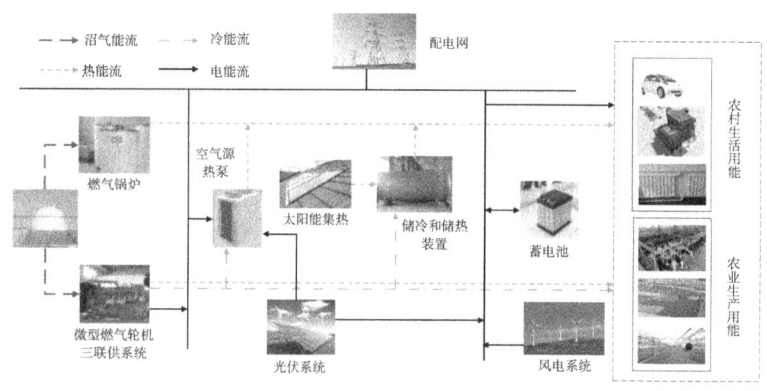

图2　农村微能源系统架构

能源网架体系中构成以沼气发热、发电、制冷的沼气能流，继而构成热能流、冷能流和电能流；以光伏发电驱动空气源热泵的供暖系统，以及太阳能集热与储冷和储热装置构成的热能流；以光伏、风能、蓄电池构成的电能流，与配电网交互。各种能流存在交叉、转换、互补，构成农村微能源系统的能流网络。微能源系统通过信息流进行系统之间的交互，形成农村的综合能源系统。

（二）在信息支撑体系层面，加快传输网络向农村下沉进程，构建能源与"三农"交互的信息网络

一是信息感知上，加快乡村智能表全覆盖和高载波模块建设，推动农网运行、采集运行、计量和服务数据；拓展新能源利用、散煤治理、清洁取暖、农业电气化等能源数据采集，耦合农村人口、环境质量、农业产量和经济指数等社会数据，实现多维聚合感知。二是信息通信上，加快符合农村特征的"专网+公网""光纤+无线"的一体化传输网建设，依托农村铁塔和变电站资源优势，建设5G、北斗等混合组网的终端通信网。三是数据应用上，探索"大云物移智链"技术在农村分布式能源开发、传输、消费的应用场景，对内为大数据中台提供通用接口，为业务中台提供共享服务，提升县级公司经营效率和管理能力；对外与政府"农业农村大数据中心"双向对接，共同构建农村数据资源体系，开发"以电折水""绿能监控""能源金融"等服务乡村振兴

模块，促进农村生产要素市场化，提升各级政府的治理能力。

智能技术的产生和进步催生了能源系统的优化运行机制，物联网、人工智能、大数据、区块链技术与农村综合能源系统的关系如图3所示。

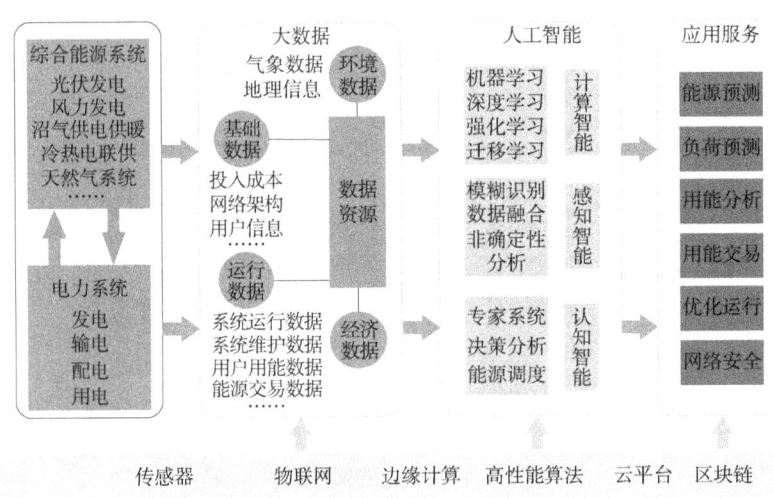

图3 农村能源互联网的信息支撑体系

1. 农村能源信息物联网

物联网的基本特点之一是全面感知，感知靠的是各种各样的传感器，它们是物联网的眼睛、耳朵、鼻子、皮肤等。构建综合能源信息网的首要任务是采集能源供给和用户消耗的相关数据，需要借助测量电流、电压、功率、谐波、光照、温度、风速等的传感器测试相关参数，作为能源管理和调配的依据。能源互联网系统中大量的传感器节点产生海量的数据，存储、管理、处理成为难点，借助边缘计算可以降低网络压力，提高信息速率和网络安全性。边缘计算是指在网络边缘执行计算的一种新型计算模型，边缘计算中边缘的下行数据表示云服务，上行数据表示万物互联服务，而边缘计算的边缘是指从数据源到云计算中心路径之间的任意计算和网络资源。在综合能源信息网中设置网络边缘设备，执行部分计算任务，包括数据存储、处理、缓存、决策产生和执行、安全保护等，缓解云服务的信息处理压力，缩短决策执行的路径，加速综合能源的高效运行。

针对农村能源互联网系统的分布式风能、光热、光伏、沼气、地热能、生物质能等清洁能源的波动性，以及需求侧冷热电负荷的时变性，可以建立"树形辐射式"网络，研究网络数据结构、数据链路协议、路由机制和传输协议，研究基于边缘计算的分布式数据存储、处理及决策的执行方案，以促进综合能源系统的优化运行和优质服务。

2. 农村能源互联信息网的人工智能

对于能源端的预测，随着间歇性可再生能源的渗透率提升，发电间歇性和波动性对电网造成的影响愈加明显，准确的可再生能源长短周期发电功率预测对系统稳定及经济运行都尤为重要。提高间歇性可再生能源发电功率预测精度的关键是构建具有强大数据处理能力和特征提取能力的预测模型，并具有很好的自学习修正能力。传统的预测方法一般为浅层模型，在处理非线性和非平稳特性的风能或光照数据时预测性能较差。为此，引入深度学习的回归能力改进预测模型。可以借助长短期记忆（LSTM）网络中的循环结构和记忆单元善于捕捉时序变化特征的能力，构建深度长短期记忆循环神经网络模型，预测光伏输出功率；可以采用深度卷积神经网络（DCNN）提取每日光照数据序列的非线性特征和不变性结构的优势，提高系统输出功率的预测准确度；可以借助深度置信网络可有效表征复杂风速序列的内部结构和特征的优势进行风速预测，进而演算风电功率。

能源负荷与价格、政策、天气等多种影响因素相关，难以建立精确的数学模型。人工智能方法在分析过程中能较好地拟合负荷与其影响因素之间的非线性关系，可用于能源负荷预测。在热负荷预测方面，考虑室外温度影响，可以采用基于极限学习机（ELM）方法建立地区供热系统的热负荷预测模型。电力负荷预测方面，考虑农村地区灵活接入性的电动汽车等可变负荷越来越多，应用灰色关联理论构建相似日的充电负荷小样本集合，建立支持向量机（SVM）预测模型，并采用遗传算法对支持向量机模型参数寻优，提高预测精度。以智能电表计量功率、电压、电流等数据为基础，采用人工智能聚类和数据挖掘方法可识别不同用户群体的用电行为特征，实现科学认知、细分客户，进而提供个性化营销和服务。

3. 农村能源互联信息网的大数据

农村能源互联网系统的能源类型丰富，需求侧负载多样，产生海量的异构数据。应用大数据技术进行数据挖掘是一项关键工作。大数据的挖掘是从海量、不完全的、有噪声的、模糊的、随机的大型数据库中发现隐含在其中有价值的、潜在有用的信息和知识的过程，也是一种决策支持过程。其主要基于人工智能、机器学习、模式学习、统计学等。通过对大数据高度自动化地分析，做出归纳性的推理，从中挖掘出潜在的模式，帮助能源供应、能源服务、用户调整产能和用能方案，做出正确的决策。大数据挖掘常用的方法有分类、聚类、回归分析、关联规则、神经网络方法、Web数据挖掘等。这些方法从不同的角度对数据进行挖掘。

分类是找出数据库中的一组数据对象的共同特点并按照分类模式将其划分为不同

的类，其目的是通过分类模型，将数据库中的数据项映射到某个给定的类别中。聚类类似于分类，但与分类的目的不同，是针对数据的相似性和差异性将一组数据分为几个类别。属于同一类别的数据之间的相似性很大，但不同类别之间数据的相似性很小，跨类的数据关联性很低。聚类分析可以应用于综合能源需求侧的负荷预测，为综合能源的合理调度提供依据。回归分析反映了数据库中数据属性值的特性，通过函数表达数据映射的关系来发现属性值之间的依赖关系。关联规则是隐藏在数据项之间的关联或相互关系，即可以根据一个数据项的出现推导出其他数据项的出现。根据数据进行综合能源系统回归分析和关联规则的研究，评估系统的稳定性、经济性，促进综合能源系统的建设和高效运行。

4. 农村能源互联信息网的区块链

区块链运用于综合能源系统的交易，构建分布式能源交易框架，设置交易方法，提高交易速率，更新交易模式。弱中心化管理电力交易的方法是利用区块链技术，以智能合约的形式存储电力交易信息并自动执行资金转移，记录智能电表采集的电能数据，中心机构仅对达成的交易进行安全校核和阻塞管理。基于当前需求侧响应在市场交易中存在的定价机制、信息安全、商业模式等问题，从EMS系统架构、交易系统模块及交易流程框架3个方面提出了基于区块链技术的综合需求侧响应整体交易体系框架。"多交易请求、多响应报价"的配电网去中心化多边交易模式，采用VCG（Vickrey-Clarke-Groves）拍卖规则激励消费者理性报价，设计安全校核方法消除潮流越限，最小化消除偏差电量的成本，确保能源配比网络的安全、经济运行。综合能源系统中大用户直购电是电力市场改革的重要一环，根据大用户直购电自身的特点，可以搭建基于区块链的大用户直购电交易系统框架，其中最为关键的技术是智能合约的制定，在此基础上，应用区块链技术设计市场准入、交易、结算等环节。区块链技术应用于综合能源的交易中，将有助于价格信号引导作用的发挥，提高结算的及时性和公平性。

信息网络的畅通是农村能源互联网优化运行和服务的基础，物联网、大数据、人工智能、区块链等智能技术贯穿于能源运行的监测、调度、运维、交易各个环节，形成农村能源体系运行的信息流。

（三）在价值创造体系层面，兼顾打造利润增长点的经济价值与服务乡村振兴的社会价值

一是将能源系统、通信系统与农业共享复用，通过光伏农业、智能灌溉、农产品

全过程追溯、精准能源控制等场景，构建"现代化农业＋能源互联网"，与村民共享节能和增产收益；二是将多能协同、节能减排与新农村紧密联动，通过农村低碳交通、被动型农房、废弃物综合利用等模式，构建"生态村＋能源互联网"，促进美丽乡村建设；三是将"一站式"能源综合服务与农村新产业融合发展，建立需求自动匹配、能源技术支撑、用能全域服务、运维全程托管等一体化服务体系，构建"新产业＋能源互联网"，与旅游、养老等农村新产业同步升级、同步受益。

1. 优化运行

农村能源互联网采用系统化、集成化和精细化的设计方法，负责管理和运行整个能源系统的能量生产、传输、存储和使用，在整合区域内多种供能资源的基础上，满足用户的多种用能需求。综合能源系统涉及的能源种类繁多，系统复杂维度高，其配置优化和运行优化最为关键。因此，需要分析不同能源间的耦合关系，建立优化模型，合理配置不同资源，在保持高能效的同时，提高清洁能源利用率。乡镇区域具有负荷供电半径长、峰谷差大、能源分布分散化及较城市更为薄弱的能源网架结构等特点，乡镇用能存在能效偏低、清洁能源利用率不足、规划配置不甚合理等问题，乡镇综合能源系统的合理规划优化势在必行。

为实现自然能源在乡镇各层级之间的就地消纳与分层互补，从能源协同运行分析、功能设备分析、多时间尺度建模研究和优化调度目标设定4个方面，构建一种用户级—村级—乡镇级的多能源分层协同运行优化框架。三级协同运行优化框架应充分结合农村能源互联网多能源负荷特性，对冷、热、电负荷进行分类归纳，找出负荷特性差异，挖掘乡镇农业负荷特点。从经济性、环保性、可再生能源利用率、供电可靠性等不同方向设计优化调度目标，分析不同目标之间的关联特性，确定乡镇综合能源系统优化调度目标，形成多能源分层协同运行优化框架。提出一种三级自律协同的控制策略，主要包括能源互补特性分析、供用能不确定性建模分析、多元典型供用能场景分析和多时间尺度调控研究。考虑到用户、村、镇各层级需求不同，对乡镇综合能源系统三级协同下的分层运行目标、运行约束与协同机制进行深入研究，建立乡镇综合能源系统多时间尺度模型。构建农村能源互联网长时间尺度的源—储—荷多目标联合优化调度模型，结合农村能源互联网短时间尺度的滚动调度修正方法，以应对随机性因素对系统运行能效的影响，从而实现农村能源互联网的稳定和最优运行。

通过对需求侧中可转移电力负荷进行优化调整来改变各时段用电量，在满足系统各项约束的同时，协调能源供给侧能源及各类能量转换存储设备，使其共同参与到系统的优化调度中，以系统的燃料成本、电能交易成本、电力负荷调用补偿成本、运行维护成本等综合运行成本最小和用户舒适度最大为目标函数，根据峰谷电价及系统整体运行状态对需求侧响应电力负荷中的可转移负荷进行合理地优化调整，可有效地改变电力负荷曲线，实现峰时段少用电、谷时段多用电，以达到削峰填谷的作用，使电力负荷更加平稳，达到削峰填谷及减小峰谷差的目的。在峰谷分时电价条件下，通过电源侧、储能系统、能量转换设备及电力负荷调整之间的相互协调与配合，在保证各系统供需平衡及正常运行的同时可减少该综合能源系统的运行成本，实现源、储、荷协调互动的效果，提高了综合能源需求侧管理的经济性和室内的舒适性。农村综合能源系统的运行调度策略如图4所示。

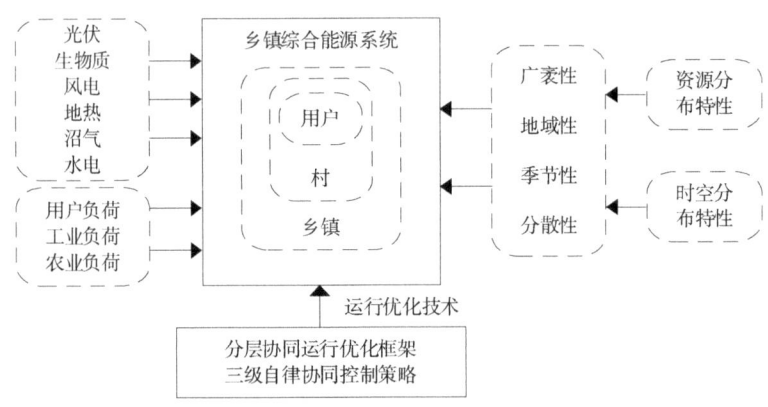

图4　农村综合能源系统的运行调度策略

农村能源互联网的运行优化可以归纳为以下两点。

（1）用户级—村级—乡镇级的多能源分层协同运行优化框架

分析乡镇能源种类、规模、资源特征，对冷、热、电负荷进行分类归纳，挖掘乡镇农业负荷特点；研究乡镇综合能源系统用户级—村级—乡镇级的协同互补机制，从经济性、环保性、可再生能源利用率、供电可靠性等不同方向设计优化调度目标，分析不同目标之间的关联特性，确定乡镇综合能源系统优化调度目标，形成多能源分层协同运行优化框架。

（2）用户级—村级—乡镇级三级自律协同的控制策略

在用户级—村级—乡镇级的多能源分层协同运行优化框架下，通过能源互补特性分析、供用能不确定性建模分析、多元典型供用能场景分析和多时间尺度调控研究，提出一种三级自律协同的控制策略，构建乡镇综合能源系统多时间尺度源—储—荷多目标联合优化调度模型，实现乡镇综合能源系统的稳定和最优运行。

农村能源互联网的优化运行实现了在信息流支撑下能源流的顺畅和高效输送，促进了农村清洁能源的有效利用。

2. 运营服务

农村能源互联网运营服务的关键是能源市场交易机制。面向绿色生态乡镇的多主体市场交易博弈仿真，从乡镇综合能源市场中的交易标的物类型、交易主体构成及各主体之间的交易关系等维度确定乡镇综合能源交易类型。其中，交易标的物可以包括电、热、气、冷等能量，也可以包括调峰、调频等辅助服务交易及能源期货交易；交易主体大体包括综合能源服务商、各类能源的生产商、综合能源管网运营商及用户；各类主体之间形成电、热、气、冷等能量的交易关系、综合能源增值服务交易及能量传输服务交易等市场交易关系。另外，借鉴国内外电、热、气、冷能量交易的现有市场机制，考虑不同能源品位、价值及交易发生的时间尺度（实时、日内、日前、月度、年度交易等），设计综合能源市场交易机制，包括各交易标的物的报价方法、出清算法等方面，构建乡镇综合能源市场交易模型。

3. 市场化交易

以绿色生态的综合能源特点、综合能源服务商、运营商和用户需求为出发点，面向能源系统运行监测、规划、运营+运维、交易、评价等业务提供多参与主体的综合管控与服务体系。强调智能化和双向互动，力求实现信息流的对等、互联、开放、共享。建立面向绿色生态乡镇的农村能源互联网运营平台，并集成综合能源和生态农业生产中各个环节研究成果，为能源服务商、配网运营商和用户提供业务支撑系统。运营服务中的关键是能源的交易，综合能源系统是分布式清洁能源与电网、天然气网络等融合而成，每一个能源主体都成为"微能源系统"，因此存在微能源系统之间、微能源与电网/综合能源管理系统之的交易。构建多种能源之间合作共赢的交易机制，打通综合能源系统应用场景的价值流。

博弈论作为现代数学的一个重要分支，在经济、管理、风险评估、收益计算等方面作用很大，是现今决策的一种重要方式，已经在电网运行使用方面有所应用，主要是电力市场、电网规划及调度。将合作博弈在电网运行上的方法移植到综合能源系统的交易上，构建综合能源系统的合作博弈交易模式。各种清洁能源系统可以构成不同的联盟，合作博弈中联盟和利益分配需满足以下前提条件：①对于整体多能源系统群，合作之后的利益大于独立能源系统与电网单独合作的利益之和；②对于分配利益，每个能源系统的利益不小于单独合作的利益。

针对农村高渗透率新能源接纳问题，通过建立包含风电、光伏、沼气发电、储能和可中断负荷的能源系统运行成本最小目标函数，分析不同的运行模式下各系统的收益，优化系统内不同时间段各能源主题的产能和可中断的负荷。以各能源系统自身运行成本最小为目标，考虑风、光、沼气发电日内的互补性和负荷特性，建立基于合作博弈论的多能源系统合作联盟，使能源系统之间的能量互用，提高联盟整体收益和配电网运营商收益。采用 Shapley 值法对联盟总收益进行分配，实现各能源系统的利益公平分配。其合作博弈交易模型如图 5 所示。

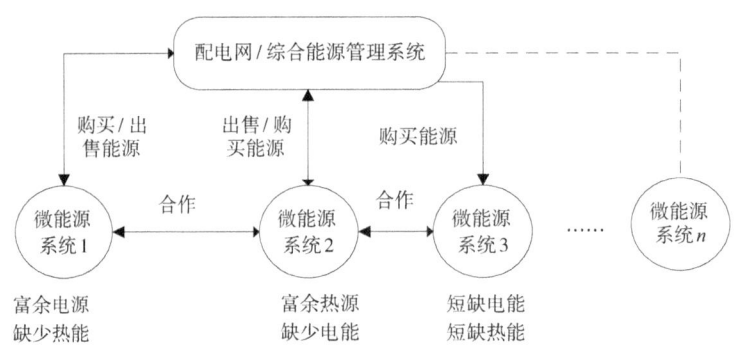

图 5　农村能源互联网系统合作博弈交易模型

合作的第一种形式为微能源系统孤岛运行，假设已知居民用能负荷曲线和可中断负荷，为使得微能源系统自身收益达到最大，在调度优化中可以从两个方面入手：一方面是将自身运行成本降到最小；另一方面是使收益达到最大。第二种形式为综合能源管理系统统一分配，微能源系统群与综合能源管理系统联合调度，可以有效解决新能源的消纳问题，同时也更好地保证用户供能的可靠性。微能源系统聚合形成群，若整体呈现能源过剩状态，则售出给综合能源管理系统；若能源短缺，则购买能源。

不同类型能源供给系统之间进行能源互补，针对运行成本最小目标函数，考察各个微能源系统之间，以及微能源系统与综合能源管理系统之间的能源交易，可以采用基于纳什均衡的能源交易机制，以微能源系统直接与综合能源管理系统交易的运行成本不小于微能源系统参与的运行成本为谈判的破裂点，计及过网费的交易机制进行综合能源系统服务平台的搭建。有两种交易机制模型：第一种是多微能源系统交易机制模型，这种交易模式下，微能源系统之间可以进行交易，增加新能源的消纳，同时降低微能源系统的运行成本；第二种是微能源系统与综合能源管理系统直接交易，微能源系统从综合能源管理系统购买的能源按峰谷分时价格计算，综合能源管理系统不收取额外的过网费。

基于合作博弈的农村能源互联网协同优化运行方法和基于纳什平衡的综合能源系

统能源交易机制，构架了农村能源互联网能源交易的公平性、高效性，使利益最大化。

4. 客户服务

能源互联网是一种新型能源供用体系，以电力系统为核心和纽带，高度整合多类型能源网络和交通运输节点，具备多类型能源互补、"源—网—荷—储"协调运作的特点，具备能量流与信息流双向互动的特性。从物理实施上看，能源互联网领域内各种互联、互通的智能系统均可以算作能源互联网中的一环。

以优化农村地区能源利用结构、提高能源利用效率为基本目的，构建以电为中心的"清洁低碳、安全高效、灵活智慧、开放共享"的能源体系，可以从综合能源规划、智慧云平台、市场机制研究等几个方面入手，分别从降低外部能源消耗总量、提高能源消费效率、提高能源传输效率、提高能源运行效率、提高能源市场效率等几个方面开展工作，最终真正实现能源综合利用、信息互联互通、服务优化共享等。面向清洁能源的农村地区也逐步向能源的互联互通服务方向发展，农村地区的能源互联网将成为综合能源互联网不可缺少的重要组成部分。

从综合能源服务的参与方看，电网企业的产业链较长，偏向于重资产企业；在提高生产效率方面，可以考虑从电网设备制造逐步向发电设备制造的产业链上游攀升；在传输效率方面，由电网规划与建设向综合能源型电网的规划理念与设备攀升；在终端利用效率方面，从目前阶段的快速响应向用户代运维、综合能源供能方面逐渐进步；在运行效率方面，目前多采用人工检修方式，未来可以向机器人巡视、人工智能决策、数据平台分析等平台化、智慧化方面开展；在市场效率提升方面，主要依靠平台开展碳交易、资产证券化等市场行为，以提高资源配置效率。

按照农村综合能源系统客户侧分布式能源运营服务体系构建思路，在明确多元服务主体、服务需求后，结合基于"智能+"属性，充分利用物联网平台与信息接口技术，构建客户侧分布式能源运营服务体系架构。平台架构分3个主体部分，分别是数据和接口、能源和负荷信息物联网平台、综合能源数据处理和服务体系。

客户侧农村能源互联网运营服务平台，是运营服务体系的核心部分。平台通过Web应用、手机APP、微信公众号为多元业务主体提供信息服务、运营服务、金融服务及交互服务，同时平台能够充分利用电网公司现有信息化系统，以电网公司的数据优势、客户优势和品牌优势为基础，整合协调第三方资源，丰富产业链条相关运营服务厂商业务应用。通过"智能+"综合能源系统的信息网，可以获取能源系统的环境参数、运行数据、经济数据等，为服务平台的顺利运行提供支撑。

参考文献

[1] 河北省统计局.河北经济年鉴（2019）[M].北京：中国统计出版社，2020.

[2] 河北省发展改革委.河北省"十三五"生物质发电规划[EB/OL].（2018-09-03）[2020-08-15]. http://huanbao.bjx.com.cn/news/20180907/926442.shtml.

[3] 国网河北省电力有限公司经济技术研究院能源发展研究中心政策与战略研究室.乡土中国"能"从何来[J].能源评论，2019（11）：56-59.

[4] 国家发展改革委，国家能源局.能源发展"十三五"规划[EB/OL].（2016-12-26）[2020-08-15]. http://www.nea.gov.cn/135989417_14846217874961n.pdf.

[5] 张亚健，杨挺，孟广雨.泛在电力物联网在智能配电系统应用综述及展望[J].电力建设，2019，40（6）：1-12.

[6] 汪兴.面向智能电网建设的电力物联网架构研究[J].电力大数据，2018，21（10）：28-31.

[7] 李琳，魏鑫，孙胜宇.居民侧智能用电泛在感知技术与多元精准服务研究[J].供用电，2019（6）：10-15.

[8] 党倩，李策，王刚，等.电网大数据云存储算法的研究[J].电工技术，2018（1）：35-42.

[9] 陈沼宇，王丹，贾宏杰，等.考虑P2G多源储能型微网日前最优经济调度策略研究[J].中国电机工程学报，2017，37（11）：3067-3077，3362.

[10] 杨挺，赵黎媛，王成山.人工智能在电力系统及综合能源系统中的应用综述[J].电力系统自动化，2019，43（1）：2-14.

[11] 蔡文军，朱艳.应用于能源系统的区块链技术研究进展[J].智能电网（汉斯），2018，8（3）：205-212.

报告 4-3　农村微电网系统构建技术

摘要：

随着我国乡村振兴战略和国家电网大力推动乡村电气化政策的逐步实施，结合农村地区自然环境特征，因地制宜地构建农村微电网系统体系尤为迫切。本文提出的农村微电网系统构建技术包括：适应农村典型场景的清洁能源潜力预测与规划技术、适应农村新能源消纳的运行优化控制技术、农村微能源系统交易机制与服务技术三大部分。分别从源、网、荷、储等方面全面考虑，探索农村能源利用新模式，对农村微电网系统中分布式电源类型、清洁能源的潜力、负荷水平等进行深入分析，构建适应农村特点的微电网系统，提高清洁能源消纳能力。

作者简介：

韩璟琳，国网河北省电力有限公司经济技术研究院，工程师，研究方向：电网规划。

翟广心，国网河北省电力有限公司经济技术研究院，工程师，研究方向：电网规划。

檀晓林，国网河北省电力有限公司经济技术研究院，工程师，研究方向：电网规划。

贺春光，国网河北省电力有限公司经济技术研究院，正高级工程师，研究方向：电网规划。

一、概述

在整个农村微电网的系统中包括三大部分，如图 1 所示，分别对微电网系统的各个部分、各个技术领域进行深入分析，构建出适合农村地区典型场景的微电网系统。

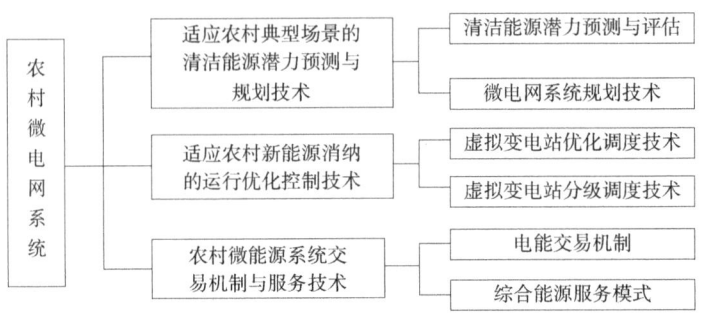

图1 微电网系统总体结构

农村微电网系统中分布式清洁能源的场景运行需要对电能的利用进行合理优化，本文通过虚拟变电站的控制技术，对各微电网及整个微电网系统的监测与控制采用逐级调度优化，充分发挥农村地区新能源的潜力，避免弃风、弃光等资源浪费及电能消纳水平不足等问题的出现。

在整个微电网系统中，能源的消纳与系统内的交易机制、提供给用户的服务息息相关。交易机制与服务模式中以微电网的运行成本最小为目标，完善农村微电网系统的各项技术，搭建客户侧分布式能源运营服务体系，以满足各类用户的用电需求。

二、适应农村典型场景的清洁能源潜力预测与规划技术

国网河北省电力有限公司《2019年服务乡村振兴战略大力推动乡村电气化实施方案》（冀电办〔2019〕14号）提出：积极支持乡村发展分布式光伏等新能源，服务可再生能源示范村新能源接入，2019年年底前实现上网电费按约定周期线上发放。提升乡村低压客户接入容量标准，主动服务现代化农业产业园、科技园、创业园，支持农业产业化联合体发展和农村产业融合发展示范园建设。

（一）适应农村典型场景的清洁能源潜力预测和评估技术

在全球应对气候变化的能源低碳发展趋势下，以清洁替代和电能替代为主要内容的"两个替代"成为能源变革的重要方向。其中，清洁替代是指在能源开发上，以清洁能源替代化石能源，走低碳绿色发展道路，逐步实现从化石能源为主、清洁能源为辅向清洁能源为主、化石能源为辅转变。而农村地区自然环境下有着天然丰富的风、

光、生物质等自然资源，具有巨大清洁能源替代潜力。清洁替代具有保障能源供应、保护生态环境、推动经济发展的积极效用。

1. 适应农村典型场景的清洁能源潜力评估模型

（1）目标函数

目标函数包括不同发电技术的投资成本、安装成本、运维成本、燃料成本、开停机成本、电储能成本，以及微电网从公用电网购买电能或者向公用电网输送电能的成本。

$$\min f_{COST}=\sum_{y=1}^{Y}\left\{\sum_{x=1}^{X}\left[u_{x,y}P_{x,y}^{T}+u_{x,y}P_{x,y}^{A}+(u_{x,y}+u_{x,y}^{0}-u_{x,y}^{r})P_{x,y}^{W}+q_{x,y}P_{x,y}^{R}+u_{x,y}P_{x,y}^{K}+e_{x,y}P_{x,y}^{C}\right]+q_{y}^{G}B_{y}^{G}\right\} \quad (1)$$

式中，Y 为评估年限；X 为发电技术数量；$u_{x,y}$ 为发电技术 x 在第 y 年新增的装机容量；$u_{x,y}^{0}$ 为发电技术 x 在 y 年已有的装机容量；$u_{x,y}^{r}$ 为发电技术 x 在第 y 年退役的装机容量；$q_{x,y}$ 为发电技术 x 在第 y 年的发电量；$e_{x,y}$ 为发电技术 x 在第 y 年新增的电储能容量；$P_{x,y}^{T}$、$P_{x,y}^{A}$、$P_{x,y}^{W}$、$P_{x,y}^{R}$、$P_{x,y}^{K}$、$P_{x,y}^{C}$ 分别为发电技术 x 在第 y 年的单位投资成本、安装成本、运维成本、燃料成本、开停机成本、电储能成本；q_{y}^{G} 为第 y 年微电网从公用电网购买电量或者向公用电网输送电量；B_{y}^{G} 为第 y 年微电网与公用电网交换电量的价格。

（2）约束条件

1）电力电量平衡约束

风电、太阳能发电、生物质能发电等不同发电技术 x 在第 y 年的发电量，农村微电网从公用电网获得的电量应满足该农村区域供电负荷。

$$\sum_{x=1}^{x}q_{x,y}+q_{y}^{G}\geqslant Q_{y} \quad (2)$$

式中，Q_{y} 为第 y 年该农村区域的电量需求。

2）储能功率输出约束

$$\underline{e_{x,y}}\leqslant e_{x,y}\leqslant \overline{e_{x,y}} \quad (3)$$

式中，$\overline{e_{x,y}}$ 和 $\underline{e_{x,y}}$ 分别为电储能装置的最大最小功率，$e_{x,y}>0$ 电储能装置工作在放电状态，$e_{x,y}<0$ 电储能装置工作在充电状态。

3）发电设备利用小时数约束

$$\underline{T_{x,y}^{use}}\leqslant T_{x,y}^{use}\leqslant \overline{T_{x,y}^{use}} \quad (4)$$

式中，$T_{x,y}^{use}$ 为发电技术 x 在第 y 年的设备利用小时数；$\underline{T_{x,y}^{use}}$、$\overline{T_{x,y}^{use}}$ 分别为发电技术 x

在第 y 年的设备利用小时数的最大最小值。

4）电储能装置生命周期约束

$$\underline{T_y^{life}} \leq T_y^C \leq \overline{T_y^{life}} 。 \quad (5)$$

式中，T_y^C 为电储能装备在第 y 年的生命周期；$\underline{T_y^{life}}$、$\overline{T_y^{life}}$ 分别为电储能装备生命周期的最大最小值。

5）碳排放约束

因碳排放种类较多，除去 CO_2 一般还考虑 NO_x 等气体，为简化计算方便分析，此处将 NO_x 等气体归一化为 CO_2 当量进行求解。电厂发电运行中，产生的温室气体主要是 CO_2 和少量的 N_2O。燃煤电厂按常规燃烧方式所生成的 NO_x 中，NO 占了 90% 左右，N_2O 仅占 1% 左右。电厂发电环节发一度电产生的温室气体的排放系数分别为：CO_2 排放系数为 840.1914 g CO_2/（kW·h），N_2O 排放系数为 0.053 352 g N_2O/（kW·h），N_2O 归一化 CO_2 当量排放系数为分别为 15.792 152 g CO_2 当量/（kW·h），归一化 CO_2 当量排放系数为 855.98 g CO_2 当量/（kW·h）。其他发电技术碳排放系数采用相同方法转化为单位归一化碳排放系数。

$$\sum_{y=1}^{Y} T_{x,y}^C T_{x,y}^{coe} q_{x,y} \leq \overline{T_y} 。 \quad (6)$$

式中，$T_{x,y}^C$ 为发电技术 x 在第 y 年的单位归一化 CO_2 当量碳排放系数；$T_{x,y}^{coe}$ 为发电技术 x 在第 y 年的度电能耗系数；$\overline{T_y}$ 为该微电网第 y 年的归一化 CO_2 当量碳排放上限。

6）装机容量约束

$$\begin{cases} \underline{u_{i,t}} \leq u_{i,t} + u_{i,t}^0 - u_{i,t}^r \leq \overline{u_{i,t}} \\ \underline{u_{i,t}^r} \leq u_{i,t}^r \leq \overline{u_{i,t}^r} \end{cases} 。 \quad (7)$$

式中，$\underline{u_{i,t}}$、$\overline{u_{i,t}}$ 为发电技术 x 在第 y 年的装机容量上下限；$\underline{u_{i,t}^r}$、$\overline{u_{i,t}^r}$ 分别为发电技术 x 在第 y 年的退役机组上下限。

2.适应农村自然环境特点的能源潜力评估指标

适应农村典型场景的清洁能源潜力评估模型中考虑了不同发电技术的投资成本、安装成本、运维成本、燃料成本、开停机成本、电储能成本及微电网从公用电网购买电能或者向公用电网输送电能的成本，以及电力电量平衡约束、储能功率输出约束、发电设备利用小时数约束、电储能装置生命周期约束、碳排放约束、装机容量约束等约束条件。评估指标主要着重于该农村微电网系统的经济性和环保性，为合理评估经济性和环保性相关因素的影响，可引入度电成本和度电归一化 CO_2 当量碳排放两个指标进行评估。

(1) 度电成本

农村电力消费受价格、政策影响较大，该度电成本指标考虑了不同发电技术的投资成本、安装成本、运维成本、燃料成本、开停机成本、电储能成本及微电网从公用电网购买电能或者向公用电网输送电能的成本，主要说明了该农村微电网系统自身成本的变化。该农村微电网系统第 y 年的度电成本 E_{COST} 如式（8）所示。

$$E_{COST} = \frac{\sum\limits_{y=1}^{Y}\left\{\sum\limits_{x=1}^{X}\left[u_{x,y}P_{x,y}^{T}+u_{x,y}P_{x,y}^{A}+(u_{x,y}+u_{x,y}^{0}-u_{x,y}^{r})P_{x,y}^{W}+q_{x,y}P_{x,y}^{R}+u_{x,y}P_{x,y}^{K}+e_{x,y}P_{x,y}^{C}\right]+q_{y}^{G}B_{y}^{G}\right\}}{\sum\limits_{x=1}^{x}q_{x,y}+q_{y}^{G}}$$

（8）

(2) 度电归一化 CO_2 当量碳排放

该农村微电网第 y 年的度电归一化 CO_2 当量碳排放 E_{CARBON} 如式（9）所示。

$$E_{CARBON} = \frac{\sum\limits_{y=1}^{Y}T_{x,y}^{C}T_{x,y}^{coe}q_{x,y}}{\sum\limits_{x=1}^{x}q_{x,y}+q_{y}^{G}}$$

（9）

（二）适应农村典型场景的清洁能源规划技术

在构建清洁能源评估模型及农村多元负荷预测的基础上，考虑分布式光伏发电、分散式风电及沼气发电大规模接入，并计及微电网渗透率构建用户侧微电网高渗透率接入配电网优化配置数学模型，以实现社会总成本最小的规划目标。

1. 目标函数

为实现社会总成本最小的目标，本文从配电网经济性和稳定性两个角度出发，将配电网线损最小、微电网经济成本最小和节点电压偏差最小作为子目标函数，通过赋予目标子函数权重的方式，实现多目标函数优化。同时，考虑微电网渗透率的上限约束要求，保证微电网在配电网运行中的切实可控。

(1) 电能质量

节点电压是检验配电网安全性和电能质量的重要指标，电力系统电压幅值的高低是评判电力系统稳定性的重要依据之一。过高或过低的电压极易导致系统偏离安全运行范畴。采用电压偏差指标作为衡量微电网电能质量的指标,其表达式如式(10)所示。

$$\min f_1 = \sum_{i=1}^{N_{node}} \left(\frac{U_i - U_i^{spec}}{U_i^{max} - U_i^{min}} \right)^2 \text{。} \quad (10)$$

式中,N_{node} 为系统节点个数;U_i 为节点 i 的电压幅值;U_i^{spec} 为节点 i 的指定电压幅值,一般取标幺值 1.0;U_i^{max} 和 U_i^{min} 分别为节点 i 的电压幅值上下限值。

系统各节点的电压幅值越接近指定电压,目标函数的值越小,说明系统的电能质量越好。因此,可以根据系统的 f_1 值与临界值 0 的距离来判断系统电能质量的优劣。

(2)网络损耗

考虑微电网运行的经济性,需要使微电网的网络损耗最小。其数学表达式为:

$$\min f_2 = \sum_{i=1}^{N_T} W_{loss}^i T_i \text{。} \quad (11)$$

式中,N_T 为配电网运行状态总数;W_{loss}^i 为配电网在运行状态 i 时的总网络损耗,MW·h;T_i 为状态 i 的持续时间,h。

(3)经济成本

将微电网并网运行经济成本考虑到微电网优化问题中,旨在将微电网整体运行成本降低。一般情况下,微电网投资成本包括光伏、风力发电、沼气发电、储能、微型燃气轮机等微电源的设备购置成本、设备维护成本、设备中断启停成本、设备折旧成本、燃料成本、污染气体排放成本、与配电网电能交换成本。微电网并网运行的经济成本模型为:

$$\min f_3 = \sum_{k=1}^{N_{grid}} (C_k^S + C_k^F - C_k^{sell}) \text{。} \quad (12)$$

式中,N_{grid} 为微电网总数;C_k^S 为第 k 个微电网按微电源使用寿命年限折算后的固定投资成本;C_k^F 为第 k 个微电网中微电源的发电成本,主要为燃料费用和运行维护成本;C_k^{sell} 为第 k 个微电网向配电网售电收益。

(4)多目标函数的处理

采用线性加权法将此多目标优化问题转化为单目标优化问题。线性加权法的原理是根据各个目标的重要程度,分别赋予每个目标函数与其重要程度相对应的权重系数。目标函数的重要程度越高,其权重系数就越大,反之亦然。将每个目标函数与其对应的权重系数相乘并求和,得到的和函数即可作为总的目标函数。

电能质量、网络损耗和经济成本加权后的目标函数可表示为:

$$\min f = \sum_{i=1}^{3} \eta_i \frac{f_i}{f_i^0}, \tag{13}$$

$$\sum_{i=1}^{3} \eta_i = 1 。 \tag{14}$$

式中，η_i 为第 i 个目标函数的权重系数，且均大于 0；f_i^0 为第 i 个目标函数优化前的值；f_i 为第 i 个目标函数优化后的值。

2. 约束条件

（1）潮流约束

$$\begin{cases} P_i + P_{MGi} = P_{Li} + V_i \sum_{j=1}^{N} V_j (G_{ij}\cos\delta_{ij} + B_{ij}\sin\delta_{ij}) \\ Q_i + Q_{MGi} = Q_{Li} + V_i \sum_{j=1}^{N} V_j (G_{ij}\sin\delta_{ij} - B_{ij}\cos\delta_{ij}) \end{cases} 。 \tag{15}$$

式（15）为某一运行状态下的潮流约束条件，P_i、Q_i 分别为节点 i 的输入有功功率、无功功率；P_{MGi}、Q_{MGi} 分别为安装在节点 i 处微电网的有功出力、无功出力；P_{Li}、Q_{Li} 分别为节点 i 处的有功负荷、无功负荷；V_i、V_j 分别为节点 i、j 的电压；G_{ij}、B_{ij} 为系统导纳；δ_{ij} 为节点电压相角差。

（2）电压约束

微电网电压约束公式为：

$$V_{\min} \leqslant V \leqslant V_{\max} 。 \tag{16}$$

式中，$V_{\max}$、$V_{\min}$ 为配电网电压上下限。

（3）微电网容量约束

根据《城市电力网规划设计导则》规定，小规模分布式电源发电以就近消纳为主，不允许对上级电网倒送功率。因此，在进行高渗透率下分布式电源接入配电网规划时，为防止微电网向供电变电站倒送功率，假定各个节点接入的微电网容量不能超过该节点的负荷容量，即

$$0 \leqslant P_{MGi}^{0} \leqslant P_{Li}, \tag{17}$$

$$0 \leqslant Q_{MGi}^{0} \leqslant Q_{Li} 。 \tag{18}$$

式中，P_{MGi}^{0}、Q_{MGi}^{0} 为接入节点 i 的微电网初始规划功率。

（4）渗透率约束

为保证分布式电源接入下配电网的安全稳定，目标函数中引入渗透率惩罚函数对

微电网的渗透率进行约束，具体如下。

$$\varepsilon_{MDG}^{k} = \frac{\sum_{m} S_{k,m} \cdot F_{k,m}}{S_{\text{Feeder}}} < \bar{\varepsilon} \ 。 \quad (19)$$

式中，ε_{MDG}^{k} 为第 k 个微电网的渗透率；$\bar{\varepsilon}$ 为微电网接入配电网的渗透率上限；$S_{k,m}$ 为第 k 个微电网中 m 类型微电源的额定容量；$F_{k,m}$ 为第 k 个微电网中 m 类型微电源的容量系数；S_{Feeder} 表示配电网各馈线的总额定容量。

三、适应农村新能源消纳的运行优化控制技术

虚拟变电站是通过光纤通信网络将不同地区、不同变电站、不同保护测量控制连接在一起，形成一个监控网络，对各个开关机构进行测量和控制，虚拟变电站的实质为一个控制调度中心。在微电网系统的运行过程中，不同的运行方式涉及经济性、可靠性等各方面因素的制约，可以利用风、光、沼气、储能协调，保证系统的安全稳定运行。

根据分布式电源的类型、地域和距离等特点，对某一区域的微电网及分布式电源进行聚合，以有效地优化传统配电模式，实现电能的短距离传输和电源侧的多能互补。同时，聚合可以有效解决分布式电源地域分散、输电线路长、电压偏差大和能源管理不集中的问题。微电网聚合的模型如图2所示。

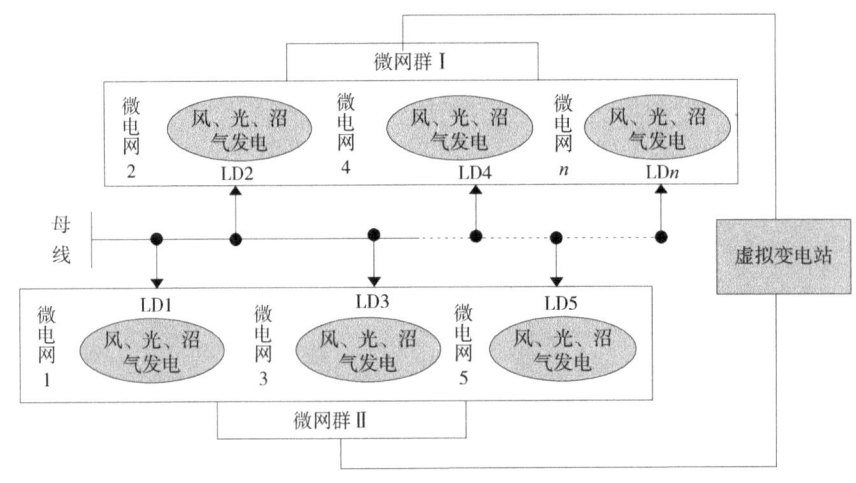

图2 微电网聚合的模型

（一）虚拟变电站优化调度技术

适应农村新能源消纳的虚拟变电站优化控制方法将农村分布式新能源进行整合，形成微电网，微电网也可以认为是一个区域；考虑到农村分布式电源的地域特点，即距离较远，分散比较广泛，将距离较远的两个或者多个分布式电源聚合，形成微电网群，微电网群收集各微电网的实时数据并上传到虚拟变电站。虚拟变电站优化调度方法如下。

①将微电网划分区域形成微电网群，电网群可以实现典型的交叉使用。

②每一个微电网都安装有双向智能电表，可通过高级量测体系与虚拟变电站通信，时刻反映负荷和发电水平。

③虚拟变电站以自身收益最大化为目标，充分考虑约束条件，在最经济的情况下分配微电网中各个能源的出力水平。

（二）虚拟变电站分级调度技术

通过对农村的能源潜力评估和对微电网系统中负荷及发电水平的预测分析，规划日前调度，结合虚拟变电站技术，进一步优化微电网的经济性，含微电网农村配电网系统结构如图3所示。

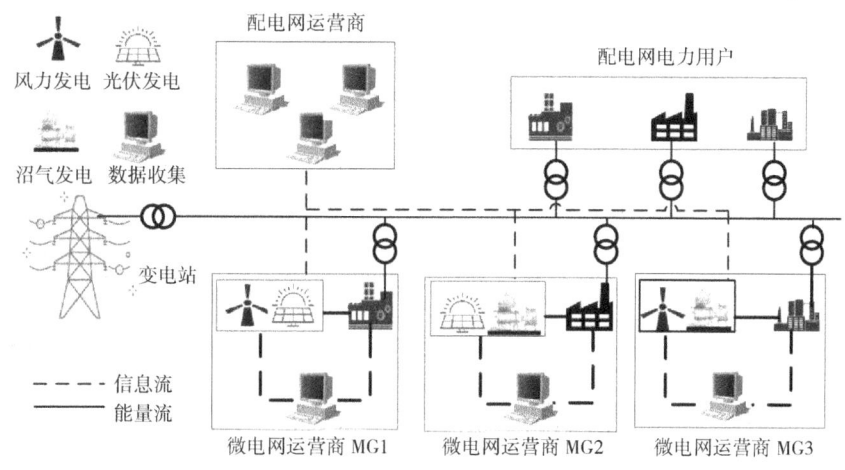

图3　含微电网农村配电网系统结构

具体的逐级调度过程如下。

第一步：根据预测余电负荷曲线确定目标区域的用电负荷。

第二步：检测目标区域的用电负荷是否大于目标区域的微电网出力水平，若目标区域的用电负荷大于目标区域的微电网出力水平,则检测目标区域的用电负荷是否大于目标所属区域的微电网群的当前供电水平。

第三步:若目标区域的用电负荷大于目标区域的微电网群的当前供电水平,则检测目标区域的用电负荷是否大于目标区域的虚拟变电站供电水平。

第四步:若目标区域的用电负荷大于虚拟变电站的当前供电水平,则通过虚拟变电站向大电网购买电能来满足用户的用电需求。

四、农村微能源系统交易机制与服务技术

随着新能源的发展,分布式电源在农村地区数量日益增加,微电网的交易机制直接影响配电网与微电网的运行成本,合理的交易机制在农村微电网系统运行中起着至关重要的作用。针对微电网与配电网的电能交易所出现的电量、电价等原因,提出一种基于合作博弈的电能交易机制。

通过构建微电网运行成本最小的目标函数,比较不同的运行方式,考虑不同负荷类型、不同电源类型微电网的运行方式,包括微电网孤岛运行方式、单微电网与配电网合作交易方式运行方式,通过比较不同运行方式的成本,保证微电网系统运行的经济性。在综合能源服务模式中,含有多种主体,其中包括发电商、分布式光伏、分布式风能、生物质能、用户等能源供应主体和用能主体。由于综合能源市场内参与主体众多,而博弈论作为一种先进的优化工具,十分适合解决多个利益相关主体的决策问题。

(一)电能交易机制

在分析微电网运行过程中的发电成本、可中断负荷、电能交易分时电价基础之上,进一步研究微电网电能交易机制。不同类型微电网之间进行电能互补,针对微电网运行成本最小目标函数,以微电网与配电网的零和博弈为原则,考虑余电微电网与缺电微电网、微电网与配电网之间电能交易,可以采用基于纳什均衡的电能交易机制,以微电网直接与配电网交易的运行成本不小于微电网参与的运行成本为谈判的破裂点,计及过网费的交易机制。有两种交易机制模型,如图4所示。

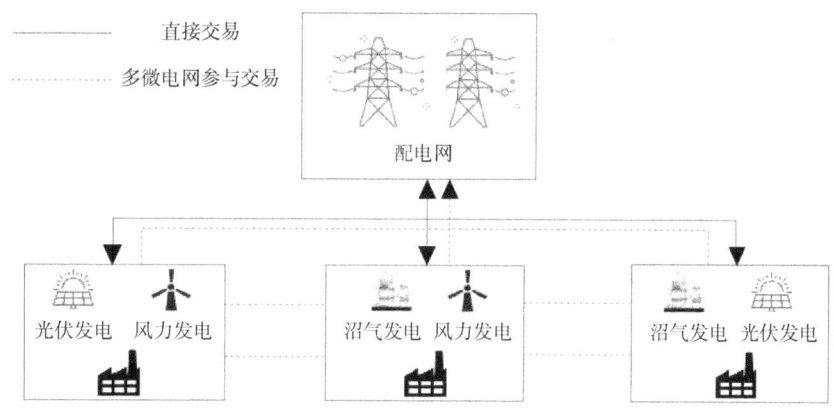

图4 多微电网交易机制模型

1. 多微电网交易机制模型

多微电网交易机制模型，包括微电网与配电网直接交易、余电微电网与缺电微电网交易及微电网群与配电网合作交易模式。微电网的运行成本包括风力发电、光伏发电、沼气发电和电能交易机制中计及过网费用等，将一天分为24个时段，以每1小时为调度时间段，对交易电量和电价进行计算。

多微电网参与的交易模式下，微电网与微电网之间可以进行交易，增加新能源发电的消纳，同时降低微电网的运行成本。在某一时刻，根据微电网的状态，缺电微电网可以购买余电微电网的电能，配电网通过收取过网费进行收益。

2. 微电网与配电网直接交易模型

假设已知微电网内各发电机的出力水平、自身负荷，在微电网与配电网的直接交易中，若微电网为余电微电网，可以通过传输线出售给配电网，交易过程中过网费由微电网与配电网各承担一半；若微电网为缺电微电网，可以直接购买配电网电能。

3. 微电网群与配电网合作运行优化方法

针对农村新能源消纳问题，提出了基于合作博弈的微电网与配电网协同优化运行方法和基于纳什平衡的微电网电能交易机制。微电网群联盟后形成整体，与配电网进行合作，微电网与微电网之间可以利用电能互补的特性，降低缺电微电网的购电成本；配电网在运营过程中，减少了向发电厂购买电能的成本，从而增加配电网的利益。

在多个微电网联盟之后，为了对节省的成本进行公平分配，采用Shapley值法对合作模型下各个微电网的收益进行分配，保证每个微电网满足自身利益，同时也满足博弈中纳什均衡的条件。

在多微电网交易机制中，各模型各有优点，可以为农村微电网系统中复杂的运行方式提供可靠、经济的指导。

①微电网孤岛运行时，通过优化各时段电源出力，可有效降低微电网运行成本；各微电网内部电源类型和负荷特性不同，微电网之间具有电能互补的潜力。

②微电网与配电网直接交易时，微电网的运行成本高主要由配电网低回购电能导致；微电网与微电网之间可以实现电能的互补，通过配电网的线路可实现，可有效降低微电网的运行成本。

③微电网联盟可实现余电微电网与缺电微电网之间电能的互补，互补电能可以节省各微电网购电成本，Shapley 值分配可实现各微电网利益公平分配。

（二）以电为中心的综合能源服务模式

以电力为中心，结合热力、燃气等多能源，采用物联网总线技术、云端大数据分析技术、自动化控制技术及人工智能诊断技术，设计考虑分布式光伏发电、分散式风电、沼气发电等多种清洁能源的大数据＋云平台农村微能源系统管理框架，研究以用电数据为基础，为农户和农村发电企业提供能效监控、运维托管、抢修检修和节能改造等的综合服务模式。

多能源主体的电—冷—热—气联供是未来以电为中心的综合服务模式，河北省"煤改电"工程的实行，逐步向以电为中心靠拢。在研究微能源互联网中，主要工作如下。

①分析能源服务商运营模式：基于含分布式光伏与微型燃气轮机的微型社区能源互联网，考虑需求侧资源参与调度及电动汽车车载电池作为分布式储能单元，分析了新形势下能源服务商的商业运营环境和运营模式，对运营边界条件、系统框架及交易方式进行了描述。

②建立各主体策略和收益模型：在能源服务商方面，建立了微型能源互联网内部设备运行模型，以及能源服务商电价策略和收益模型；在用户方面，提出了考虑负荷优先级的居民用户需求侧响应模型，并在此基础上，建立了居民用户的收益模型；建立了电动汽车聚合商的充放电和收益模型。

③提出基于主从博弈的能量管理方法：建立了以能源服务商为上层领导者，以用户为跟随者的主从博弈模型，并分析和证明了博弈均衡解的存在性。

1. 电—冷—热—气互联多能源运营模式

电—热—冷—气互联多能源运营的核心为综合能源调度运营商通过各种耦合型设备单元如图 5 所示。基于用户的用能负荷曲线，对大型能源基地送出的电、热、冷、气等能源进行综合优化调度,在保证系统稳定性的同时,满足用户对气、电、热、冷等不同能源的需求。电—热—冷—气多能源互联运营方式中,既包含气、电、热的独立调度,也存在多种能源的联合调度。

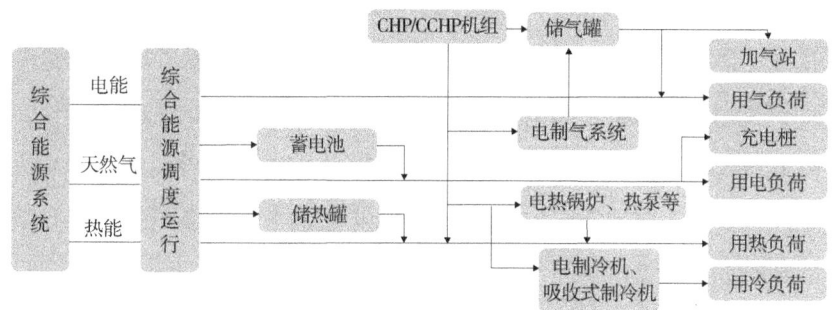

图5　电—热—冷—气互联多能源系统运营模式

2. 以电为中心的综合能源服务模式

按照客户侧分布式能源运营服务体系构建思路,在明确多元服务主体、服务需求后,结合基于"互联网+"属性,构建客户侧分布式能源运营服务体系架构,如图6所示。

图6　客户侧分布式能源运营服务体系架构

客户侧分布式能源运营服务体系架构包括服务主体、服务方式、服务平台、商务模式、服务支撑体系及技术支撑体系。其中，以电为中心的综合能源服务平台是运营服务体系的核心部分。平台通过 Web 应用、手机 APP、微信公众号为多元业务主体提供信息服务、运营服务、金融服务、交互服务及一些特色服务，同时平台能够充分利用电网公司现有信息化系统，以电网公司的数据优势、客户优势和品牌优势为基础，整合协调第三方资源，丰富产业链条中相关运营服务厂商业务应用。商务模式指导服务支撑系统作用于能源服务平台，与技术支撑系统协作，构成平台的外围支撑体系。

客户侧分布式能源运营服务平台利用互联网的服务技术可以实现微电网系统中的各项运行指标、状态实时监视；对分布式电源发电水平进行预测，依靠计算机技术调整优化，安排合理的调度计划。

此外，也可以提供终端客户能源优化服务。通过智能计量技术，可以对终端用户的热、气、电等不同能源的生产与消耗进行自动计量、记录、存储和读取，为优化客户的能源生产与消费模式提供信息基础。基于大数据技术，通过对用户的能源消费与生产记录进行数据挖掘、分析、诊断，深刻理解用户的能源消费模式和特点。例如，可以为客户提供最经济的能源组合选择，包括什么时候使用公共电网的电，什么时候使用自发电，光伏或天然气发电的出力多少，如何实现储能系统经济性，如何选择合适大小的热泵等。进而结合物联网、无线通信等技术，实现分布式能源系统与家用电器、电动汽车、充电设施等用户终端电器设施的相互通信与深度融合，提供集成化的需求侧管理和能源优化服务。

五、农村微电网系统展望

整个农村微电网系统的构建技术分为三大部分：适应农村典型场景的清洁能源潜力预测与规划技术、适应农村新能源消纳的运行优化控制技术、农村微能源系统交易机制与服务技术。

适应农村典型场景的清洁能源潜力预测与规划中，提出潜力评估指标，如经济、环保、技术进步等因素，可对能源潜力做出评估；在规划中，利用关联灰色预测的方法，对短期、中短期、长期的负荷、发电水平进行预测，可有效促进系统的经济、可靠运行。

适应农村新能源消纳的运行优化控制技术中，提出了多种微电网的运行方式，包括微电网孤岛运行、单微电网与配电网直接交易运行、多微电网参与的合作运行等，为农村微电网系统中的运行提供不同的方式，便于微电网选择合理有效的方式，以最小成本运行及最大限度地对新能源出力的消纳。

农村微能源系统交易机制与服务技术中，提出微电网与配电网直接交易、余电微电网与缺电微电网交易及微电网群与配电网合作交易机制；顺应互联网趋势的发展，构建以电为中心的电—冷—热—气多能源运营，向用户及微电网的服务提供更多方便的同时，为系统运行的稳定性提供可靠的监测。

报告4-4 农村光伏发电技术

摘要：

太阳能光伏发电是一种清洁的能源，既不直接消耗化石资源，又不释放污染物、废料，也不产生温室气体破坏大气环境，不会有废渣的堆放、废水排放等问题，有利于保护环境，是一种绿色可再生能源。在国家出台一系列相应支持政策的条件下，光伏发电已得到广泛应用。随着光伏发电技术应用逐渐成熟，光伏发电将在农村新能源应用中占据重要位置。本文分析了光伏发电技术在农村的应用现状，展望光伏发电在农村的应用前景，从电站分类、电站组成、主要设备等方面介绍了农村光伏发电技术。

作者简介：

刘增川，大名县光伏协会，机电工程师，研究方向：光伏发电技术应用。

一、河北省分布式光伏发电现状分析

近年来，以可再生能源为主的分布式发电技术凭借其投资节省、发电方式灵活、与环境兼容等优点而得到了快速发展。农村作为分布式光伏发电的重要市场，从过去的星星之火，到现在燃起燎原之势，也就3年左右的时间，那么为何会在农村有如此快速发展的趋势呢？归结原因有以下几个方面。

第一个方面，光伏发电衍生出来的多种模式能在农村扎根。以光伏发电为主导的新型农业模式体很多，并且一举打破原有的传统农业收益模式，如光伏农业大棚、渔光互补、林业互补、光伏扶贫等，农户除了可以获得原有的收益外，还能获得光伏发电收益与光伏补贴。另外，光伏扶贫作为国家扶贫的重要举措，对于地方来说不仅可以达到精准扶贫的目的，而且对于贫困户来说也是一项持续收益脱贫致富的手段，所以光伏发电扶贫一经农村实践应用就深得人心，很快就成为一项扎根农村、接地气的扶贫举措。

第二个方面，国家的大力支持，是光伏发电在农村迅速发展的动力。光伏发电是国家大力扶持的清洁能源利用方式，被列入"十三五"规划中，而且光伏相关项目也作为"十三五"的百大重点工程之一。

2020年，针对户用光伏发电国家给予0.08元/度电的补贴，虽相较2019年0.42元/度电补贴下降幅度较大，但光伏组件、逆变器价格同时也在下降，与2019年投资周期相比基本持平。同时，为鼓励农村安装光伏发电，国家出台了多种模式，如用户可以选择"自发自用，余电上网"的模式，还可以选择"全额上网模式"，其中"自发自用，余电上网"可以把光伏发电自用，用不完的再并入电网，获取卖电收益。

第三个方面，农村屋顶资源丰富，为光伏发电在农村提供先天的便利条件。分布式光伏发电重要的安装对象就是屋顶，在农村拥有着丰富的屋顶资源，并且屋顶产权明晰，不存在城市住宅楼屋顶建电站需要全体业主、物业及管委会同意的麻烦流程，户主就是屋顶产权的所有者，若要申请光伏发电直接向当地供电部门申请即可，无须额外的证明。

第四个方面，环境污染日益严重，不管是城里还是农村，人们的能源意识越来越强。每逢冬天东部供暖大量燃煤，致使雾霾天气出现得越来越频繁，谁也不想整日戴着口罩，呼吸着充满污染的空气，生活在雾霾笼罩的环境中。这几年人们对于新能源的意识也在加强，对于新能源的出现也纷纷表示支持。

第五个方面，光伏发电让农村居民有了一份稳定的收益来源。农村很多居民靠种地为生，赚来的钱都是辛苦钱，实属来之不易，有的居民之所以把钱投资了光伏电站，是因为他们看到的是光伏发电持续稳定的收益，更是把其作为一项特殊的、看得见的"理财产品"。

综上所述，农村分布式光伏已经成为光伏应用领域的一大趋势，也成为改善农村生活的一大助力。

二、农村光伏发电技术

（一）光伏发电系统原理

光伏发电系统是利用半导体界面的光生伏特效应而将光能直接转变为电能的一

种技术。这种技术的关键元件是太阳能电池。太阳能电池经过串联后进行封装保护可形成大面积的太阳能电池组件,再配合功率控制器等部件就形成了光伏发电系统装置。

(二)光伏电站的分类

1. 按光伏电站是否并网来划分

按光伏电站是否并网可以分为离网光伏电站和并网光伏电站。其中,并网光伏电站又可以分为大型地面并网光伏电站和分布式并网光伏电站。离网光伏电站和并网光伏电站的具体分类如图1所示。

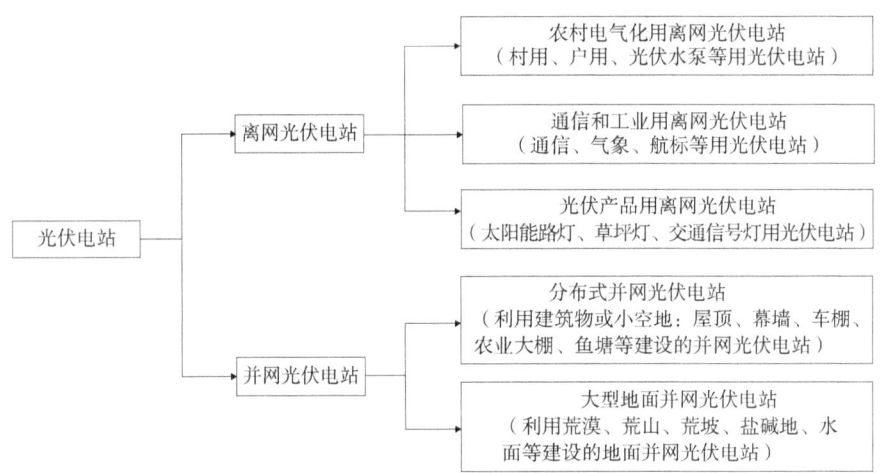

图1 离网光伏电站和并网光伏电站分类

2. 按装机容量来划分

按装机容量来划分可以分为小型光伏电站、中型光伏电站和大型光伏电站。其中,小型光伏电站是指装机容量小于或等于 1 MWp 的光伏电站;中型光伏电站是指装机容量大于 1 MWp,小于或等于 30 MWp 的光伏电站;大型光伏电站是指装机容量大于 30 MWp 的光伏电站。

3. 按光伏电站接入电网的电压等级来划分

按光伏电站接入电网的电压等级来划分可以分为低压电网接入的光伏电站和中压电网、高压电网接入的光伏电站。其中,低压电网接入的光伏电站是指通过 380 V 电压及以下等级接入电网的光伏电站,该类电站所发电能一般是即发即用,多余的电能送入电网;中压电网接入的光伏电站是指通过 10 kV 或 35 kV 电压等级接入电网的电站，该类光伏电站要通过升压装置将电能馈入电网；高压电网接入的光伏电站是指通过 66 kV 及以上电压等级接入电网的光伏电站，该类电站也要通过升压装置才将电能馈入电网，并且要进行远距离的电能传输。

（三）离网光伏电站的组成和应用

1. 离网光伏电站的组成结构

离网光伏电站主要由光伏阵列、控制器、蓄电池等组成，若要为交流负载供电，还需要配置交流逆变器。离网光伏电站包括边远地区的村庄供电系统、太阳能户用电源系统、通信信号电源、太阳能路灯等各种带有蓄电池的可以独立运行的光伏发电系统。离网光伏电站的组成结构如图2所示。

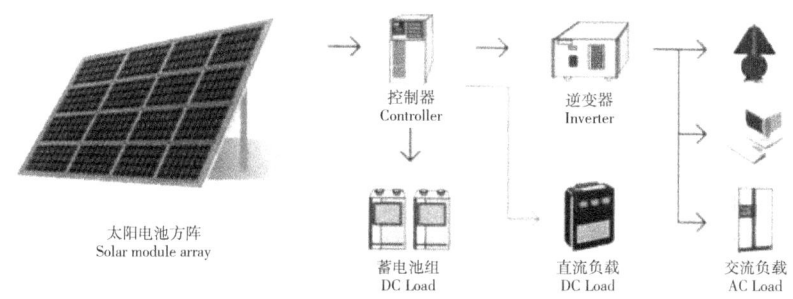

图 2　离网光伏电站的组成结构

2. 离网光伏电站的特点

离网光伏电站适用于无电网供电或电网电力不稳定的地区。在阳光充足时，离网光伏电站产生的直流电储存在蓄电池中，用于夜间或阴雨天气时为用户负载提供电力。离网光伏电站不需要国家电网，可以单独运行，但同时具有投入成本高、蓄电池寿命短的缺点。离网光伏电站除用于户用之外，在光伏路灯、光伏基站、光伏水泵等小型离网系统中也得到广泛应用。

（四）并网光伏电站的组成结构和特点

1. 并网光伏电站的组成结构

并网光伏电站由太阳能电池阵列、直流汇流箱、直流配电柜、并网逆变器、监控数据采集器等组成。其运行模式是在有太阳辐射的条件下，光伏电站中的光伏阵列将太阳能转换成直流电能，经过直流汇流箱送入直流配电柜，直流配电柜再将直流电送入并网逆变器逆变成交流电后，根据光伏电站接入电网技术规定和光伏电站容量确定光伏电站接入电网的电压等级，再经变压器升压后，接入电网。并网光伏电站的组成结构如图3所示。

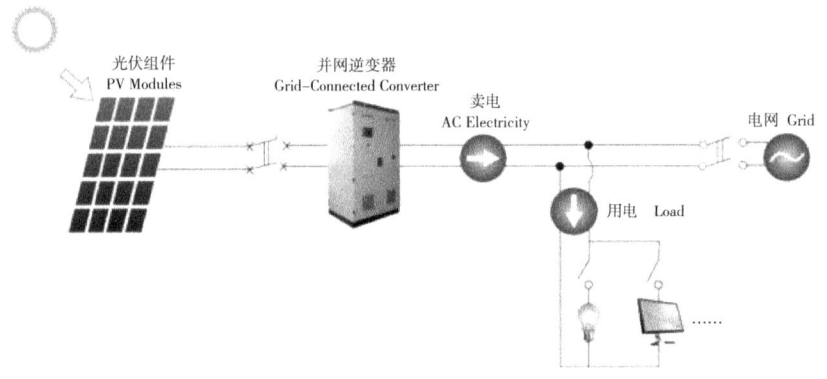

图3　并网光伏电站的组成结构

2. 并网光伏电站的特点

并网光伏电站可以分为大型地面并网光伏电站和分布式并网光伏电站。其中，大型地面并网光伏电站的主要特点是将所发电能全部输送给电网，由电网统一调配给用户供电。这种电站投资大、建设周期长、占地面积大；而分布式并网光伏电站由于处于用户侧，光伏电站所发电能优先供给当地负载使用，多余的电能输入电网，由电网统一调配给用户负载使用，这使得分布式光伏电站可以有效减少对电网供电的依赖及线路损耗。除此之外，分布式并网光伏电站具有投资小、建设快、占地面积小、政策支持力度大等优点，是并网光伏电站的主流。

（五）大型地面并网光伏电站

大型地面并网光伏电站是一类充分利用荒漠、山丘等拥有丰富和相对稳定的太阳能资源的地面所构建的大型光伏电站，该类光伏电站将太阳能通过光伏组件转化为直流电，再通过直流汇流箱和直流配电柜将直流电送入集中式并网逆变器，集中式并网逆变器再将直流电能转化为与电网同频率、同相位的交流电后，经高压配电系统并入电网。

1. 大型地面并网光伏电站的组成结构

大型地面并网光伏电站主要由光伏阵列、智能汇流箱、集中式逆变器、变压器等组成，其相应组成结构如图 4 所示。

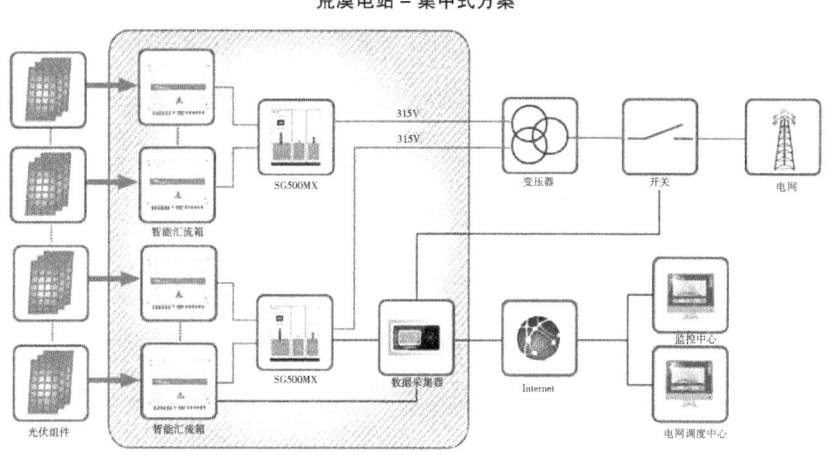

图 4　大型地面并网光伏电站的组成结构

2. 大型地面并网光伏电站的特点

大型地面并网光伏电站是利用广阔的荒漠、山丘资源开发的光伏电站，该类电站规模大，一般大于 6 MW，电站逆变输出经过升压后直接馈入 35 kV、110 kV、220 kV 或更高电压等级的高压输电网。该类电站多采用集中式逆变器。大型地面并网光伏电站的主要特点是运维更经济和方便，采用集中式逆变器控制更能满足电网的接入要求。

（六）分布式并网光伏电站

1. 分布式光伏发电的定义

分布式光伏电站的概念一经提出，其概念和内涵已经发生了一些改变，因此，开发分布式光伏电站，不能不了解最基础的内容，否则项目确定后不符合规定，将进退维谷，代价沉重。

根据国家电网公司最早发布的概念，分布式光伏发电是指：

①位于用户附近，所发电能就地利用；

②以 10 kV 及以下电压等级接入电网，且单个并网点总装机容量不超过 6 MW 的光伏发电项目。

后来，国家能源局出台《国家能源局关于进一步落实分布式光伏发电有关政策的通知》，文中提出：

"在地面或利用农业大棚等无电力消费设施建设、以35千伏及以下电压等级接入电网（东北地区66千伏及以下）、单个项目容量不超过2万千瓦且所发电量主要在并网点变电台区消纳的光伏电站项目，纳入分布式光伏发电规模指标管理，执行当地光伏电站标杆上网电价。"

随后，国家电网公司做出了自己的解释，在国家电网《关于分布式电源并网服务管理规则》的通知中，分布式电源定义为：

第一类：10千伏以下电压等级接入，且单个并网点总装机容量不超过6兆瓦的分布式电源。

第二类：35千伏电压等级接入，年自发自用大于50%的分布式电源，或10千伏电压等级接入且单个并网点总装机容量超过6兆瓦，年自发自用电量大于50%的分布式电源。

第三类：接入点为公共连接点，发电量全部上网的发电项目、小水电，除第一、二类以外的分布式电源。本着简便高效原则做好并网服务，执行国家电网公司常规电源相关管理规定。

第一、第二类，基本上分别代表屋顶分布式和地面分布式项目，第三类对应全额上网模式的分布式项目。

2. 分布式并网光伏电站的分类

分布式并网光伏电站的分类如图5所示。按照分布式光伏电站并网方式的不同可以分为低压并网型和中压并网型。其中，低压并网型是指通过220 V或380 V电压等级接入电网；中压并网型则是通过10 kV及以下电压等级接入电网。

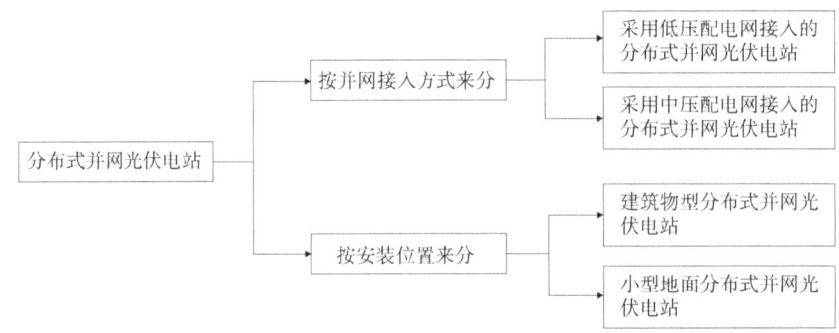

图5 分布式并网光伏电站的分类

国家标准《分布式电源配电网并网标准》中规定：接入电网的分布式电源装机容量不宜超过上一级变压器供电区域内最大允许负荷的25%。不同规模的分布式电源通过不同电压等级接入电网；通过 220 V 电压单相单点接入的分布式电源其装机容量不宜超过 15 kW，通过 380 V 电压三相单点接入的装机容量不宜超过 200 kW。分布式电源具备多个电压等级接入条件时，宜优先采用低电压等级接入。10 kV 及以下电压等级单个并网点接入的分布式电源的装机容量应小于 6 MW。

分布式并网光伏电站按照安装位置来分又可以分为建筑物型和小型地面型分布式并网光伏电站。其中，建筑物型是指利用工业屋顶、商业屋顶及户用屋顶、幕墙、车棚、隔音墙、农业大棚等来建设的分布式并网光伏电站；小型地面型则是指利用鱼塘、海岛、边远地区和农村、其他公共设施提供的小空地来建设的分布式并网光伏电站。

3. 分布式并网光伏电站的组成结构

（1）装机容量低于 200 kWp 的分布式并网光伏电站

对于装机容量低于 200 kWp 的分布式并网光伏电站，其组成结构和发电原理基本一样，以 5 kW 户用分布式并网光伏电站为例，装机容量低于 200 kWp 的分布式并网光伏电站的组成结构如图 6 所示。

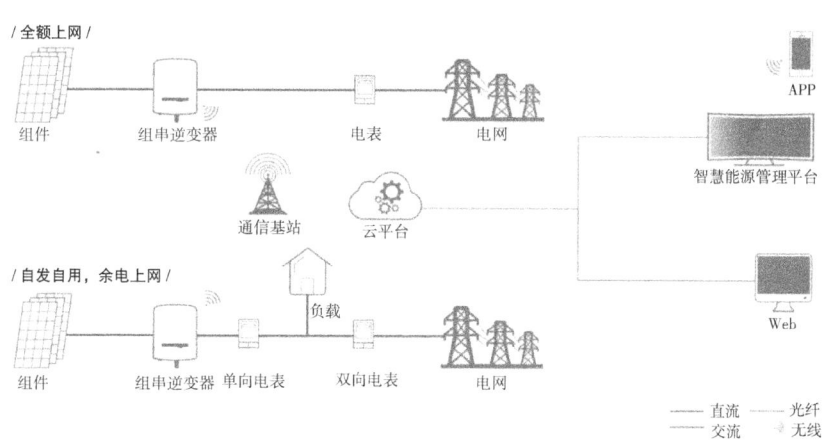

图 6 5 kW 户用光伏电站组成结构

从图 6 中可以看出，分布式并网光伏电站由光伏直流部分、逆变部分、计量部分等组成，其中光伏直流部分由光伏阵列组成，逆变部分为逆变器，计量部分包括光伏发电计量电度表和双向电度表。

（2）装机容量大于 200 kWp 小于 30 MWp 的分布式并网光伏电站

其组成结构和发电原理与大型地面电站类似，在此不再阐述。

4. 分布式并网光伏电站的特点

分布式并网光伏电站充分利用闲置屋顶、墙壁、阳台、农业大棚及其他小型空地进行发电并获取收益,以自发自用为主,富余电量卖给国家,实现经济和环境效益的双赢,获得了国家、省、地市政策的大力支持,给予长期的专项资金补助,并且安装方便、维护简单、成本低、效率高、寿命长、节能环保,可实现可持续发展,造福子孙后代。

(1) 分布式并网光伏屋顶电站的特点

分布式并网光伏屋顶电站是指利用厂房、公共建筑等屋顶资源开发的光伏电站,该类电站所安装的光伏组件朝向、倾角及阴影遮挡情况较复杂,规模受有效屋顶面积限制,装机容量一般为 3 kW~20 MW,是当前分布式光伏应用的主要形式,其所发电直接馈入低压配电网或 35 kV 及以下中压电网,基本能就地消纳。该类电站大致可以细分为工业、商业和户用并网光伏屋顶电站。

①工业屋顶包括组串式逆变方案和集中式逆变方案两种架构形式。

a. 工业屋顶组串式逆变方案采用高效的组串式逆变器,具备多路 MPPT,适合屋面不平整、朝向不一致的复杂应用场合,电站容量一般在 300 kW 以上,一般是 10 kV 或 35 kV 接入公共电网或用户电网。

b. 集中式逆变方案的工业屋顶光伏并网电站则适合于屋面平坦、无遮挡的工业屋顶,一般采用 10 kV 或更高电压等级接入公共电网或用户电网,电站容量一般在兆瓦(MW)级以上,其组成结构框图。

②商业屋顶和户用屋顶并网型光伏电站,一般采用组串式具备多路 MPPT 的逆变方案。其中,商业屋顶组串式逆变方案采用 380 V 电压等级接入公共电网或用户电网,常见于屋面不平整、朝向不一致的商用建筑,中小公共建筑屋顶,电站容量一般在 200 kW 左右。

③户用屋顶组串式方案则是采用 220 V 电压等级接入公共电网或用户电网,常见于住宅、别墅屋顶,电站容量一般在 3~10 kW。

(2) 农光互补和渔光互补分布式并网光伏电站的特点

农光互补和渔光互补分布式并网光伏电站是利用光伏发电无污染、零排放的特点,与高科技大棚(包括农业种植大棚和养殖大棚)有机结合,在大棚的部分或全部向阳面上铺设光伏发电装置,既具有发电能力,又能为农作物及畜牧养殖提供适宜的生长环境,以此创造更好的经济效益和社会效益。目前主要有光伏农业大棚、光伏养殖大棚、水上漂浮及水上固定维分布式并网光伏电站等几种形式。

(3) 村级光伏扶贫电站的特点

国家能源局、国务院扶贫办发布的《关于"十三五"光伏扶贫计划编制有关事项的通知》提出,以村级光伏扶贫电站为主要建设模式,村级电站应在建档立卡贫困村建设，单个村级电站容量控制在 300 kW 左右，有条件的可以建设至 500 kW。经过试点探索，光伏扶贫总结出集中式电站、户用电站、村级电站、光伏农业电站 4 类可复制和推广的模式。实践表明，村级光伏扶贫电站是最行之有效的光伏扶贫模式，能实现精准扶贫、新能源开发利用的"双赢"。

村级光伏扶贫电站产权归村集体所有，资金来源一般为涉农整合资金和东西协作、定点帮扶、社会捐赠等。并网方式一般采用 380 V 组串式逆变方案。

邯郸市大名县村级光伏扶贫电站（农光互补）实景照片如图 7 所示。

图 7　邯郸市大名县村级光伏扶贫电站（农光互补）实景

（七）光伏电站主要设备简介及其功能

1. 光伏组件

（1）光伏组件的分类

光伏组件是将太阳光转化为电能的关键设备，基本单元是"电池片"，一定数量的电池片通过封装工艺串联在一起形成光伏组件。目前，光伏电站常用的电池组件主要有单晶硅、多晶硅和非晶硅薄膜光伏组件（图8）。

①单晶硅电池组件：光电转换效率为18%左右，最高的达到24%，是目前所有种类的太阳能电池中光电转换效率最高的，坚固耐用，使用寿命最高可达25年，但制作成本高。

②多晶硅电池组件：制作工艺与单晶硅电池相近，光电转换效率约为14%，制作成本比单晶硅电池低，但寿命比单晶硅电池短。

③非晶硅电池组件：是新型薄膜式电池组件，制作工艺与单晶硅和多晶硅电池组件完全不同，制作成本低。弱光性能优于晶硅电池，但光电转换效率偏低，且衰减较快。

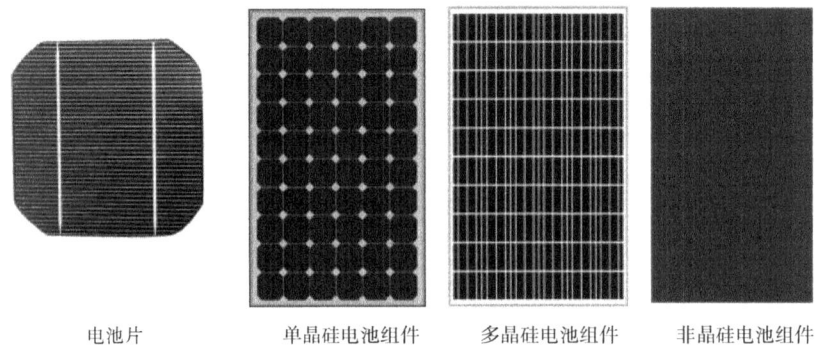

电池片　　单晶硅电池组件　　多晶硅电池组件　　非晶硅电池组件

图8　常用的电池组件

（2）光伏组件功率与规格

目前，市场上普遍采用60片封装的高功率组件，单晶量产功率有300~320 W，多晶量产功率有270~285 W，规格1650 mm×990 mm×35 mm。

也有采用72片封装的高功率组件，单晶量产功率有360~380 W，多晶量产功率有315~335 W，规格1960 mm×990 mm×40 mm。

目前多晶半片组件也逐步进入市场，采用156.75 mm×78.375 mm多晶硅电池片，120片封装的组件功率有275~290 W，规格1680 mm×992 mm×35 mm。144片封装的组件功率有 330~345 W，规格 2006 mm × 992 mm × 40 mm。

（3）光伏组件安装、维护注意事项

①光伏组件的安装、接线、相关操作或维护工作之前，相关操作人员应详细阅读并理解所有相关安全细则；

②当光伏组件暴露在阳光或其他光源下时，光伏组件会产生直流电动势。无论是否与光伏组件连接，直接接触光伏组件的带电部分如接线端子等，都有可能导致人员伤亡情况发生；

③当光伏组件有电流或具有外部电源时，不得连接或断开组件；

④光伏组件在进行安装与接线工作时，应使用不透明材料覆盖在光伏方阵中光伏组件的正面，以防止光伏组件由于发电导致的人员触电情况发生；

⑤对光伏方阵进行安装、清洗工作时，不要携带珠宝、戒指等贵金属首饰，以免划伤甚至戳穿组件，导致组件损伤，同时避免引起触电危险；

⑥光伏组件安装时应轻拿轻放，严禁暴力安装、踩踏光伏组件；

⑦光伏组件要严格按照光伏电站系统设计施工的大样图安装，避免安装不规范导致组件受力不均而损坏；

⑧光伏组件间的电缆或者是汇流之后的光伏电缆需采用 PVC 穿管或从金属槽盒内穿过；

⑨光伏组件清洗时必须使用柔软洁净的布料擦拭光伏组件表面，严禁使用腐蚀性溶剂或用硬物擦拭光伏组件表面；

⑩应在太阳辐照度低于 200 W/m^2 的情况下清洁光伏组件表面，不宜使用与组件温差较大的液体清洗光伏组件。

2. 光伏支架

（1）光伏支架的分类

光伏阵列安装有固定式、单轴跟踪和双轴跟踪 3 种方式。

1）固定式

光伏组件的安装，考虑其经济性和安全性，目前技术最为成熟、成本相对最低、应用最广泛的方式为固定式安装。如果条件允许设计成手动调节支架，可以采取全年两次调节倾角的方式，也就是说，在春分—夏至—秋分采用较小的倾角，在秋分—冬至—春分采用较大的倾角（图9）。

图9 固定式支架案例

2）单轴跟踪

单轴自动跟踪器用于承载传统平板光伏组件，可将日均发电量提高20%~35%。如果单轴的转轴与地面所成角度为0°，则为水平单轴跟踪；如果单轴的转轴与地面成一定倾角，光伏组件的方位角不为0°，则称为极轴单轴跟踪。对于北纬30°~40°的地区，采用水平单轴跟踪可提高发电量约20%，采用极轴单轴跟踪可提高发电量约35%。但与水平单轴跟踪相比，极轴单轴跟踪的支架成本较高，抗风性相对较差，一般单轴跟踪系统多采用水平单轴跟踪的方式（图10）。

图10 单轴跟踪式支架案例

3）双轴跟踪

双轴跟踪是方位角和倾角两个方向都可以运动的跟踪方式，双轴跟踪系统可以最大限度地提高太阳能电池对太阳光的利用率。双轴跟踪系统在不同的地方、不同的天气条件下，提高太阳能电池发电量的程度也是不同的：在非常多云而且很多雾气的地方，采用双轴跟踪系统可提高发电量20%~25%；在比较晴朗的地方，采用双轴跟踪系统可提高发电量35%~45%（图11）。

图 11 双轴跟踪式支架案例

（2）光伏支架的选用

固定方式与自动跟踪方式各有优点：固定式初始投资较低、占地面积小、支架系统基本免维护，且抗风能力好、安全性高，但发电量较跟踪系统少；跟踪式初始投资高、占地面积大、需要一定的维护，且抗风能力差、安全性低，但发电量较固定式高。

目前，大多数实施企业为降低投资成本，多采用固定式光伏支架。

3. 光伏防雷汇流箱

（1）光伏防雷汇流箱的作用

光伏防雷汇流箱安装于太阳能电池方阵阵列内，它的主要作用是将太阳能电池组件串的直流电缆接入后进行汇流，再与并网逆变器或直流防雷配电柜连接，以方便维修和操作。一般采用集中式逆变器时使用，组串式逆变器本身具有防雷汇流的功能（图 12）。

目前市场上有 6~24 路光伏防雷汇流箱，可根据现场情况选用几路输入的光伏防雷汇流箱。

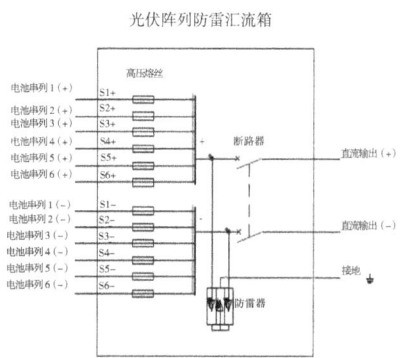 

图 12 光伏防雷汇流箱原理

（2）光伏防雷汇流箱使用注意事项

为了确保光伏防雷汇流箱的安全正常运行，需确保光伏防雷汇流箱在使用过程中注意以下事项：

①光伏防雷汇流箱不应存在变形、锈蚀、漏水、积灰等现象；

②光伏防雷汇流箱箱体外表面的安全警示标识应完整无破损，箱体上的防水锁启闭应灵活；

③光伏防雷汇流箱内各个接线端子不应出现松动、锈蚀现象；

④光伏防雷汇流箱内的高压直流熔丝的规格应符合设计规定；

⑤直流输出母线的正极对地、负极对地的绝缘电阻应大于 2 MΩ；

⑥直流输出母线端配备的直流断路器，其分断功能应灵活、可靠；

⑦光伏防雷汇流箱内浪涌保护器应有效。

4. 光伏逆变器

光伏逆变器是一种由半导体元器件组成的电力调整装置，主要用于把光伏方阵发出的直流电转换成交流电。光伏逆变器一般由升压电路和桥式逆变电路构成。升压电路把直流电压升压到逆变器输出控制所需的电压，桥式逆变电路则把升压后的直流电压转换成工频交流电压。光伏逆变器的工作原理如图13所示。

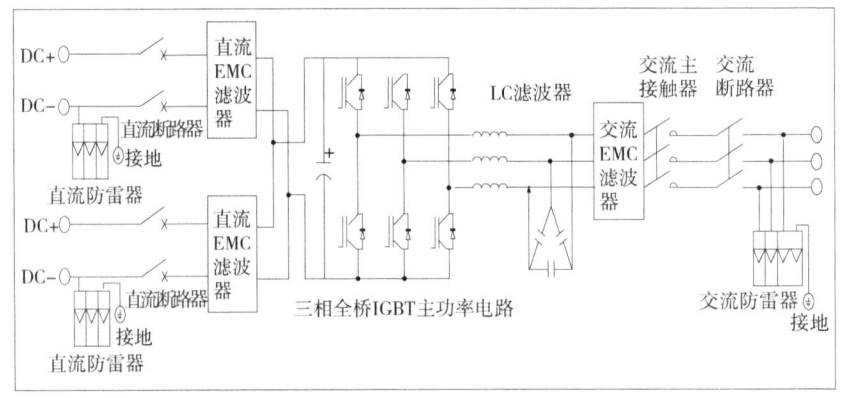

图 13 光伏逆变器的工作原理

并网逆变器作为光伏阵列与电网的接口装置，将光伏电池的电能转换成交流电能并传输到电网上，在光伏并网发电系统中起着至关重要的作用，为了实现最佳方式的太阳能转换，逆变器具有多样化特点，这是由于并网光伏电站安装地点的多样性和复杂性导致太阳能电池板安装的多样性，同时为了使太阳能的转换效率最高又兼顾外形美观的缘故。

目前通用的太阳能逆变方式为：集中式逆变器、组串式逆变器和组件逆变器（微型逆变器）。

（1）集中式逆变器

集中式逆变器功率在 50~630 kW，系统拓扑结构采用 DC-AC 一级电力电子器件全桥逆变、工频隔离变压器的方式，体积较大，室内立式安装。一般用于大型光伏发电站的系统中，大量并行的光伏组串被连到同一台集中式逆变器的直流输入端，一般功率大的使用三相的 IGBT 功率模块，功率较小的使用场效应晶体管，同时使用 DSP（数字信号处理）转换控制器来改善所产出电能的质量，让其非常接近于正弦波电流。

集中式逆变器最大的特点是系统的功率高、成本低，但由于不同光伏组串的输出电压、电流往往不完全匹配（特别是光伏组串因多云、树荫、污渍等原因被部分遮挡时），采用集中逆变的方式会导致逆变过程的效率降低和电能的下降。同时，整个光伏系统的发电可靠性会受到某一光伏单元组工作状态不良的影响。

集中式逆变器一般用于日照均匀的大型厂房、荒漠电站、地面电站等大型发电系统中，系统总功率大，一般是兆瓦级以上。

1）集中式逆变器优点

①逆变器数量少，便于管理。

②逆变器元器件数量少，可靠性高。

③谐波含量少，直流分量少，电能质量高。

④逆变器集成度高，功率密度大，成本低。

⑤逆变器各种保护功能齐全，电站安全性高。

⑥具有功率因素调节功能和低电压穿越功能，电网调节性好。

2）集中式逆变器缺点

①安全问题。集中式方案中采用直流汇流箱，由于内置直流支路熔丝，存在熔不断起火的风险，因为只要有光照光伏电池板就会处于工作状态。对于分布式屋顶厂房会带来严重的安全隐患。不仅电站本身经济收益受影响，更重要的是会影响到厂房的其他设备，给业主带来非常大的损失。

②对于不规则屋顶，采用单个 500 kW 逆变器无法充分利用屋顶面积，逆变器经常处于过载、轻载，或者超配、欠配的情况。

③对于多个朝向的屋顶，电池板有部分阴影遮挡导致组串的不一致性，单路 MPPT 导致发电量相对较低。同时，各路组串的失配损失也将导致发电量的损失。

④逆变器需要专业工程师维护，单个逆变器故障对发电量影响较大，对维护人员的安全也带来巨大挑战。同时，备件种类较多，故障定位及修复时间长，严重影响客户发电收益。直流汇流箱故障率高，无法监控到每路组串，增加故障定位时间，线路复杂，现场加工的接头多，故障率高；部分项目运行1~2年后，有效发电率低于90%。

⑤集中式方案需要逆变器房和相应土建工程，同时需配套相应的风机、风道、烟感、温感等设备，而如果在传统的厂房屋顶安装光伏电站，其配电室不一定能够安置下体积庞大的500 kWp集中式逆变器。不但加大了施工复杂度，还增加了初始投资和运维成本。

⑥集中式逆变器需强制风冷，机房消耗电力大，平均至少300 W以上，需要定期扫灰、维护风扇和更换防尘网。

⑦集中式逆变器MPPT电压范围窄，一般为450~820 V，组件配置不灵活。在阴雨天、雾气多的部区，发电时间短。

⑧集中式并网逆变系统中无冗余能力，如有发生故障停机，整个系统将停止发电。

（2）组串式逆变器

组串式逆变器已成为目前市场上最流行的逆变器。在基于模块化概念的基础上，每个光伏组串（1~5 kW）通过一个逆变器，在直流端具有最大功率峰值跟踪，在交流端并取并网。很多大型光伏电站都使用组串式逆变器，其优点是不受组串间模块差异和遮影的影响，同时减少了光伏组件最佳点与逆变器不匹配的情况，从而增加了发电量。技术上的优势不仅降低了系统成本，也增加了系统的可靠性。同时，在组串间引入"主—从"的概念，使得系统在单串电能不能使用单个逆变器工作的情况下，将几组光伏组串联系在一起，让其中一个或几个工作，从而产出更多的电能。

组串式逆变器适用于中小型屋顶光伏发电系统及小型地面电站。应用组串式逆变器的光伏电站系统包括组件、直流电缆、逆变器、交流配电、电网。

1）组串式逆变器优点

①组串式逆变器组网结构简单，可分散在室外就近安装，根据屋顶容量选择合适的逆变器灵活组合，充分利用屋顶面积，增加投资收益。

②设备种类简单，节省投资。直流汇流箱、直流配电柜、隔离变压器、机房和相关土建工程可全部省去，同时降低现场施工组织难度、缩短工期。综合计算，组串式逆变器系统建设工作量仅为集中式逆变器系统的1/4；从安全可靠性而言，避免了传统集中式方案直流侧着火无法扑灭的风险。

③组件不一致性对发电量影响较小,逆变器自用电少,组串式自耗电功率为 20 W,仅为集中式的 1.3%,根据实际项目的测试,组串式方案系统效率比集中式方案高 5% 左右。

④每台逆变器具备 3 路独立 MPPT,对每一路单独跟踪,单路故障影响小,精细化管理每路电池板输出,全系统发电量高。当出现部分遮挡、部分污损、部分故障时,除了受影响部分的发电量有影响以外,其余部分依然可以保证最大功率输出。

⑤组串式逆变器无须专业工程师维护,设备模块化,现场安装调试简单,20 min 可完成一台逆变器的更换,无须专业人员值守,实现"傻瓜式"维护;单台逆变器故障对发电量影响较低,系统可靠性和年可用率较高,逆变器年故障率小于 0.5%。

⑥每台逆变器可实现 6 路组串智能监测,减少故障定位时间 80%,独立监测每一路输入的电压和电流,可实时采样组串电流、电压,及时发现线路故障、组件故障、遮挡等问题。通过组串横向比较、气象条件比较、历史数据比较等,提高检测准确性。而且可以和后台网管配合,提供自动运维建议,如清洗、组串匹配优化、逆变器协同等。

⑦组串式逆变器 MPPT 电压范围宽,一般为 250~800 V,组件配置更为灵活。在阴雨天、雾气多的地区,发电时间长。

⑧逆变器免维护,自然散热(无风扇设计),自耗电小,能在雨水、风沙和盐雾环境下可靠运行。目前,国内主流的组串式逆变器都已经达到 IP 65 防护等级,无外置风扇设计(这点很关键,外置风扇是逆变器中最容易出现故障和被腐蚀的组件之一),逆变器外壳喷涂高耐候室外型涂层保护,散热器采取加厚阳极氧化工艺,以及所有安装部件采取不锈钢等耐腐蚀材料,真正实现了 IP 65 防护,从而满足在盐雾和高湿环境下的应用。

2)组串式逆变器缺点

①电子元器件较多,功率器件和信号电路在同一块板上,设计和制造的难度大,可靠性稍差。功率器件电气间隙小,不适合高海拔地区。户外型安装,风吹日晒很容易导致外壳和散热片老化。

②不带隔离变压器设计,电气安全性稍差,不适合薄膜组件负极接地系统,直流分量大,对电网影响大。多个逆变器并联时,总谐波高,单台逆变器谐波畸变率可以控制到 2% 以上,但如果超过 40 台逆变器并联时,总谐波会叠加,而且较难控制。

③逆变器数量多,总故障率会升高,系统监控难度大。

④没有直流断路器和交流断路器,没有直流熔断器,当系统发生故障时,不容易

断开，组件组串短路会造成严重事故。

⑤单台逆变器可以实现零电压穿越功能，但多机并联时，零电压穿越功能、无功调节、有功调节等功能较难实现。

⑥10 MW电站使用组串式逆变器需要300~400台，按照电气供电可靠性理论，电站故障率是使用500 kW逆变器的10倍以上。

⑦由于受国内人工施工水平限制，会出现接错、反接、松接、虚接等问题，而且单个逆变器有10个接点，400台逆变器就有4000个接点，只要有某些检查不到位，在1000 V直流电压的条件下，直流拉弧现象会很严重，烧毁机器的现象会经常发生；组串式电站规模越大，通信结点越多，综合继电保护系统要重新设计。

⑧组串式逆变器在40 ℃的环境温度下，才能达到满额运行，每上升10 ℃会降额5%，500 kW逆变器可以在55 ℃的环境温度下1∶1.1满额运行。

⑨组串式逆变器比集中式逆变器每瓦成本高出0.15~0.2元。

（3）组件逆变器（微型逆变器）

在传统的光伏发电系统中，每一路组串型逆变器的直流输入端会由10块左右光伏电池板串联接入，若有一块不能良好工作，则这一串都会受到影响。若逆变器多路输入使用同一个MPPT，那么各路输入也都会受到影响，大幅降低发电效率。在实际应用中，云朵、树木、烟囱、动物、灰尘、冰雪等各种遮挡因素都会引起上述情况的发生，情况非常普遍。而在微型逆变器的光伏发电系统中，每一块电池板分别接入一台微型逆变器，当电池板中有一块不能良好工作，则只有这一块会受到影响，其他光伏板都仍在最佳工作状态运行，使得系统总体效率更高，发电量更大。在实际应用中，若组串式逆变器出现故障，则会引起几千瓦的电池板不能发挥作用，而微型逆变器故障造成的影响相当小。

微型逆变器是将每个光伏组件与一个逆变器相连，同时每个组件有一个单独的最大功率峰值跟踪，这样组件与逆变器的配合更好。

1）微型逆变器优点

①安装简单：积木式安装方式，简化设计及现场安装步骤，单电缆接入配电柜。

②投资节省：无直流部分设计及相关零部件，节省系统成本（零部件成本、安装人力及时间成本、简化设计）及无相关直流端线路损耗。

③系统安全：没有直流高压，系统安全性高，无人身及火灾隐患。采用集中式与组串式逆变器的光伏电站系统与电网断开后，尽管交流端输出为0，但直流端电压仍然

保持在 600~1000 V，而采用微型逆变器的光伏电站直流端电压仅 30~40 V。

④管理智能：通过网络可以监控每块组件的工作情况，可以及时、直接观察到出故障的组件及微型逆变器，及时解除系统故障。

⑤使用环境：微型逆变器及监控设备无须专用机房，使用环境为户外（-40~65 ℃），节省场地成本及无须专人照看。

⑥发电量多：微逆系统单组件级的 MPPT 功能可有效解决组件间的不匹配性；可以满足多朝向的情况，多种型号组件可以相互连接，系统发电最大化；有效解决由于建筑结构、部分组件污渍、遮挡造成相应系统功率下降的问题；系统效率最大可达 90%。

⑦微逆系统稳定性更好。单机设计使用寿命可长达 25 年，减少相关直流端接头，相应减少其带来的安装及设备失效隐患，单组件故障对于整个系统没有影响，可提高系统稳定性，100% 保证工作时间。

2）微型逆变器缺点

①系统单位造价明显比集中式逆变器及组串式逆变器高很多。

②维修成本较高。

5. 光伏电站其他设备和设施

光伏电站除光伏组件、光伏支架、防雷汇流箱、逆变器外，还包括变压器、交流汇流箱、交直流电缆、气象监测设施、防雷接地系统、数据监控系统等设备和设施。

参考文献

[1] 国家能源局 国务院扶贫办关于"十三五"光伏扶贫计划编制有关事项的通知 [EB/OL]. (2017-08-01) [2020-08-15]. http://zfxxgk.nea.gov.cn/auto87/201708/t20170808_2839.htm.

[2] 关于实施光伏发电扶贫工作的意见 [EB/OL]. (2016-04-02) [2020-08-15]. http://www.gov.cn/xinwen/2016-04/02/content_5060857.htm.

[3] 关于 2020 年光伏发电上网电价政策有关事项的通知 [EB/OL]. (2020-03-31) [2020-08-15]. https://www.ndrc.gov.cn/xxgk/zcfb/tz/202004/t20200402_1225031.html.

[4] 农村分布式光伏发电现状分析 [EB/OL]. (2017-02-20) [2020-08-15]. https://wenku.baidu.com/view/b2461e2ddc36a32d7375a417866fb84ae55cc357.html.

[5] 张臻. 光伏系统发电技术 [M]. 北京：电子工业出版社，2020.

[6] 张清小，葛庆. 光伏电站运行与维护 [M]. 北京：中国铁道出版社，2016.

报告 4-5　河北农村光伏发电典型模式效益分析

摘要：

　　随着光伏产业的飞速发展和政府补贴的平稳退坡，光伏产业正逐步适应市场化的进程。与此同时，光伏产业的经济效益成为越来越多投资者关注的焦点问题，在2018年光伏补贴大幅下降的情况下，继续投资光伏产业效益上是否合算成为大家共同疑虑的问题。本文依据2020年最新的政策文件，得出国内光伏产业效益的一些普适性结论，并聚焦河北地区，结合河北省的产业特点和最新的政策，代入相关约束条件，给出河北农村地区光伏发电典型模式的效益计算方法，以期为光伏产业的效益提供清晰的介绍和简单可行的计算方式。

作者简介：

　　宋　妍，国网河北省电力有限公司经济技术研究院，工程师，研究方向：电网工程造价管理。

　　赵子豪，国网河北省电力有限公司经济技术研究院，助理工程师，研究方向：新能源技术与经济分析。

一、光伏发电效益分析方法

　　集中光伏电站和村级光伏电站属于集中式光伏电站，两者主要区别表现在装机容量不同（集中光伏电站一般在 10 MW 以上，村级光伏电站 100~300 kW）、选址不同（集中光伏电站在未利用的荒山荒地，村级光伏电站在村集体土地）、产权不同（集中光伏电站归投资企业所有，村级光伏电站归村集体所有）。屋顶光伏电站（户用光伏）

和光伏大棚电站属于分布式光伏电站。屋顶光伏电站（户用光伏）按照建筑物的属性可分为居民建筑、公共建筑、工业建筑、商业建筑等，居民建筑光伏电站一般也称为户用光伏电站。目前，光伏发电与设施农业相结合的主要形式是光伏大棚，该方式已经在不同地区和不同经济作物品种上开始了实践，包括北方地区与南方地区不同气候类型的省份，作物品种包括传统的蔬菜大棚和初步探索的香菇、茶树及有机蔬菜。而在大棚形式上包括较为常见的日光温室和玻璃温室，也包括新近探索的敞开式大棚。

（一）光伏发电全寿命周期成本构成分析

光伏发电全寿命周期成本（Life Cycle Cost，LCC）由建设成本（Cost of Investment，CI）、运行成本（Cost of Operation，CO）、维护成本（Cost of Maintenance，CM）、故障成本（Cost of Fault，CF）和废弃成本（Cost of Disposal，CD）组成。

1. 建设成本

不同型式的光伏电站初始投资因实际设计工程量不同而差异较大，但费用构成基本相同。光伏工程投资包括光伏场地内各工艺系统，费用包括：建筑工程、设备购置费、安装工程、其他费用，以及与电场站址有关的工程费用等。某光伏电站成本构成如表1所示。

表1 某光伏电站成本构成

光伏电站成本 A	设备及安装费用 B1	发电设备及安装工程 C11	太阳能发电单元 D111
			汇流箱 D112
			逆变器及配电设备 D113
			集电电缆线路 D114
		升压变电站设备及安装工程 C12	升压变压器 D121
			35 kV 汇流部分配电装置 D122
			无功补偿系统 D123
			集电电缆线路 D124
			防火墙 D125
		控制保护设备及安装工程 C13	监控系统 D131
			保护部分 D132
			调度自动化系统 D133
			通信 D134
			全站直流 UPS 电源系统 D135
			火灾报警系统 D136

续表

光伏电站成本 A		控制保护设备及安装工程 C13	二次设备预制舱舱体 D137
			视频监控系统 D138
			接地 D139
			调试 D140
			接入系统工程 D141
	建筑工程费用 B2	发电场工程 C21	太阳能支架基础 D211
			输变基础 D212
			SVG 与站用变设备基础 D213
			二次设备预制舱基础 D214
			一次设备预制舱基础 D215
			消弧线圈接地变基础 D216
			集电电缆线路工程 D217
		其他工程 C22	围墙 D221
			绿化 D222
			施工用水 D223
			施工用电 D224
	其他费用 B3	项目建设用地费 C31	
		项目建设管理费 C32	建设监理费 D321
			咨询服务费 D322
			技术经济评审费 D323
			工程质量检查检测费 D324
			工程定额标准编制管理费 D325
			项目验收费 D326
			工程保险费 D327
		生产准备费 C33	
		勘察设计费 C34	

2. 运行成本

运行阶段是全寿命周期中从项目建成到项目报废的整个阶段，在这个阶段，运营维护方案的不同会对全寿命周期的成本产生很大的影响。运行成本主要包括员工工资、福利，管理费用、土地租金、保险、税收、贷款利息等。保险费是指项目运行期的固定资产保险，按与保险公司的协议计算。利息支出为固定资产和流动资金等在运行期应从成本中支付的借款利息，固定资产投资借款利息依各年还贷情况而不同。根据国家税收政策，电力项目交纳的税金包括增值税、营业税金附加和所得税。

(1) 增值税

电力产品增值税税率为13%。根据国务院第34次常务会议修订通过的《中华人民共和国增值税暂行条例》和中华人民共和国财政部 国家税务总局令第50号《中华人民共和国增值税暂行条例实施细则》规定，从2009年1月1日起，对购进固定资产部分的进项税额允许从销项税额中抵扣。

(2) 城市维护建设税

以增值税税额为基础计征，税率取5%。

(3) 教育费附加

以增值税税额为基础计征，税率取5%。

(4) 所得税

企业所得利润应按规定依法缴纳所得税，依据《中华人民共和国企业所得税法实施条例》第八十七条，企业所得税法第二十七条第（二）项所称国家重点扶持的公共基础设施项目，是指《公共基础设施项目企业所得税优惠目录》规定的港口码头、机场、铁路、公路、城市公共交通、电力、水利等项目。企业从事前款规定的国家重点扶持的公共基础设施项目的投资经营的所得，自项目取得第一笔生产经营收入所属纳税年度起，第一年至第三年免征企业所得税，第四年至第六年减半征收企业所得税。从第七年开始，所得税税率按25%提取。

所得税额＝应纳税所得额 × 所得税税率

运营费也可根据光伏工程实际情况采用定额估算，如某屋顶光伏工程材料费定额取10~20元/kW，运营费用定额取46万元/年。

3. 维护成本

维护成本主要包括光伏组件的维护保养费用、设备的保养更换及线路老化更换。根据光伏工程实际情况，维护费可以分段计算，如某光伏工程第1年维修费按固定资产价值（扣除建设期利息）的0计算，第2~4年维修费按固定资产价值（扣除建设期利息）的0.12%计算，之后维修费按固定资产价值（扣除建设期利息）的0.4%计算。

4. 故障成本

故障成本主要包括逆变器故障、通信故障、电池组件故障、汇流箱故障、并网设备故障等。

5. 废弃成本

废弃成本主要包括固定资产残值与处置废弃设备所产生的费用抵销后的费用。

（二）光伏发电效益计算

光伏电站效益由经济效益（发电收益）、环境效益（碳收益）构成，计算发电效益需要计算发电量和电价，方法如下。

1. 发电量计算条件

$$E = P \times T \times (1-\eta) \tag{1}$$

式中，E 为发电量，P 为电站装机容量，T 为年有效利用小时数，η 为光伏组件衰减率。

其中，装机容量需综合根据屋面尺寸、组件尺寸、组件容量、阴影遮挡问题等条件进行排布后确定。

年有效利用小时数需根据分布式光伏发电项目所在的经度、纬度、组件倾角等利用 PVsyst 软件进行测算确定。

光伏组件衰减率 η：表示光伏组件在运行一段时间后，在标准测试条件下（AM1.5、温度 25 ℃、辐照度 1000 W/m^2）的最大输出功率与投运初始最大输出功率的比值，由光伏组件材料与型号及生产厂家的生产工艺技术所决定，一般出厂时厂家会给出实验测定数据，因此我们不需再针对性研究，可以直接采用厂家提供的数据。光伏发电项目生命周期是 25 年，目前市场上的组件衰减率首年约为 2.5%，其后逐年约衰减 0.7%，25 年累计衰减约 20%。

2. 电价及补贴

①自用电价各省不同，按国家电网发布的各省电网售电电价进行计算。目前，我国工业领域的电价一般选取 1~10 kV 一般工商业用电阶梯电价，时段选取早 8 点至下午 5 点，平均计算。

②脱硫燃煤电价是指煤电企业卖给电网公司的电价，一般省份不同，脱硫燃煤电价也不同，同一省份除河北外脱硫燃煤电价省内相同。

③集中式光伏自 2019 年 7 月 1 日起，标杆上网电价改为指导价，按资源地区分类，共 3 类资源地区：一类资源地区 0.4 元/(kW·h)，二类资源地区 0.45 元/(kW·h)，三类资源地区 0.55 元/(kW·h)。一类资源地区集中在西北部分地区（青海、甘肃、新疆）；二类资源地区集中在西北部分地区、东北、华北地区；三类资源地区集中在华东、华南、华中、西南地区。一类资源地区太阳能资源条件最好，但是电价低；三类

资源地区太阳能光照条件较弱，但是电价高。

④户用分布式光伏全发电量补贴标准调整为每千瓦时 0.18 元，即户用分布式光伏电价为当地脱硫燃煤电价 +0.18 元。

各省级电网的脱硫燃煤电价、补贴电价如表 2 所示。

表 2　各省级电网的脱硫燃煤电价、补贴电价　　　　单位：元/(kW·h)

省级电网	脱硫燃煤电价	2019 年补贴	2019 年户用光伏电价
西藏	0.4993	0.18	0.6793
广东	0.453	0.18	0.633
湖南	0.45	0.18	0.63
海南	0.4298	0.18	0.6098
广西	0.4207	0.18	0.6007
湖北	0.4161	0.18	0.5961
上海	0.4155	0.18	0.5955
浙江	0.4153	0.18	0.5953
江西	0.4143	0.18	0.5943
四川	0.4012	0.18	0.5812
重庆	0.3964	0.18	0.5764
山东	0.3949	0.18	0.5749
福建	0.3932	0.18	0.5732
江苏	0.391	0.18	0.571
安徽	0.3844	0.18	0.5644
河南	0.3779	0.18	0.5579
辽宁	0.3749	0.18	0.5549
黑龙江	0.374	0.18	0.554
吉林	0.3731	0.18	0.5531
冀北	0.372	0.18	0.552
天津	0.3655	0.18	0.5455
冀南	0.3644	0.18	0.5444
北京	0.3598	0.18	0.5398
陕西	0.3545	0.18	0.5345
贵州	0.3515	0.18	0.5315
云南	0.3358	0.18	0.5158
山西	0.332	0.18	0.512

续表

省级电网	脱硫燃煤电价	2019年补贴	2019年户用光伏电价
青海	0.3247	0.18	0.5047
甘肃	0.3078	0.18	0.4878
蒙东	0.3035	0.18	0.4835
蒙西	0.2829	0.18	0.4629
宁夏	0.2595	0.18	0.4395
新疆	0.25	0.18	0.43

⑤纳入2019年财政补贴规模，采用"自发自用、余量上网"模式的工商业分布式（即除户用以外的分布式）光伏发电项目，全发电量补贴标准调整为每千瓦时0.10元。

⑥补贴电价通常有国补、省补和市补，其中省补和市补属地方补贴，各省市贴补不同，国补已由2017年的0.42元/（kW·h）逐年下调，随着国家光伏补贴政策的逐步下降，国内光伏平价上网进程明显提速，因此在测算经济效益时，保守计算情况下，应忽略此部分收入。

3. 上网模式

上网模式的选择主要有以下3种。

若采用"自发自用，余电上网"的模式，光伏所发电能将尽可能在负荷侧消纳，仅在发电功率超过负荷的场景下，余电输入电网，这种方式可以最大限度地提高本项目的经济效益，但是余电上网可能会带来潮流波动，而且对电能质量有一定的影响。

若采用"自发自用，余电不上网"的模式，光伏所发电能将尽可能在负荷侧消纳，在发电功率超过负荷的场景时，逆变器将进行功率调整，在功率调整的及时性、可靠性等性能指标不满足系统要求的极端情况下，也会主动跳闸与系统断开。这种方式经济效益略逊于前者，且对功率调节装置的技术性能有非常高的要求。

若采用"完全上网"的模式，光伏发电系统需要绕开负荷所在母线，接入负荷变压器的更上一级电网。这种模式下，接入系统的线缆距离更远、电压等级更高，在光伏电能注入或故障时，更大范围负荷的电能质量也会受到影响，因此安全隐患较大。

4. 经济收益

无论在哪种模式下，影响光伏发电收入的因素有装机容量、年有效利用小时数、组件每年的衰减率、自用电价、脱硫燃煤电价、标杆电价、补贴电价。

光伏发电项目总收入等于25年每年收入的总和，3种并网模式下每年的收入计算方式如下。

①自发自用模式下每年收入 = 装机容量 × 年有效利用小时数 × （1-组件每年的衰减率）×（自用电价 + 补贴电价）。

②自发自用余电上网模式下每年收入 = 装机容量 × 年有效利用小时数 × （1-组件每年的衰减率）×（自用电价 × 自用比例 + 脱硫燃煤电价 × 上网比例 + 补贴电价）。

③集中式光伏电站全额上网模式每年收入 = 装机容量 × 年有效利用小时数 × （1-组件每年的衰减率）× 指导电价。

户用分布式光伏电站全额上网模式每年收入 = 装机容量 × 年有效利用小时数 × （1-组件每年的衰减率）×（脱硫燃煤电价 + 补贴电价）。

5. 环境收益

太阳能作为一种清洁能源，其节能减排效益、环境效益和社会效益都十分显著。光伏发电的节能效益主要体现在运行时减少常规能源的消耗；其环境效益主要表现为在发电过程中不排放有害气体，如不排放烟尘、SO_2、氮氧化合物及其他有害物质，而且剩余的碳排放权可以进行交易。

为了鼓励可再生能源的减排作用，光伏电站可以参加中国认证减排量（Chinese Certified Emission Reduction，CCER）项目，获得的年度核算减排量可以在碳市场上进行交易以赚取收益。光伏电站首先要进行年度碳减排量认证，其主要由发电量、组合边际 CO_2 排放因子和项目排放量决定。

组合边际排放因子计算：

$$E_y^{CM}=E_y^{OM}W^{OM}+E_y^{BM}W^{BM} \quad 。 \tag{2}$$

式中，E_y^{CM} 为第 y 年并网发电的组合边际 CO_2 排放因子；E_y^{OM} 为第 y 年电量边际排放因子；E_y^{BM} 为第 y 年容量边际排放因子；W^{OM} 为电量边际排放因子权重；W^{BM} 为容量边际排放因子权重。对于光伏电站，W^{OM} 取 0.75，W^{BM} 取 0.25。

基准线排放计算方式如下：

$$B_y=E_y^{PJ}E_y^{CM} \quad 。 \tag{3}$$

式中，E_y^{PJ} 为第 y 年资源减排活动的实施所产生的净上网电量。

年度减排量：

$$E_y=B_y-P_y \quad 。 \tag{4}$$

式中，E_y、P_y、B_y 分别为第 y 年的减排量、项目排放量和基准线排放量。对于光伏电站，P_y 一般为 0。

光伏电站年度碳交易收益：

$$B_c = E_y P_c \quad (5)$$

式中，B_c 为年度碳交易收益；P_c 为碳市场价格。

（三）全周期效益评价指标

1. 财务评价指标

进行经济评价时，主要从项目盈利能力和偿债能力进行分析评价，评价采用的主要经济指标计算方法如下。

（1）净现值

净现值是将项目全寿命周期内各年的成本（现金的流出 – 流入）按一定的折现率折现为现值的代数和，再进行比较的方法。净现值的计算公式为：

$$NPV = \sum_{i=0}^{n}(CO-CI)_t (P/F, i, t) \quad (6)$$

式中，CI 表示现金流入；CO 表示现金流出；$(CO-CI)_t$ 表示第 t 年的成本；i 表示综合考虑时间价值和通货膨胀率之后的折现率；NPV 表示方案净现值；n 表示计算期；$(P/F, i, t) = (1+i)^{-t}$，是反映电站盈利能力的动态评价指标。

（2）净年值

净年值是将项目全寿命周期内各年的成本（现金的流出 – 流入）按一定的折现率折现并分摊到计算期内各年的等额年值，再进行比较的方法。净年值的计算公式为：

$$NPV = \left[\sum_{i=0}^{n}(CO-CI)_t (P/F, i, t)\right](A/P, i, n) = NPV(A/P, i, n) \quad (7)$$

式中，$(A/P, i, n) = \dfrac{i(1+i)^n}{(1+i)^n - 1}$，其他同净现值。

（3）财务内部收益率

项目投资财务内部收益率反映了项目占用的尚未回收资金的获利能力，它取决于项目内部，反映项目自身的盈利能力，是考核项目盈利能力的主要动态评价指标。在财务评价中，项目投资财务内部收益率 FIRR 大于等于行业基准收益率时，可认为项目盈利能力已满足要求，在财务上是可行的。

投资回收期 =（累计现金流量现值出现正值的年份 – 1）+ 上一年累计现金流量现值的绝对值 / 出现正值年份净现金流量的现值

该指标反映了投资回收能力，一般分为静态投资回收期和动态投资回收期。静态投资回收期是在不考虑资金时间价值的条件下,以项目的净收益回收其全部投资所需要的时间;动态投资回收期是把投资项目各年的净现金流量按基准收益率折成现值之后,再来推算投资回收期。

(4)总投资收益率

表示总投资的盈利水平,计算方法为光伏电站年度息税前利润除以电站总投资,若此项数据高于同行业,则说明该电站的盈利能力较强。

总投资收益率 = 息税前利润 / 总投资。其中,息税前利润 = 利润总额 + 利息支出;或息税前利润 = 营业收入 – 总成本费用 + 利息支出 + 补贴收入。

总成本费用 = 经营成本 + 折旧费 + 摊销费 + 利息支出;或息税前利润 = 营业收入 – 经营成本 – 折旧费 – 摊销费 + 补贴收入。

根据光伏工程实际情况,项目折旧年限为 12 ~ 18 年,一般项目取 15 年,残值率取 5%。

折旧费 = 固定资产价值 × 折旧率

其中,固定资产价值 = 建设投资 + 建设期利息 – 无形资产价值 – 其他资产价值 – 可抵扣税金;折旧率一般采用平均年限法计算:折旧率 = (1– 预计残值率)/ 折旧年限 × 100%。

(5)资本金净利润率

资本金净利润率表示资本金的盈利水平,计算方法为光伏电站运营期内年平均净利润除以总投资中的资本金部分,若此项数据高于同行业,则说明该电站的盈利能力较强。

资本金净利润率 = 运营期内年均净利润 / 项目资本金

(6)资产负债率

资产负债率 = 负债总额 / 资产总额 × 100%

(7)偿债备付率

偿债备付率是指在借款偿还期内,各年可用于计算还本付息的资金与当年应还本付息金额的比值,它表示可用于计算还本付息的资金偿还借款本息的保障程度。

偿债备付率 = (息税前利润 + 折旧 + 摊销 – 所得税)/ 当期应还本付息的金额 × 100%

(8)利息备付率

利息备付率是指借款偿还期内的各年息税前利润与当年应付利息的比值,从付息资金来源的充裕性角度来反映项目偿付债务利息的保障程度。

利息备付率 = 在借款偿还期内各年可用于支付利息的息税前利润 / 当期应付利息费用的比值

2. 敏感性分析

光伏发电自身的不确定因素主要包括年发电量、上网电价、贷款利率、政府补贴额度、碳排放权交易价格、折现率、运维率、厂用电率、单位光伏排放的 CO_2 等，敏感程度的公式如下：

$$S_{AF} = \frac{\Delta A/A}{\Delta F/F} \quad 。 \tag{8}$$

式中，S_{AF} 为敏感程度；$\Delta F/F$ 表示不确定因素 F 的变化率（%）；$\Delta A/A$ 表示当不确定因素 F 发生 ΔF 变化时，评价指标 A 的相应变化率（%）。S_{AF} 绝对值越大，表明评价指标 A 对不确定因素 F 越敏感；反之，则不敏感。

二、河北光伏电站效益估算

根据我国太阳能资源等级划分标准，河北省太阳能资源属于 C 类地区，处于 $1050\sim1400\ (kW\cdot h)/(m^2\cdot a)$ 的分级值内，具有较好的开发前景。河北省太阳能资源情况分布如表 3 所示。

表 3 河北地区光伏资源区域划分

资源区	地区
二类资源区	承德
	张家口
	唐山
	秦皇岛
三类资源区	石家庄
	邯郸
	保定
	沧州
	邢台
	廊坊
	衡水

1. 河北光伏电站二类资源区收益预估

对于二类资源区，结合河北省二类资源区每天的有效利用小时数为 4.38 h，最佳倾斜角下平均每天的有效利用小时数为 5.34 h，最佳倾斜角在 38°~41°。根据式（9）：

$$(1-\sum \beta_i)(A_1+A_2) \times P \times T = TI 。 \qquad (9)$$

式中，$\sum \beta_i$ 为光伏组件衰减系数累积和，A_1 为单位装机容量光伏上网电价，A_2 为单位装机容量政府补贴价格，P 为光伏发电装机容量，T 为年有效利用小时数，TI 为总收益。衰减系数第一年为 3%，之后均为 0.7%，为方便估算，取其平均值 8.6%。本文只以河北南网为例，讨论 2019 年之后入网光伏发电收益情况，并依据上文公式给出收益估算区间。

（1）集中式光伏

2019 年之后，入网光伏不享受补贴，统一按指导价计费。将实际调研数据带入公式，可得 1 kW 光伏的收益：91.4%×0.45（二类资源区光伏上网指导价）×4.38 或 5.34（二类资源区日满负荷小时数估算值）=1.8015 元/天到 2.1963 元/天，即年收益 657.54 元到 801.66 元。

（2）户用分布式光伏

2019 年之后，入网户用分布式光伏享受政策补贴 0.18 元/(kW·h)，结合河北南网脱硫燃煤电价 0.3644 元/(kW·h)，可得 1 kW 光伏的收益：91.4%×(0.3644+0.18)×4.38 或 5.34=2.1794 元/天到 2.6572 元/天，即年收益 795.48 元到 969.87 元。

2. 河北光伏扶贫电站三类资源区收益计算

对于三类资源区的村级光伏扶贫电站来说，结合河北省三类资源区每天的有效利用小时数为 4.2 h，最佳倾斜角度下可达 4.9 h，最佳倾斜角在 36°~39°。则收益计算（按 1 kW 安装量算）方法如下。

（1）集中式光伏

2019 年之后，入网光伏不享受补贴，统一按指导价计费。将实际调研数据带入公式，可得 1 kW 光伏的收益：91.4%×0.55（三类资源区光伏上网指导价）×4.2 或 4.9（三类资源区日满负荷小时数估算值）=2.1113 元/天到 2.4632 元/天，即年收益 770.64 元到 899.07 元。

（2）户用分布式光伏

2019 年之后，入网户用分布式光伏享受政策补贴 0.18 元/(kW·h)，结合河北南网脱硫燃煤电价 0.3644 元/(kW·h)，可得 1kW 光伏的收益：91.4%×(0.3644+0.18)×4.2 或 4.9=2.0899 元/天到 2.4382 元/天，即年收益 762.82 元到 889.96 元。

以上计算未考虑电站周边建筑和环境,以及光伏电站整体的发电效率、过网费等因素影响,具体收益以实际情况为标准。相关满日照时长来自北极星网。

3. 光伏发电环境效益分析

光伏发电每装机容量 1 kW,经测算运营期 20 年可为电网提供电量 247 646.76 kW·h。与目前的燃煤火电厂相比,按消耗标准煤 332 g/(kW·h)计,20 年可为国家节约标准煤 8.22 t;按消耗纯净水 3.1 L/(kW·h)计,20 年可节水 76.8 t。同时还可极大地节约建设火电厂所需要的永久征地和灰渣储存所用的土地。

与目前的火力发电厂相比,若烟尘排放量按 1.8 g/(kW·h)计,SO_2 排放量按 6.5 g/(kW·h)计,NO_x 排放量按 15 g/(kW·h)计,CO_2 排放量按 997 g/(kW·h)计,灰渣排放量按 119.45 g/(kW·h)计,则该太阳能光伏发电工程减少的污染物排放量:烟尘 0.45 t/20 年,SO_2 1.61 t/20 年,NO_x 3.71 t/20 年,CO_2 246.90 t/20 年,灰渣排放量 29.58 t/20 年。

三、河北光伏发电典型案例效益分析

1. 集中式光伏电站收益分析

河北省南部某县 30 MW 集中式光伏电站效益分析,发电量数据采用阿波罗光伏云数据库所得。光伏组件发电量按照第一年衰减 3%,以后光伏组件发电量达到稳定,按照 0.7%/年衰减。2018 年之前入网,采用全额上网模式,分布式光伏发电国家补贴 0.98 元/(kW·h),补贴 20 年,河北省补贴 0.2 元/(kW·h),补贴 3 年。效益分析如表 4 所示。

表 4 河北省南部某县 30 MW 集中式光伏电站效益分析

时间	光伏组件衰减率百分比	年总发电量/(kW·h)	全额上网补贴电价/[元/(kW·h)]	年收益/万元	租地费用/万元	年电站维护/万元	企业收益/万元
第 1 年	100.0%	37 500 000	1.18	4425.00	151.00	21.84	4252.16
第 2 年	97.0%	36 375 000	1.18	4292.25	151.00	21.84	4119.41
第 3 年	96.3%	36 112 500	1.18	4261.28	151.00	21.84	4088.44
第 4 年	95.6%	35 850 000	0.98	3513.30	151.00	21.84	3340.46
第 5 年	94.9%	35 587 500	0.98	3487.58	151.00	21.84	3314.74
第 6 年	94.2%	35 325 000	0.98	3461.85	151.00	21.84	3289.01
第 7 年	93.5%	35 062 500	0.98	3436.13	151.00	21.84	3263.29

续表

时间	光伏组件衰减率百分比	年总发电量/(kW·h)	全额上网补贴电价/[元/(kW·h)]	年收益/万元	租地费用/万元	年电站维护/万元	企业收益/万元
第8年	92.8%	34 800 000	0.98	3410.40	151.00	21.84	3237.56
第9年	92.1%	34 537 500	0.98	3384.68	151.00	21.84	3211.84
第10年	91.4%	34 275 000	0.98	3358.95	151.00	21.84	3186.11
第11年	90.7%	34 012 500	0.98	3333.23	151.00	21.84	3160.39
第12年	90.0%	33 750 000	0.98	3307.50	151.00	21.84	3134.66
第13年	89.3%	33 487 500	0.98	3281.78	151.00	21.84	3108.94
第14年	88.6%	33 225 000	0.98	3256.05	151.00	21.84	3083.21
第16年	87.9%	32 962 500	0.98	3230.33	151.00	21.84	3057.49
第17年	87.2%	32 700 000	0.98	3204.60	151.00	21.84	3031.76
第18年	86.5%	32 437 500	0.98	3178.88	151.00	21.84	3006.04
第19年	85.8%	32 175 000	0.98	3153.15	151.00	21.84	2980.31
第20年	85.1%	31 912 500	0.98	3127.43	151.00	21.84	2954.59
20年汇总		652 087 500		66 104	2869.00	414.96	62 820.37

2. 村级光伏电站收益分析

河北省南部某县 300 kW 扶贫电站效益分析，发电量数据采用阿波罗光伏云数据库所得。由企业出资建设，政府补贴72万元/站，企业每年从电站收益中支出18万元/站用于扶贫，光伏组件发电量按照第一年衰减3%，以后光伏组件发电量达到稳定，按照0.7%/年衰减。2018年之前入网，采用全额上网模式，分布式光伏发电国家补贴0.98元/(kW·h)，补贴20年，河北省补贴0.2元/(kW·h)，补贴3年。维护费用每年每座电站1.8万元，租地费用每年1.2万元。效益分析如表5所示。

表5 河北省南部某县300kW扶贫电站效益分析

时间	光伏组件衰减率百分比	年总发电量/(kW·h)	全额上网补贴电价/[元/(kW·h)]	年收益/万元	60户贫困户收益/万元	租地费用/万元	年电站维护/万元	企业收益/万元
第1年	100.0%	375 000	1.18	44.25	18.00	1.20	1.80	23.25
第2年	97.0%	363 750	1.18	42.92	18.00	1.20	1.80	21.92
第3年	96.3%	361 125	1.18	42.61	18.00	1.20	1.80	21.61
第4年	95.6%	358 500	0.98	35.13	18.00	1.20	1.80	14.13
第5年	94.9%	355 875	0.98	34.88	18.00	1.20	1.80	13.88

续表

时间	光伏组件衰减率百分比	年总发电量/(kW·h)	全额上网补贴电价/[元/(kW·h)]	年收益/万元	60户贫困户收益/万元	租地费用/万元	年电站维护/万元	企业收益/万元
第6年	94.2%	353 250	0.98	34.62	18.00	1.20	1.80	13.62
第7年	93.5%	350 625	0.98	34.36	18.00	1.20	1.80	13.36
第8年	92.8%	348 000	0.98	34.10	18.00	1.20	1.80	13.10
第9年	92.1%	345 375	0.98	33.85	18.00	1.20	1.80	12.85
第10年	91.4%	342 750	0.98	33.59	18.00	1.20	1.80	12.59
第11年	90.7%	340 125	0.98	33.33	18.00	1.20	1.80	12.33
第12年	90.0%	337 500	0.98	33.08	18.00	1.20	1.80	12.08
第13年	89.3%	334 875	0.98	32.82	18.00	1.20	1.80	11.82
第14年	88.6%	332 250	0.98	32.56	18.00	1.20	1.80	11.56
第16年	87.9%	329 625	0.98	32.30	18.00	1.20	1.80	11.30
第17年	87.2%	327 000	0.98	32.05	18.00	1.20	1.80	11.05
第18年	86.5%	324 375	0.98	31.79	18.00	1.20	1.80	10.79
第19年	85.8%	321 750	0.98	31.53	18.00	1.20	1.80	10.53
第20年	85.1%	319 125	0.98	31.27	18.00	1.20	1.80	10.27
20年汇总		6 520 875		661	342.00	22.80	34.20	262.40

参考文献

[1] 章荣国. 典型光伏大棚投资效益比较分析研究 [J]. 电气技术, 2018 (1): 58-60.

[2] 安文静. 我国光伏产业扶贫机制与模式研究 [D]. 太原: 山西财经大学, 2018.

[3] 栗阳. 光伏补贴对于光伏产业发展的影响分析 [J]. 财会学习, 2019 (1): 210-213.

[4] 李倩. 农村分布式光伏电站设计与优化研究 [D]. 西安: 西安建筑科技大学, 2019.

[5] 马红英, 陈照红. 分布式光伏发电的经济效益分析 [J]. 建材与装饰, 2020 (1): 206-207.

[6] 杨茂, 王少帅, 李大勇, 等. 全寿命周期下考虑环境效益的集中式光伏发电成本—效益分析 [J]. 东北电力大学学报, 2018 (38): 21-28.

[7] 郭红霞, 高瑞, 张节谭, 等. 现货市场环境下交易模式对光伏电站投资的影响研究 [J]. 电网技术, 2019 (43): 2674-2681.

[8] 马春兰. 试析扶贫光伏发电典型接入方式及经济效益评估 [J]. 能源与节能, 2020 (1): 61-62.

报告 4-6 "光热+电取暖技术"

摘要：

河北省太阳能资源比较丰富，全省每年太阳能的总辐射量在 4854~5981 MJ/m^2，这给河北省农村清洁能源采暖产业发展提供了保障。2017 年 12 月发展改革委等联合下发了《北方地区冬季清洁取暖规划（2017—2021 年）》，但清洁能源采暖问题尚未形成成熟的农村模式。本文首先梳理了当前农村地区太阳能利用的现状及冬季取暖"煤改电"工作的研究意义。其次介绍了光热技术和电采暖系统的工作原理有关理论。最后针对河北农村地区资源和政策情况，对农村地区采取"光热+电取暖技术"的适用性进行了阐述。

作者简介：

王永利，华北电力大学，副教授，研究方向：综合能源系统、能源互联网、电力需求侧管理。

徐　楠，国网河北省电力有限公司经济技术研究院，高级经济师，研究方向：能源经济。

宋　妍，国网河北省电力有限公司经济技术研究院，工程师，研究方向：电网工程造价管理。

一、"光热+电取暖技术"发展的意义

随着经济的高速发展，人们对日常生活质量的要求越来越高，在大力发展农村经济、提高农民生活水平的同时，一直以来农村采暖问题是影响农民生活质量的重要方面，同时减少对环境的破坏、保持良好的环境质量，实施可持续发展是摆在人类面前的一项重要任务。根据《国务院关于印发大气污染防治行动计划的通知》（国发〔2013〕37 号）和《关于推进电能替代的指导意见》（发改能源〔2016〕1054 号）的

工作要求,电能具有清洁、安全、便捷等优势,是提高电煤比重、控制煤炭消费总量、减少大气污染的重要举措。稳步推进农村地区电能替代,既能够节能减排,又能实现政府减少投入,还能兼顾减轻农民采暖负担、提高人民群众生活质量。

光热技术是一种新能源技术,是太阳能利用中的重要项目之一,该技术被许多国家视为新能源利用的一个重要方向。我国《可再生能源法》[3]的颁布和实施,为太阳能利用产业的发展提供了政策保障,为我国太阳能利用产业的发展带来了极好的机会。太阳能取暖是收集、利用太阳辐射能并转化为热能、电能用于取暖的技术。河北省属于太阳能资源较为丰富的省份,具有开展太阳能取暖工作的良好基础[4]。北方农村多数都是平房或者瓦房,光照强度较为充足,据统计太阳一天辐射到地球的能量能够实现地球当下能源消耗当量用70年,北方农村的屋顶可以利用太阳能集热,从而实现能量的回收应用于农村供暖,太阳能光热技术产业以其广阔的市场前景和巨大的发展潜力,必将成为未来农村新能源产业应用的重点,并将在未来低碳革命中扮演越来越重要的角色。

过去,煤炭作为我国农村地区最常见的采暖燃料,其燃烧排放出大量的污染物,研究显示,燃煤产生的大气污染物占空气中污染物总量的比例是二氧化碳占71%、二氧化硫占87%、氮氧化物占67%、烟尘占60%[5]。由此可见,改变现有的以燃煤为主的采暖方式对节约能源、减少污染物排放、缓解雾霾天气有着至关重要的作用。因此,电取暖技术顺势而生。实施电取暖将煤炭集中大规模燃烧发电,再用电能驱动采暖设备供暖,电厂发电产生的排放物经过专业的脱硫、除尘处理,污染物含量大大降低,对大气环境的影响要远低于分散式燃煤锅炉房的直接排放。同时实施电取暖替代具有节能意义,当前我国的能源利用效率总体上还处于较低水平,采暖使用的燃煤锅炉效率通常不高,分散燃煤锅炉采暖也造成燃料的利用率不高。因此,采用电取暖替代燃煤锅炉采暖,提高电能占终端能源消费的比重,对转变能源消费方式、减少单位GDP能耗、提高能源利用效率有着十分重大的意义。

然而,电取暖的实施,一方面需要大量基础设施的建设,需要农村电网全面改造和升级,所需费用不菲;另一方面电采暖需要政府持续地在电价方面的补贴,一旦补贴取消,对于农民来说就会产生极大的负担。所以,充分利用北方农村地区太阳能资源优势,北方农村住宅均以独立平房和低层建筑为主,完全符合太阳能采暖系统安装条件,以促进节能减排、改善环境质量、提升广大农民生活水平、建设美丽乡村为目标，坚持统筹安排、因地制宜、科技引领、市场推动，实行便民高效的建设方式和永续发展的运维模式，推动"光热+电取暖技术"的应用与推广。

二、"光热+电取暖技术"分析

（一）光热技术

太阳能光热利用的两种主要技术，即太阳能光热转换和太阳能光热发电。

1. 太阳能光热转换

太阳能光热转换是指特定装备内的工作物质通过反射、吸收或其他方式把太阳辐射能集中起来，转换为热能，获得足够高的温度，以满足不同的需要。常见的太阳能光热转换设备有太阳能热水器、太阳灶、太阳能海水淡化器等，在太阳能光热转换设备中，当前应用最广、技术最成熟、经济指标最好的就是太阳能热水器。太阳能热水器按集热器结构不同，分为真空管式太阳能热水器和平板型太阳能热水器。我国虽已成为世界上最大的光热产品市场和太阳能集热器制造中心，但太阳能热水器普及率还不高，发展潜力巨大。

全玻璃真空管由玻璃外管、玻璃内管、选择性吸收涂层、弹簧支架（固定卡）、吸气剂等部件组成，其形状如一只细长的暖水瓶胆。真空管式太阳能热水器的优点是安全、节能、环保、经济实惠。其缺点是体积较庞大、玻璃管易碎、管中容易结水垢、结冰，不能承高压运行。平板型太阳能热水器由平板集热器、铜连接器、水箱、副水箱、支架循环管道、控制系统、辅助电加热装备等组成。平板集热器是平板型太阳能热水器的核心部件，它由集热板热管、透明盖板、隔热层和壳体4个部分组成。平板型太阳能热水器的优点为体积小、质量轻、寿命长、故障少、安全性高、能承高压运行、吸热体面积大、易于和建筑物结合、耐无水空晒性强、热性能稳定等。其主要缺点是：由于集热器内部为非真空，保温性能差，故环境温度较低时集热性能较差，采用辅助电加热时相对耗电多；环境温度低或要求出水温度高时热效率较低，如冻坏需更换整个集热板。图1、图2分别为真空管式太阳能热水器和基于平板集热器的太阳能热水系统运行原理图。

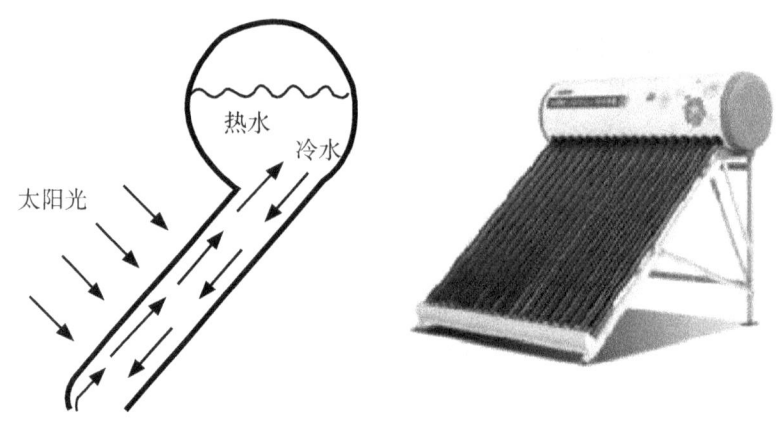

图 1 真空管式太阳能热水器的原理及实物

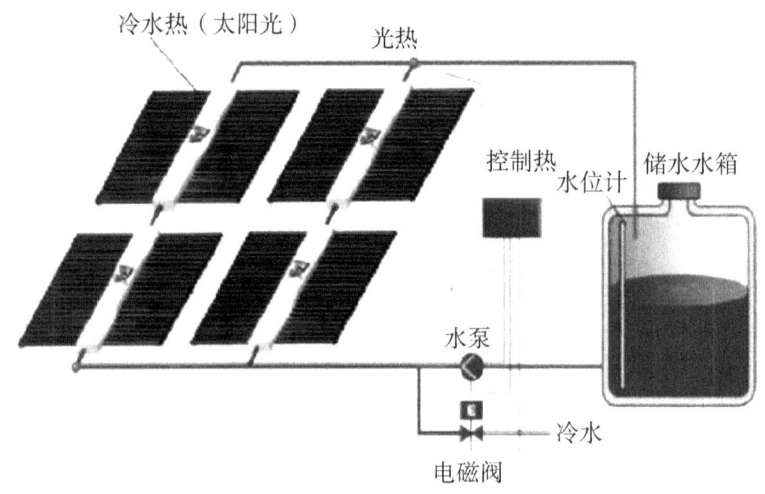

图 2 基于平板集热器的太阳能热水系统运行原理

2. 太阳能光热发电

太阳能光热发电是指利用大规模阵列抛物或碟式镜面收集太阳热能,通过换热装置提供蒸汽,结合传统汽轮发电机的工艺,从而达到发电的目的。采用太阳能光热发电技术,避免了昂贵的硅晶光电转换工艺,可以大大降低太阳能发电的成本。而且,这种形式的太阳能利用还有一个其他形式的太阳能转换所无法比拟的优势,即用太阳能烧热的水可以储存在巨大的容器中,在太阳落山后几个小时仍然能够带动汽轮发电。一般来说,太阳能光热发电形式有槽式、塔式、碟式(盘式)、菲涅尔式 4 种系统。

槽式太阳能光热发电系统是将多个槽形抛物面聚光集热器经过串并联的排列,加热工质,产生过热蒸汽,驱动汽轮机发电机组发电。槽式太阳能光热发电系统是首个具有商业特性的发电方式，其技术标准比较成熟，并且积累了一定的操作经验，结构零件简单、系统控制容易足是聚光效率与运行温度偏低，热能消耗偏大。塔式太阳能光热发电系统是将大量定日镜布置在地面上，形成球面镜群，从而对太阳自动跟踪。塔式太阳能光热发电系统拥有较高的蒸汽和热动效率，同时缩短了导热管回路，其凭借这部分优势应用于造价控制与规模化商业建设中。但由于镜面距离塔较远，增加了定日镜对焦的难度，加大了光能损耗，故而需要具有极高的精确度（图3a）。

碟式太阳能光热发电系统（抛物面反射镜斯特林系统）由许多镜子组成的抛物面反射镜组成，接收在抛物面的焦点上，接收器内的传热工质被加热到750 ℃左右，从而驱动发动机进行发电。碟式太阳能光热发电系统虽然有最高的发电效率，但核心部件容易发生故障，且不能存储大容量，只能应用于小容量分布式发电（图3b）。菲涅尔式太阳能光热发电系统工作原理类似槽式光热发电，只是采用菲涅尔结构的聚光镜来替代抛面镜。这使得它的成本相对低廉，但效率也相应降低。

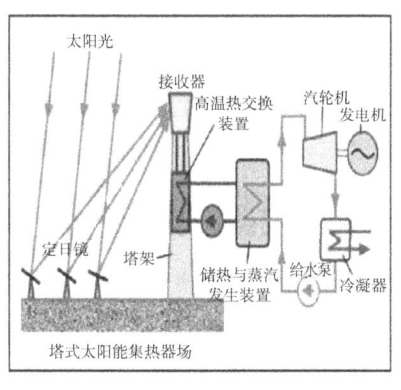 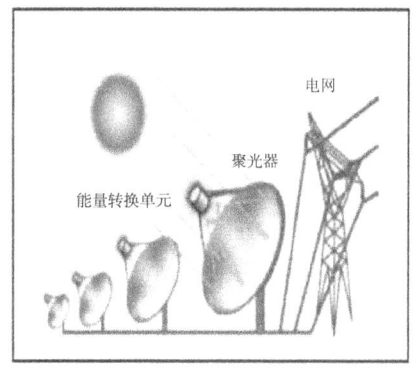

a 塔式　　　　　　　　　　　　b 碟式

图3　塔式和碟式太阳能光热发电系统示意

（二）电采暖技术

近年来，随着电采暖产业的发展，电采暖技术不断创新，可供选择的电采暖方式和技术种类繁多，各种新型电采暖设备不断涌现。目前，国内电采暖技术主要分为电阻式和热泵式，其中电阻式主要包括电锅炉、电暖器、电热膜和电热地板，热泵式主要包括气源、水源、地源热泵，各种电采暖技术如图4所示。

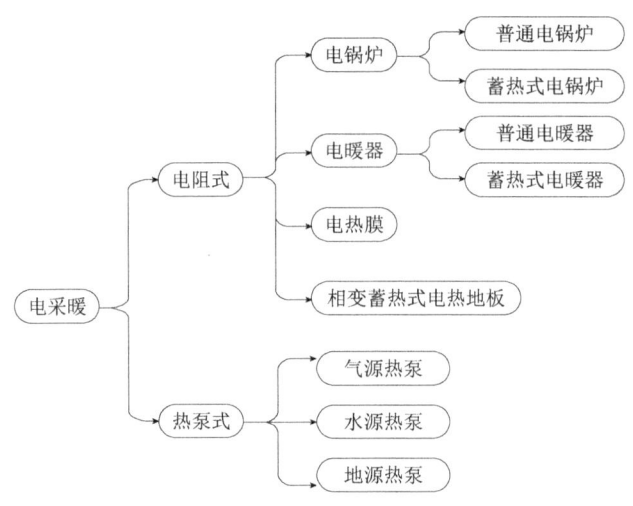

图 4　电采暖方式

1. 电阻式电采暖

电锅炉有普通和蓄热两种；普通电锅炉不带蓄热功能，其运行费用偏高。对于蓄热式电热锅炉，蓄热和低谷用电是最重要的。因为热负荷高峰往往是电负荷高峰，而高峰负荷、高峰电价和电网的低负荷率掩盖了电热锅炉的所有优点，对电力部门和用户都无吸引力，无蓄热的纯粹电热锅炉没有生命力和竞争力。采用蓄热电锅炉后，低谷负荷和低谷用电量大大提高了，对电力系统削峰填谷、抑平负荷具有很大的作用。

电暖器一般设置在用户房间内，其属于分散式电采暖，主要形式有电热微晶玻璃辐射取暖器、电热石英管取暖器、对流式取暖器等普通电暖器和具有蓄热功能的蓄热式电暖器等。对于蓄热式电暖器，它以电热器为发热体，以特殊的大容重耐高温材料做蓄热体，将大部分热量以对流的形式送入房间，通过对流换热加热室内空气，并使其他室内物体及墙体表面逐渐升温，并配以独立的温控装置而使其具有恒温可调、可靠、经济、舒适等显著特点。尤其峰谷分时优惠电价政策促使运行费用降低，大量使用谷电量对电网的移峰填谷发挥了积极作用。

电热膜属于分散式电采暖，是一种通电后能发热的半透明聚酯薄膜。由可导电的特制油墨、金属载流条，经印刷、热压在两层仅有 0.2 mm 厚绝缘聚酯薄膜间制成的一种特殊的加热元件。膜片中间的墨线相当于很多并联的电阻，通电后电阻发热，形成低温热辐射，对房间进行采暖，即为电热膜辐射采暖。电热膜采暖同传统采暖相比具有以下优点：节约能源和水资源，易实现供暖计量；节约空间，无任何污染，环境好等（图 5）。

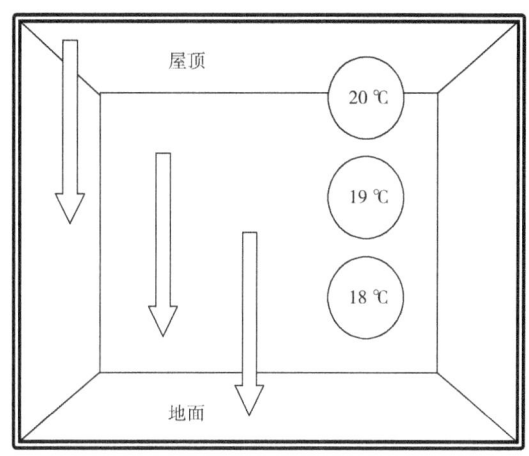

图 5　电热膜辐射采暖示意

相变蓄热电热地板是一种新颖的采暖方式，目前还处于研究中，它利用定形相变材料把电热膜或电缆所消耗的夜间廉价电转变为热能储存起来，以供白天采暖，系统分布如图 6 所示。地板辐射采暖系统具有能使室内水平温度分布均匀、垂直温度梯度减小，扩大居住使用面积，可分户独立控制、真正实现分户计量，改善室内空气品质，使居室环境更加舒适、卫生、保健等特点。

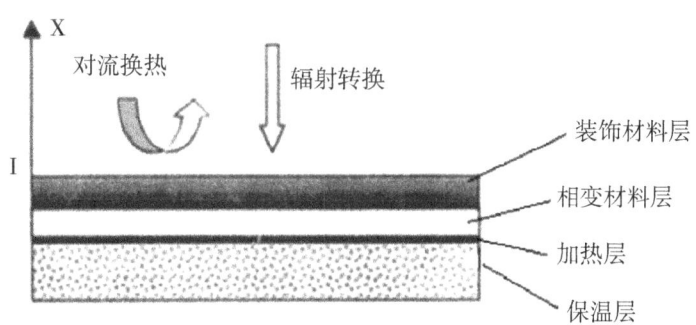

图 6　相变蓄热电热地板采暖系统各层分布

2. 热泵式电采暖

根据热力学第二定律，把高品位能量作为低品位能量使用是不等位的交换，要浪费一次能源，热泵是利用那些因温度太低而不可能被别的设备加以利用的热量的唯一系统，可用无价值的环境大气及土壤中太阳潜能、工业废热等去替代商品能源，是一种从低温热源吸取热量，使其在较高温度下，作为可以利用的有用的能源装置。热泵的分类方法有很多种，常见的热泵大致可分为 3 种形式，分别为：空气源热泵、水源热泵和地源热泵。

空气源热泵以电能驱动，是一种高效的清洁能源，可将低品位能源转换为高品位能源，具有高效节能、绿色环保、安全可靠等优点。空气源热泵的工作原理：冬季取暖时，蒸发器从空气中的环境热能中吸取热量以蒸发传热工质，蒸汽工质经压缩机压缩后压力和温度上升，高温蒸汽通过冷凝器冷凝成液体时，释放出的热量传递给热泵冷凝器侧的换热介质水，冷凝后的传热工质通过膨胀阀返回蒸发器；冷凝器换热侧的水在水泵的作用下流入散热器内，散热器中热水的热量传入室内，维持室温的稳定。空气源热泵+散热器采暖的原理如图7所示。

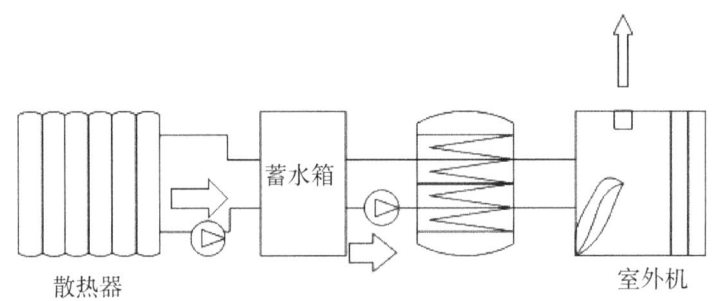

图7 空气源热泵+散热器采暖的原理

水源热泵技术是利用地球表面浅层水源如地下水、河流和湖泊中吸收的太阳能和地热能而形成的低温低位热能资源，并采用热泵原理，通过少量的高位电能输入，实现低位热能向高位热能转移的一种技术。水源中央空调系统由末端（室内空气处理末端等）系统、水源中央空调主机（又称水源热泵）系统和水源水系统3个部分组成。为用户供热时，水源中央空调系统从水源中提取低品位热能，通过电能驱动的水源中央空调主机（热泵）"泵"送到高温热源，以满足用户供热需求。为用户供冷时，水源中央空调将用户室内的余热通过水源中央空调主机（制冷）转移到水源中，以满足用户制冷需求。系统原理如图8所示。

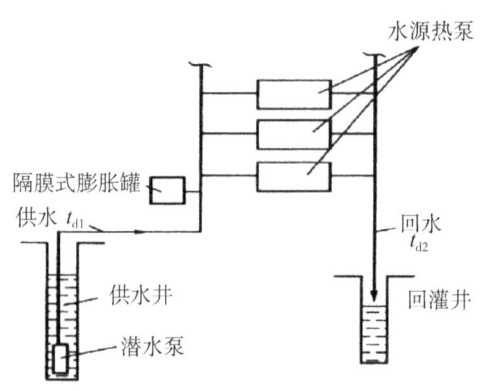

图8 水源热泵原理

地源热泵系统主要由室外地源换热系统、热泵机组和室内空调末端系统 3 个部分组成。热泵机组为主动力部分，由制冷压缩机、蒸发器、冷凝器、膨胀阀等组成回路。图 9 为地源热泵供热系统原理。其工作原理具体如下：首先在制冷剂回路内充注制冷剂。压缩机通入三相交流电高速旋转，将低温低压制冷剂气体吸入压缩机。经压缩后变成高压高温气体，该气体经冷凝器被冷却水冷却，又变成中压中温的制冷剂液体，该液体经过膨胀阀节流减压后送入蒸发器。由于蒸发器连接在压缩机的吸气口上，压缩机不停地吸入蒸发器的制冷剂气体，使得进入蒸发器的大量制冷剂压力降低，制冷剂进一步大量蒸发。由于蒸发器另一侧与室外地源换热系统的地下潜水泵连接，所以当地下水大量流过蒸发器时，被蒸发的制冷剂带走地下水中的大量热量。这些低温热量通过被蒸发的制冷剂吸收变成了制冷剂热量，又被源源不断地吸入压缩机。经压缩机压缩之后，变成 80~90 ℃的高温气体，这些高温气体在通过冷凝器冷却的同时，把大量的热量传递给冷凝器另一侧，即室内空调末端系统，也称采暖系统。

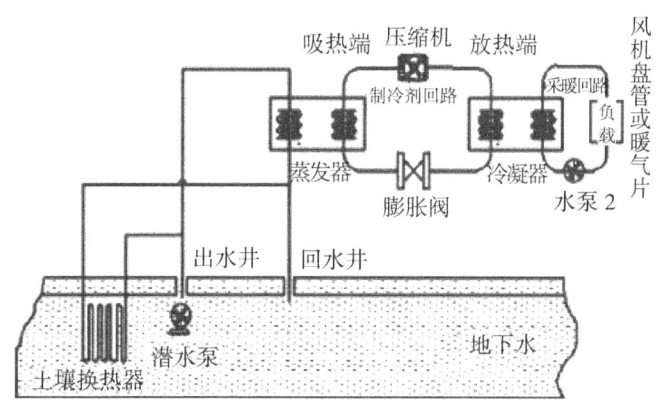

图 9　地源热泵供热原理

（三）光热 + 电采暖

光热 + 电采暖供暖系统主要是太阳能集热设备，电采暖作为补燃的辅助设备解决农村采暖问题。太阳能采暖技术是最为绿色、清洁的采暖方式。使用太阳能采暖的好处就是在阳光充足的北方农村地区，基本上只需初投资，运行费用几乎可以忽略不计，且政府给予一定设备补贴。但由于单一使用太阳能供暖会出现热量不稳定的问题，且受天气因素影响较大。因此，若要实现较高的采暖保证率，结合农村居住建筑的实际需求和经济条件，从控制成本、便于推广的角度来看，太阳能应与其他可再生能源相结合，在应用与其他清洁供暖方式合理搭配使用。

"光热+电采暖"技术标志着在发展普及北方农村地区太阳能采暖技术、改善并提高北方农村家庭生活质量、推动北方农村经济建设、实现北方农村无烟化的国家战略目标的道路上迈出了坚实的一步。

三、"光热+电取暖技术"适用性分析

可建设性分析。"光热+电取暖技术"采暖模式,推广不受外部能源和区域限制,系统采用每个房间独立供暖,用户可根据需求选择电辅助功率和时间,每户用电负荷仅为单独电采暖的1/2,农村基础电网在不做大规模升级改造的基础上便能够实现,可减轻"电代煤"农网改造负担,减少常规电力消耗,从而加快"电代煤"推进速度。

可持续性分析。"光热+电取暖技术"采暖模式,设计是以太阳能为主、以电为辅。我国北方农村地区太阳能资源丰富,取之不尽、用之不竭,是地球上唯一的"免费"能源,使用污染"零排放"。充分利用太阳能资源,符合国家能源政策。国家发展改革委2016年印发的《可再生能源发展"十三五"规划》,明确制定了太阳能热利用量化指标,"光热+电取暖技术"采暖模式用于北方农村地区采暖,拓宽了太阳能光热应用的领域,可持续得到国家政策性支持。

实用经济性分析。相比"电代煤、气代煤","光热+电取暖技术"采暖模式,是以太阳能采暖为主,以电能为辅,系统使用安全、运行费用极低,在晴天时几乎不用花钱,比燃煤取暖更便宜、更安全,极大地减少了农民的燃料费用。并且用户可根据室温要求,将每年11月15日开始的采暖期任意提前到10月下旬开始,将3月15日结束的采暖期延长到4月上旬,把120天的采暖期延长到150天以上,大大提高了采暖舒适度。

可复制性分析。我国北方广大农村住宅均以独立平房和低层建筑为主,完全符合太阳能采暖系统安装条件需要,完成试点安装,必定会为河北省乃至我国北方农村采暖清洁替代大范围推广,提供可复制的成功经验。

参考文献

[1] 国务院关于印发大气污染防治行动计划的通知(国发〔2013〕37号)[EB/OL].[2020-08-16]. http://www.gov.cn/zhengce/content/2013-09/13/content_4561.htm.

[2] 关于推进电能替代的指导意见(发改能源〔2016〕1054号)[EB/OL].[2020-08-16]. http://news.163.com/16/0525/08/BNT8HFA500014JB5.html.

[3] 中华人民共和国可再生能源法[EB/OL].[2020-08-16]. http://www.qhctm.com/news!show.action?id=642f6682f5eb4c8389821a8a3df088c3.

[4] 刘庆玉,关琦,张敏,等.北方典型农村住宅太阳能辅助采暖优化设计[J].可再生能源,2020,38(4):447-452.

[5] 边际.燃用高硫煤高低差速循环流化床锅炉的设计[D].上海:同济大学,2005.

[6] 徐庆华,王自姣,徐庆丽.农村电采暖方式分析[J].农村电工,2019,27(11):41-42.

[7] 高国帅.基于分布式光伏发电的农村家庭电采暖方式优化研究[D].北京:华北电力大学,2019.

[8] 郑淑晶,李琳红.北方农村地区清洁采暖规划编制方法探讨与思考[J].山西建筑,2019,45(17):22-24.

[9] 王泽凯.太阳能光热发电技术应用与发展[J].玻璃,2012,39(6):30-35.

[10] 王长青.关于太阳能光热发电的技术特点与应用探讨[J].中国市场,2019(34):88,90.

[11] 吴微微.新型太阳能光热技术在住宅建筑中的应用研究[J].城市建设理论研究(电子版),2017(2):155.

[12] 神瑞宝,刘涛,李中成,等.常见电采暖项目投资可行性分析[J].节能,2020,39(5):154-157.

[13] 程翔.北方供暖地区不同采暖方式发展现状及经济性分析[J].中国集体经济,2019(24):14-17.

报告 4-7　生物质热解气化技术

摘要：

生物质热解气化是一种重要的能源质利用手段，生物质热解气化在解决农民增收和"三农"问题、改善能源结构、发展绿色低碳经济等环节均发挥了重要作用。我国使用的生物质热解气化技术，主要有固定床、流化床和直接干馏热解3种工艺形式，河北省新奥集团目前在生物质热解气化技术方面走在了全国前列，本文在分析不同温度下生物质热解的机制、不同气化介质对生物质裂解的影响及生物质热解气化技术的关键设备的基础上，对河北新奥陶瓷热载体生物质快速热裂解工艺装备工艺流程的原理和优缺点进行了阐述，并结合典型案例分析了其技术特点和建设成效。

作者简介：

马正民，新奥生物质能有限公司，总经理，研究方向：生物质天然气。

一、生物质热解气化技术的意义

生物质能是蕴藏在生物质中的能量，是绿色植物通过叶绿素将太阳能转化为化学能而贮存在生物质内部的能量。它一直是人类赖以生存的重要能源，仅次于煤炭、石油和天然气而居于世界能源消费总量第4位，在整个能源系统中占有重要地位。因此，加大生物质能源的开发利用及农业生物质能源的发掘利用，不仅可解决农民的增收和"三农"问题，还可解决目前中国面临的能源短缺、环境污染、改善能源结构、减少温室气体排放、发展绿色低碳经济等重大社会经济问题。生物质热解气化适用于固体生物质，包括林业和农业残余物、加工废弃物等。固体生物质品类繁多，形态各异，在我国大量存在。生物质热解气化技术不但对生物质原料要求低,适应范围广,而且可以使生物质具有更高的转化率。在目前生物质能源利用领域,生物质热解气化的综合利用率处于最高水平。

我国使用的生物质热解气化技术,主要有固定床、流化床和直接干馏热解3种工艺形式。固定床工艺一般采用空气做气化剂,这类工艺,不论是上吸式、下吸式或是平吸式的气流方式,都具有设备结构简单、易于操作、可以实现多种生物质原料的热解气化、投资少等特点。流化床工艺得到的生物质燃气热值高,可达 12 000 kJ/Nm^3 左右,燃气产率和气化效率也分别达到了 0.95% 和 63% 左右。但是这一工艺设备复杂,操作不易掌握。

二、生物质热解气化机制

生物质的热解气化是一种重要的能源利用手段,研究生物质热解气化的机制,对于控制热解气化过程中燃气的焦油量,减少焦油生成或使其在反应过程中裂解,提高燃气的热值,有着十分重要的指导意义。本部分综述了不同温度下生物质热解的机制研究,以及不同气化介质对于生物质裂解的影响(图1)。

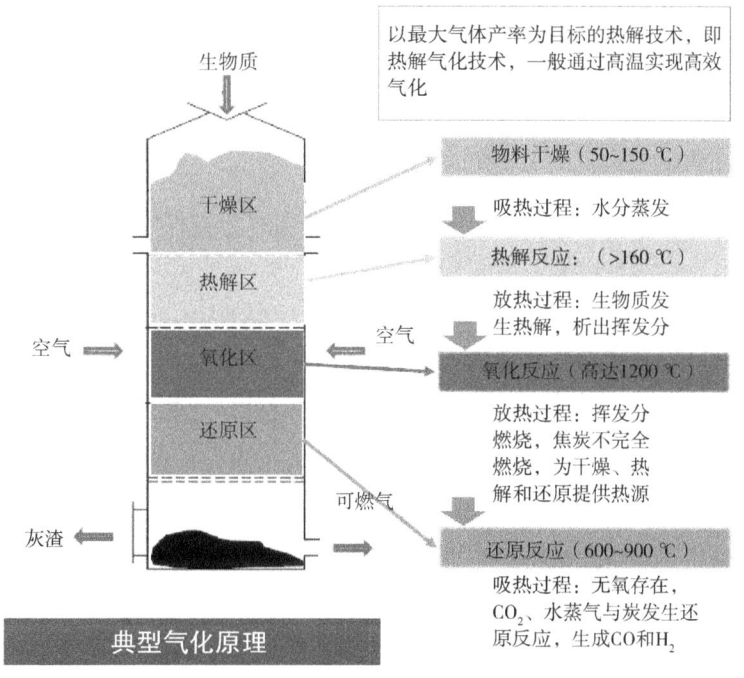

图1 生物质热解气化原理

（一）生物质热解气化按气化剂分类

生物质热解气化按气化剂分类，可分为无气化剂（干馏）气化和使用气化剂两类。无气化剂（干馏）气化可分为有热载体和无热载体。使用气化剂可分为空气气化、氧气气化、氢气气化、水蒸气气化和复合式气化（图2）。

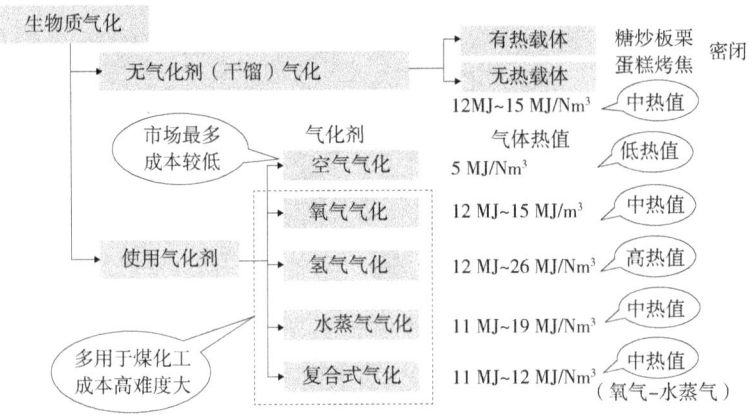

图2 生物质热解气化按气化剂分类

（二）生物质热解气化按运行方式分类

生物质热解气化按运行方式分类，可分为固定床气化炉和流化床气化炉。固定床气化炉又可分为下吸式气化炉、上吸式气化炉、横吸式气化炉和开心式气化炉。流化床气化炉又可分为单流化床气化炉、循环流化床气化炉、双流化床气化炉和携带床气化炉（图3）。

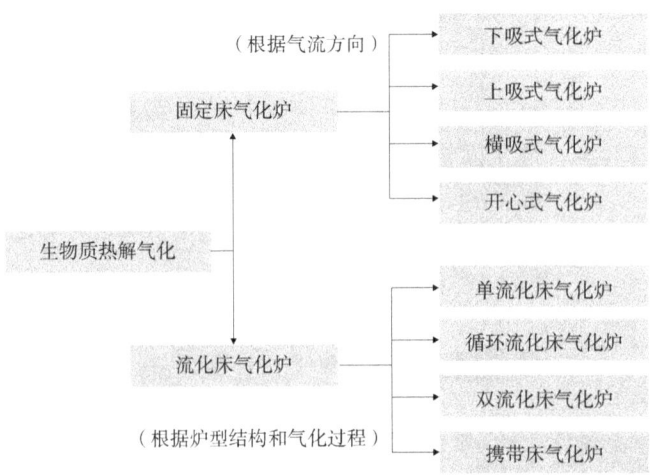

图3 生物质热解气化按运行方式分类

三、生物质热解气化技术的关键设备

（一）固定床气化反应器

固定床是指以恒定高度保持在两个固定界面之间由颗粒或块状物料组成的床层。固定床气化反应器是一种传统的反应器，设置有炉膛和炉栅。按原料与气化剂流向划分，可分为逆流式和并流式两种类型。逆流式是指气化原料与气化剂在床中的流动方向相反，并流式是指气化原料与气化剂在床中的流动方向相同。固定床气化反应器按照燃气离开固定床气化反应器的位置和方向，一般分为上气式、下气式两种结构，上气式即燃气从反应器的上部出口离开反应器，下气式即燃气从反应器的下部出口离开反应器。

1. 固定床上吸式气化炉

固定床上吸式气化炉，生物质原料从顶部加入，依靠重力从上向下移动，空气从底部进入，从下向上移动，原料移动与空气流动方向相反，也称为逆流式气化（图4）。

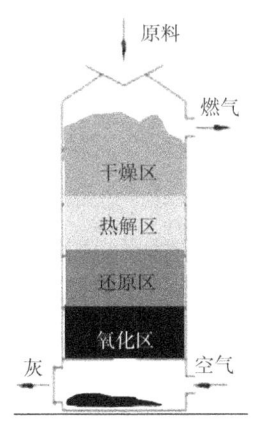

图4 固定床上吸式气化炉

固定床上吸式气化炉的优点：
①结构简单，气化效率高（热解区和干燥区充分利用了还原反应气体的余热）；
②燃气热值高（气化气直接混入了具有较高热值的挥发分）；
③燃气热值高炉排受到进风的冷却，不易损坏。

固定床上吸式气化炉的缺点：
①由于气化气中直接混入了挥发分中的焦油，使得气体中的焦油含量较高；

②焦油含量一般会高达 20 g/m³ 以上。

2. 固定床下吸式气化炉

固定床下吸式气化炉生物质原料和空气都是从上向下移动／流动，原料移动与空气流动方向相同，也称为顺流式气化（图5）。

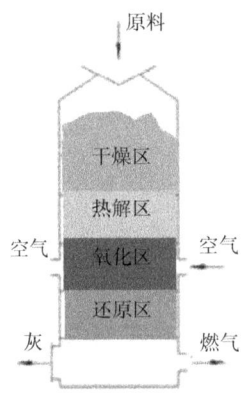

图5　固定床下吸式气化炉

固定床下吸式气化炉的优点：

固定床下吸式气化炉气体中的焦油含量比固定床上吸式气化炉低很多，因为挥发分中的焦油在氧化区和还原区得到了一定程度的氧化和裂解。

固定床下吸式气化炉的缺点：

炉排处于高温区，容易粘连熔融的灰渣，寿命难以保证。

3. 横流式固定床气化炉

气化剂由炉子的一侧供给，产生的燃气从炉子的另一侧抽出，炉内反应温度高、气化强度大、燃气几乎不含焦油并且温度很高（图6）。

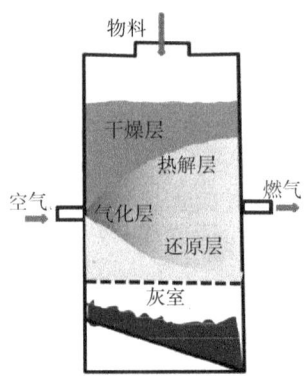

图6　横流式固定床气化炉

4. 开心式固定床气化炉

类似于下吸式气化炉,炉内设有向上隆起的炉栅,多以稻壳为气化原料(图7)。

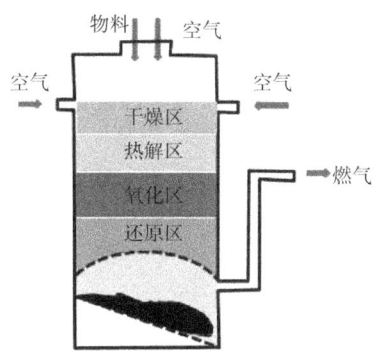

图7 开心式固定床气化炉

(二)流化床气化反应器

流化床气化反应器要求反应物料在反应器内形成流化态。流化态是指气体(如气化剂)以一定速率通过反应颗粒物料层,使颗粒物料悬浮起来并保持连续随机运动的状态,其特征是气固之间有很高的传热速率和传质速率,固体颗粒在流化床床层中的混合状态接近于理想混合反应器中的状态。与固定床相比,流化床气化反应器没有炉栅,气化剂一般通过布风板进入反应器内。

流化床气化反应器的优点:

①床内传热传质效果较好,气化效率和气化强度都较高;

②流态化操作范围较宽,流化床气化能力可在较大范围内进行调节,而气化效果和气化效率不会明显降低;

③床层温度不是很高且比较均匀,灰分结渣熔融的可能性较低。

流化床气化反应器的缺点:

①气体出口温度较高,产出气体的显热损失较大;

②流化速度较高,物料颗粒又细,产出气体中的固体带出物较多;

③流化床要求床内物料、压降和温度等分布均匀,启动控制较为复杂。

按气固流动特性不同,流化床气化反应器分为鼓泡流化床气化反应器、循环流化床气化反应器和双流化床气化反应器3种类型。

1. 鼓泡流化床气化反应器

鼓泡流化床气化反应器是指气体流速较低,气化反应发生在鼓泡流化状态。一般操作气速为 2～3 倍的临界流化速率。鼓泡流化床气化反应器比较粗胖，下部是一段有明显床层表面的密相区，在一定气速范围内密相区高度基本不变。气化反应主要发生在密相区，在燃烧宽筛分燃料时部分细颗粒燃料会被气流带出密相区，从而造成损失。因此，炉膛上部设计成扩张段，以降低气速，也延长了细颗粒在稀相区的反应时间。鼓泡流化床气化反应器中流化速度相对较低，几乎没有固体颗粒从中逸出（图8）。

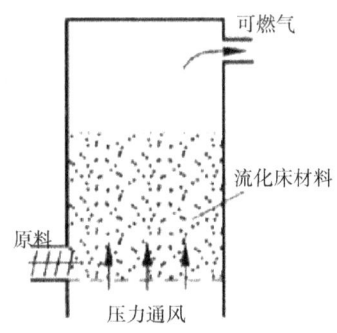

图 8　鼓泡流化床气化反应器

鼓泡流化床气化反应器的优点：进料速率和成分较灵活，可气化高灰分含量原料，可加压气化，燃气 CH_4 含量高，容积负荷高，温度易于控制。

鼓泡流化床气化反应器的缺点：操作温度受灰熔点的限制，燃气出口温度高，燃气焦油尘含量高，飞灰中碳含量可能偏高。

2. 循环流化床气化反应器

循环流化床生物质气化装置，属于一种热解气化装置。循环流化床气化反应器由于流化速度相对较高，气化反应器出口存在大量未反应完全的颗粒物，一般须设置旋风分离器进行收集后送回反应器内再进行气化反应（图9）。

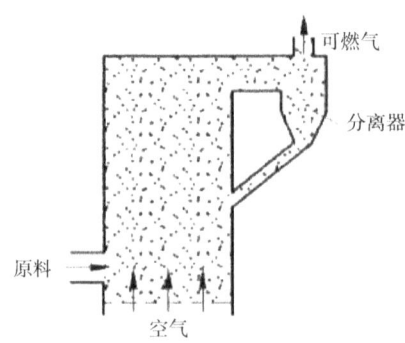

图 9　循环流化床气化反应器

循环流化床气化反应器的优点：操作灵活，操作温度可高达 850 ℃。

循环流化床气化反应器的缺点：存在腐蚀和磨损问题，气化生物质时可操控性差。

3. 双流化床气化反应器

双流化床气化反应器采用两个流化床：一个用于燃烧；另一个用于气化，其碳转化率较高。两个相互联通的流化床，一个吸热的气化室和一个放热的燃烧室，将生物质的干燥、热解、气化与燃烧过程进行解耦，气化室主要是以空气或纯氧为流化介质的快速床，气化室产生的生物质残碳随物料循环进入燃烧室，燃烧所释放的热量则随着物料循环进入吸热的气化室，从而实现装置自供热，提高了碳的转化率和装置热效率（图10）。

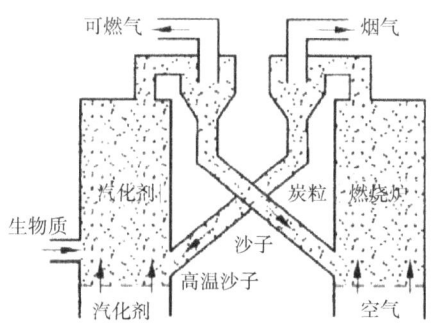

图10 双流化床气化反应器

双流化床气化反应器的优点：不需要氧气，床层温度低使得CH_4含量高。

双流化床气化反应器的缺点：低床层温度导致焦油产量高，加压气化条件下控制困难。

四、生物质热解气化多联产技术

生物质热解气化多联产技术原料是由林木和秸秆类生物质发展到各类有机废弃物作为原料；由单一热解气化向多联产进步，通过电力、冷和热力的多联产清洁转化多种产品。能源利用效率高，热转化效率高，综合利用环保效果好，一般投资大、规模大、收益好，多数业态不依靠补贴，产品多，抗风险能力强。

（一）河北新奥生物质热解气化多联产技术

河北新奥集团旗下的生物质能专业子公司，主要从事生物质综合利用项目的开发、建设、投资、运营；生物质原料的收集、产品的加工和销售；生物质综合利用技术的研究、开发、工艺转化、工程设计；生物质综合利用装备的设计开发、制造、安装；生物质可再生能源综合利用的延伸开发等；生物质综合利用智能化信息平台建设、生物质综合利用生态圈搭建。在热解气化技术方面走在全国前列。

河北新奥陶瓷热载体生物质快速热裂解工艺装备的工艺流程：热载体加热提升—料快速热解—热解气除尘和载体分离—混合气喷淋冷却—系统燃烧供能—热烟气加热载体—热烟气烘干提升原料。目前形成的中低温炭气油联产成套装备、中高温炭气联产成套装备等系列产品，适应不同资源条件，满足各类用户需求，模块式灵活组合，降低造价，利于不同场景推广。研发引进配套附属设备，实现装备耦合下游产品，形成生态圈全系统装备制造模块（图11）。

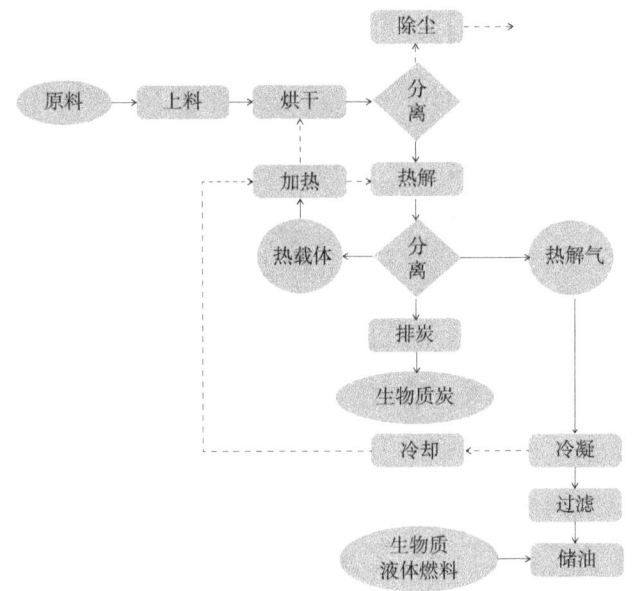

图11 生物质热解气化多联产工艺流程

技术优势：通过生物质快速热解设备长周期的运行证实，采用固体热载体循环的生物质快速热裂解工艺具有以下几个显著优势。

①固体热载体循环工艺设计精巧，工艺简单可靠，具备连续运行能力，克服了生物质热解反应器结焦问题，并得到了工业化的验证；

②系统产率高：油气产率大于70%wt（干基）；

③系统可控性好，工况稳定；

④投资低，符合处理生物质的低投资、低成本要求；

⑤系统热效率高，带余热回收系统效率大于85%，余热不回收的系统效率大于80%。

该工艺先进,热解反应过程无废水和废气外排,加热炉烟气达标排放,符合绿色循环经济发展要求。

生物质热解气化多联产生产流程如图12所示。

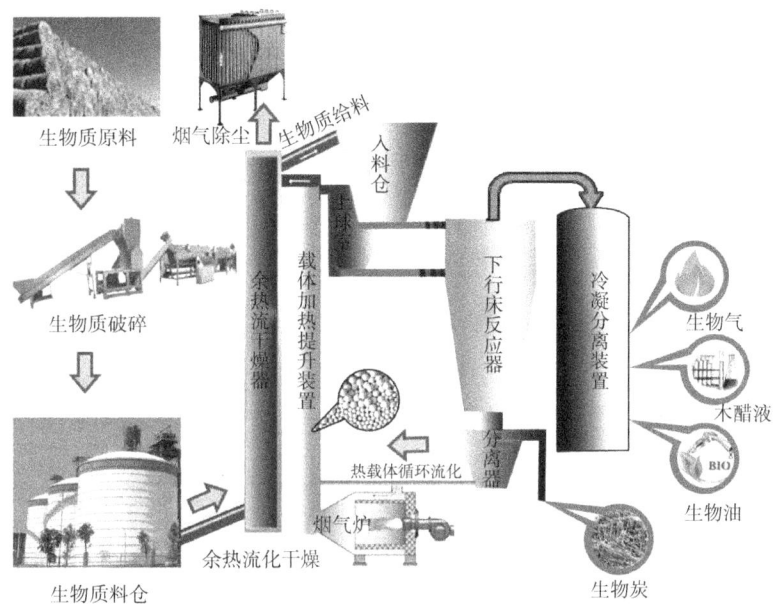

图12　生物质热解气化多联产生产流程

(二)河北新奥生物质热解气化多联产示范项目介绍

项目建设规模:单套5万t/年生物质快速热裂解装置,配套2×20 t/h生物液体燃料蒸汽锅炉(图13)。

图13　示范项目全景

该示范项目是新奥第二代生物质快速热解工艺，经充分优化后，在能源利用率、环保性和生物质液体燃料的品质等方面都具有国际领先水平。

主要体现在以下方面。

①设备处理原料的多样性。设备能够处理的原料包括农作物秸秆，如玉米、小麦秸秆和稻壳、木材加工剩余物、菌袋等农业废弃物；林业废弃物，如木屑、竹屑、绿化和果木的树枝、树根，木材加工剩余物等废弃物。

②设备处理能力每年超过 5 万 t 原料（以入炉生物质数量计），单套处理规模在国内领先。

③油气产率高，设备针对各种农林废弃物，油气产油率能达到 70%（以干生物质计算）以上。

④系统供能燃料多样性，可利用生物质破碎原料、装备生产的生物气、生物炭、生物油一种或多种组合供应燃料。

⑤装置灵活性提高。增加横床反应器，热解反应时间可调整，温度可调整，油、气、炭产出比例可在一定范围内调整。

⑥采用 DCS 系统控制，装备自动化程度提高，实现与锅炉等用能设备耦合配套智能运行。

第二代工艺装备将在生产过程中实现能源利用最大化和环保生态最优化，该工艺充分利用热风炉和加热提升管产生的烟气付进行系统供能。油气产物全部转化为产品；采用闭式循环水冷系统，节约水源的基础上无任何污水的产生；通过对设备燃烧尾气的专业除尘处理，尾气可达到国家超低排放标准。

报告 4-8 垃圾焚烧发电技术

摘要：

垃圾焚烧发电是提高城市生活垃圾处理技术、变废为宝的一项新举措，它可以促进国民经济的持续、稳定、健康发展。本文首先阐述了我国城镇化不断加快的背景下，目前面临的亟须解决的垃圾处理难题；其次介绍了垃圾焚烧发电工程具有的社会效益和经济效益；最后对垃圾焚烧技术进行了概述，并对垃圾焚烧技术的处理方法和关键设备进行了详细介绍。

作者简介：

张　彬，国网邯郸供电公司，高级工程师，研究方向：电网规划。

李学军，国网邯郸供电公司，高级工程师，研究方向：电网规划。

巩保峰，国网邯郸供电公司，高级工程师，研究方向：电网规划。

薛　珊，国网馆陶县供电公司，高级工程师，研究方向：电网规划。

王少敏，国网邯郸供电公司，高级工程师，研究方向：电网评审。

一、垃圾焚烧发电技术的意义

随着我国农村城市化发展进程的不断加快，中国生活垃圾清运量也呈现逐年上升的趋势，2019 年中国生活垃圾清运量达到 22 801.75 万 t，如何解决垃圾处理问题已经变得刻不容缓。由于垃圾的处理将会占用大量土地，而且还会对周边居民的生活产生负面影响，所以，研究垃圾焚烧发电技术有着不容忽视的意义。

生活垃圾采用现代垃圾焚烧技术加以处理，可以可靠地实现城市生活垃圾处理的"无害化"。现代化的垃圾焚烧厂，焚烧控制和二次污染治理技术先进，垃圾通过封闭贮存、高温分解、燃烧、烟气除尘、脱毒、污水集中净化处理。

垃圾焚烧发电工程，是现代新型高科技的能源环保综合工程，具有良好的社会效益。生活垃圾采用工厂无害化处理，是现代城市建设的发展趋势。采用成熟可靠的生活垃圾高温焚烧技术和先进安全的烟气净化处理技术，大规模综合处理城市生活垃圾，可以长期、有效地解决城市生活垃圾的出路问题。回收具有可利用价值的固体废弃物潜能，减少最终填埋垃圾量，延长现有固废卫生填埋场的使用周期，节约用地，这样既可以保证垃圾处理厂的厂区和周边环境绿化、美化，改善城市居民生活环境，又可以大规模地解决城市的垃圾、治理空气和水环境污染，符合国家有关进一步开展资源综合利用的政策，具有环境保护、能源回收和资源利用等良好的社会效益和环保效益。

垃圾焚烧发电工程，本质上是发电工程，通过售电途径获得利润，因此，具有良好的经济效益。通过垃圾焚烧处理产生的热能发电，不仅可以节省垃圾填埋需要的征地费用和作业费用，减少政府的持续负担，而且可以通过出售发电量，回收工程的基建投资，并获得可观的经济收入。

垃圾焚烧发电技术是城市生活垃圾"减量化、资源化和无害化"最有效的技术手段，在商务部会同国务院有关部门共同研究制定的《国家产业技术政策》中，已将垃圾发电技术列为国家重点发展的产业技术。

二、垃圾焚烧技术概述

垃圾焚烧发电是通过垃圾干燥、燃烧和燃烬3个阶段，让垃圾在 850～1100 ℃ 的高温下充分燃烧。焚烧中，可通过 DCS 自动控制系统和自动燃烧控制系统即时监控和调整炉内垃圾的燃烧工况，及时调节炉排运行速度和燃烧空气量。焚烧垃圾产生的高温烟气在余热锅炉中进行热交换，产生的过热蒸汽，推动汽轮发电机组产生电能。电能通过电网，输送到各地，从而实现了垃圾的资源化处理。

垃圾焚烧是一种可实现垃圾无害化、减量化、资源化的有效技术。生活垃圾的燃烧过程，本质上是质量传递、热传递、动量传递、化学反应、结构变化等物理化学反应综合在一起的复杂过程。

从固体燃料燃烧理论的角度分析,作为定性的燃烧阶段划分,废物的燃烧过程可以分为预热和水分蒸发、挥发分析出和着火燃烧、固定碳的燃烬3个过程。伴随着这些过程,废物本身的质量减少,直到残留灰渣。垃圾高温焚烧后的剩余灰渣,物性稳定,炉渣可综合利用,如用于铺路、制砖,或用作卫生填埋场的中间覆盖用土等;少量烟气中过滤、收集的灰尘,经稳定化后可安全填埋。

三、垃圾焚烧发电技术的关键设备

垃圾焚烧发电技术是利用垃圾焚烧所产生的热量进行发电的一种综合技术,它主要由垃圾焚烧炉、余热锅炉、汽轮发电机组和烟气净化系统构成。

垃圾发电工艺流程如图1所示。

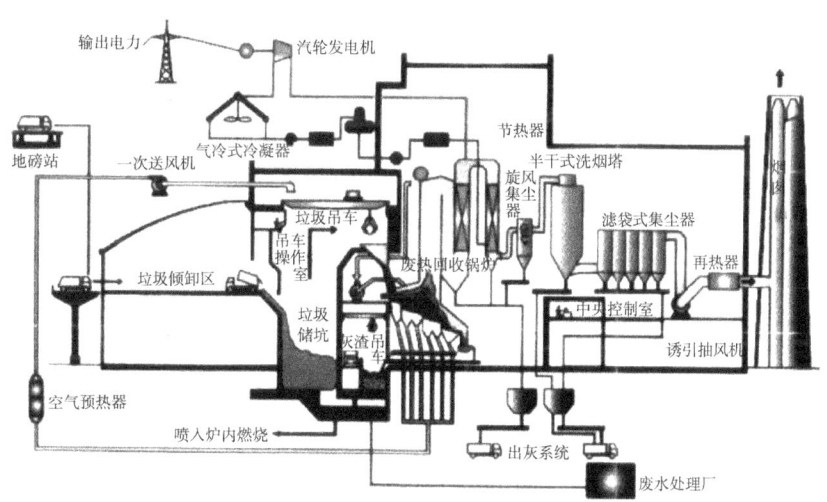

图1 垃圾发电工艺流程

(一)焚烧炉

垃圾焚烧是一种技术高度复杂、成本相对昂贵的生活垃圾处理技术。目前从发展源流及应用现状看,均以欧美、日本等发达国家最具代表性,其应用的垃圾焚烧设备大致可以分为以下几种类型:机械炉排焚烧炉、流化床焚烧炉、回转式焚烧炉、静态热解焚烧炉等,其中应用最普遍的为机械炉排焚烧炉和流化床焚烧炉。

1. 机械炉排焚烧炉

机械炉排焚烧炉是较早发展的垃圾焚烧炉型式。机械炉排焚烧炉根据炉排的结构和运动方式不同而形式多样，但燃烧的基本原理大致相同，垃圾在炉排上进行层状燃烧，经过干燥、燃烧、燃烬后以灰渣形式排出炉外，各种炉排都会采取不同的方式使垃圾料层不断得到松动使垃圾与空气充分接触，从而达到较理想的燃烧效果。垃圾的燃烧空气由炉排底部送入，根据垃圾热值与水分不同，送入炉排的风可以是热风也可以是冷风，不同的炉排结构其炉排透风方式各异。

根据炉排运动方式及结构不同，机械炉排焚烧炉的型式有往复推动炉排、滚动炉排、多段波动炉排、脉冲抛动炉排。但主要型式是往复推动炉排和滚动炉排。

典型的炉排炉工作流程如图 2 所示。

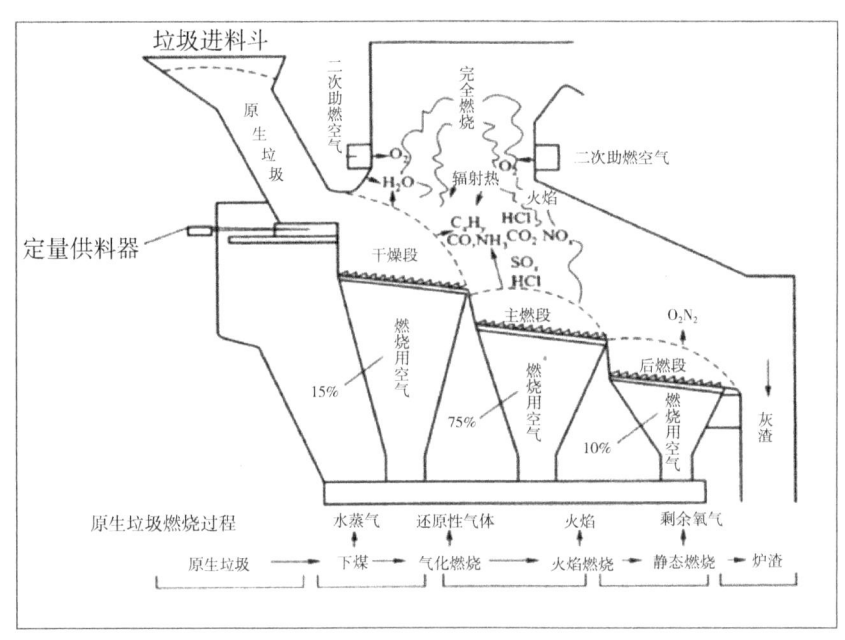

图 2 典型的炉排炉工作流程

（1）往复推动炉排

往复推动炉排根据其运动方向不同，可分为顺推式和逆推式。它们共同的工作原理是炉排为倾斜阶梯式布置，炉排总体布置的倾斜角在 10°～15°。推料器不断地把垃圾推入炉内，垃圾在运动的炉排作用下不断松动、切断和翻滚，逐步由干燥区向燃烧区、燃烬区移动。

典型的往复推动炉排如图 3 所示。

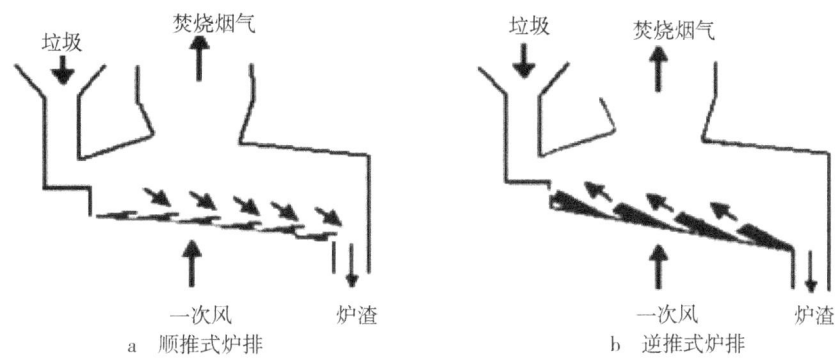

图 3 往复推动炉排示意

（2）滚动炉排

滚动炉排一般由 5～7 个滚筒向下倾斜排列组成，每一滚筒配置一个风室，滚筒表面有许多通气孔，各滚筒通过的空气量可根据需要进行调整，各滚筒的速度可以不一样。垃圾由推料器推入炉内，随着滚筒的旋转向下一级输送，垃圾在滚筒的滚动过程及由一个滚筒过渡到下一个滚筒时，得到较好的翻动和混合，从而获得较好的燃烧效果。由于滚筒的转速及进风量均可单独调节，从而可以控制垃圾在各个滚筒的停留时间和燃烧时间，使得其对垃圾的适应性较强。滚筒在滚动的过程中，可以不断地得到冷却，因而滚筒炉排材料可以采用一般的灰铸铁。

典型的滚动炉排如图 4 所示。

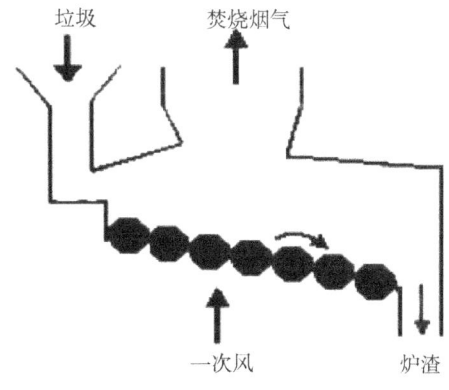

图 4 滚动炉排示意

2. 流化床焚烧炉

流化床焚烧炉是利用流态化技术进行焚烧垃圾，在炉内有大量的石英砂作为媒介。流化床在焚烧垃圾前，通过喷油燃烧将炉内的石英砂加热至 600 ℃以上，垃圾经破碎后投入炉内，流态化的垃圾与媒体强烈混合，垃圾水分很快被蒸发，从而使垃圾变脆而燃烧。

流化床焚烧炉由于有热载体的存在，燃烧稳定、对垃圾变化适应性好、燃烧热效率高。由于炉内燃烧温度可控制在850℃左右，因而可降低NO_x的产生，同时可在炉内直接喷入石灰，与SO_x、HCl等酸性气体反应，可达到去除酸性气体的目的，其缺点是垃圾必须分选破碎，分选及破碎系统复杂，消耗动力大，同时要想使垃圾及媒体处于流化状态必须消耗很大的动力，流态化固体颗粒对炉墙磨损严重，在垃圾热值较低时，难于单独燃烧垃圾，需与煤进行混烧。

典型的流化床焚烧炉如图5所示。

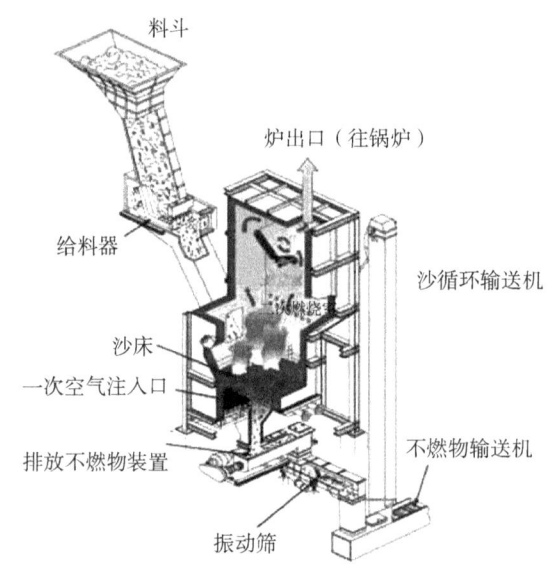

图5 流化床焚烧炉示意

（二）余热锅炉

余热锅炉是与焚烧炉配套的余热利用装置，垃圾焚烧产生热能通过余热锅炉产生蒸汽。余热锅炉为单锅筒自然循环形式，由3个垂直通道和一个水平通道组成，卧式布置。在第一通道下半部敷设炉膛绝热层，炉膛前拱、炉膛两侧为全水冷壁结构，表面敷设耐火绝热层，水平通道依次布置高温过热器、中温过热器和低温过热器，在过热器中布置二级喷水减温。在第四通道布置了省煤器。

余热锅炉蒸汽参数的确定：

在垃圾焚烧热能回收过程中，由于垃圾所含盐分、塑料成分较高，燃烧气体产物中含有大量的氯化氢等腐蚀性气体和灰分。因此，选择合适的过热蒸汽参数对全厂发电效率和过热器寿命都有着重要的意义。

目前，国内垃圾焚烧发电行业运营成熟的项目中，锅炉主蒸汽参数主要有3种：第1种是炉排炉，主蒸汽压力为4.0 MPa，主蒸汽温度为400 ℃，配用汽轮发电机进汽压力为3.8 MPa，进汽能源与环境工程设计研究院83温度为390 ℃；第2种还是炉排炉，主蒸汽压力为6.4 MPa，主蒸汽温度为450 ℃，配用汽轮发电机进汽压力为6.0 MPa，进汽温度为435 ℃；第3种是循环流化床型焚烧炉，主蒸汽压力为3.82MPa，主蒸汽温度为450 ℃，配用汽轮发电机进汽压力为3.43 MPa，进汽温度为435 ℃。3种技术参数对比可知，后两种由于提高了主蒸汽的压力和温度，因此，发电效率更高。炉排炉的两种参数及过热器材质比较如表1、表2所示。

表1 过热蒸汽参数比较

比较内容	中温中压（4.0 MPa，400 ℃）	次高压中温（6.4 MPa，450 ℃）
锅炉出力	100%	97%
锅炉换热面积	100%	111%
受压件重量	100%	126%
余热锅炉投资	100%	115%
发电机出力	100%	110%
售电量	100%	108%
过热器材质	合金钢	耐高温耐腐蚀合金钢
过热器寿命	长	较短
技术成熟性	成熟	较成熟
使用业绩	较多	少

表2 两种蒸汽参数下几种过热器材质的比较

蒸汽温度	450 ℃			400 ℃	
材质	碳钢	SUS 310	镍合金	碳钢	SUS 310
材料腐蚀速度（mm/a）	2.5	1.0	0.5	1.2	0.3
材料寿命（a）	1	3	6	2.5	>5
价格	100%	800%	4000%	100%	800%

在国内已经运行的垃圾焚烧发电厂中，绝大部分都采用中温中压参数，具有成熟的运营运行经验。

（三）汽轮发电机组

汽轮发电机是指用汽轮机驱动的发电机。由锅炉产生的过热蒸汽进入汽轮机内膨胀做功，使叶片转动而带动发电机发电，做功后的废气经凝汽器、循环水泵、凝结水泵、给水加热装置等送回锅炉循环使用。

发电机通常由定子、转子、端盖及轴承等部件组成。其工作原理：由轴承及端盖将发电机的定子、转子连接组装起来，使转子能在定子中旋转，做切割磁力线的运动，从而产生感应电势，通过接线端子引出，接在回路中，便产生电流。

在总的蒸汽量相同的情况下，汽轮发电机台数的选择将影响工程投资及营运效益。

（四）烟气净化系统

生活垃圾焚烧烟气净化系统由除尘、除酸、除二噁英和重金属等各独立单元优化组合而成。该烟气净化系统能够有效去除存在于烟气中的各种污染物。

垃圾焚烧烟气的主要成分由 N_2、O_2、CO_2 和 H_2O 等4种无害物质组成，占烟气容积的99%。由于垃圾成分的不可控性及燃烧过程的多变性，焚烧烟气中含有1%左右的有害污染物，主要包括以下方面。

①颗粒物，包括惰性氧化物、金属盐类、未完全燃烧产物等。

②酸性污染物，包括氯化氢（HCl）、氟化氢（HF）、硫氧化物（SO_x）及氮氧化物（NO_x）等。

③重金属，包括铅、汞+镉，以及锰、铬、砷、钛、锌、铝、铁等单质与氧化物等。

④残余有机物，包括未完全燃烧有机物与反应生成物，如芳香族多环衍生物、烃类化合物、不饱和烃化合物，二噁英类。

烟气净化工艺流程如图6所示。

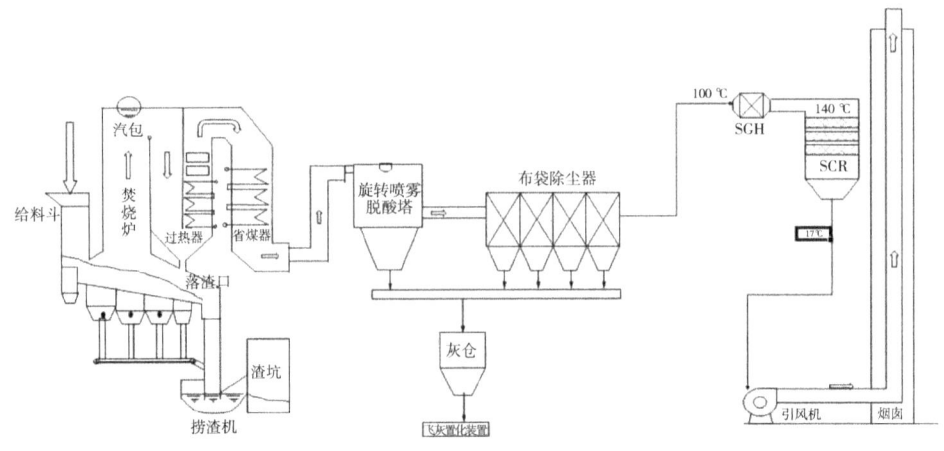

图6　烟气净化工艺流程

参考文献

[1] 洪雷，王小文，姬艳梅.垃圾焚烧发电技术进展与应用探讨[J].环境卫生工程，2011，5（3）：165-166.

[2] 程蓓.餐厨废弃物发电技术应用研究[J].节能技术，2012，12（5）：19-20.

[3] 吴忠勇.垃圾发电厂焚烧线安装工程特点分析与对策[J].科技创新导报，2011，8（17）：58-59.

[4] 黄生琪.谈城市生活垃圾焚烧发电技术现状及发展[J].应用能源技术，2007（3）：42-45.

报告 4-9　被动式超低能耗农房建筑技术

摘要：

河北省是我国被动式超低能耗建筑的发源地与发展大省，技术创新和产业拓展处于国内领先地位。在广大的农区建筑推广不仅保护环境、提升农村生活品质，而且可以大幅降低农民的能源支出，实现减负增收，为河北省打赢蓝天保卫战，建设生态环保、健康宜居的美丽新农村贡献河北的解决方案。本文首先梳理了河北省被动房建筑的发展历程，介绍了被动房屋的建造原则和技术特点，并针对普通民居与超低能耗民居的用能成本进行了对比分析，结合农村特点提出装配式超低能耗农房建筑的推广技术路线。

作者简介：

林少忠，河北奥润顺达集团，国家绿色建材产品认证技术委员会委员。

一、被动式建筑技术的发展历程

被动式超低能耗建筑，在国外称为"被动房"（Passive House），在中国称为"被动式超低能耗建筑"或"超低能耗建筑"。通俗地说，被动房就是冬天不用供暖，夏天不用制冷，就能实现室内恒温、恒湿、恒氧、恒洁、恒静的房子。

被动房理论是 1987 年由德国被动房研究院院长、奥地利因斯布鲁克大学建筑学家伍尔夫刚·菲斯特教授（Wolfgang.Feist）最早提出的，并于 1991 年在德国达姆施塔特的克朗尼希史太因（Darmstadt-Kranichstein）建成了世界上第一座被动房。此后，历经近 30 年的发展，被动房首先在欧洲，继而在全球得到迅速推广。2010 年 6 月 18 日，欧盟出台的《建筑能效 2010 指令》（EPBD 2010）中规定：欧盟成员国从 2020 年 12 月

31日起，所有的新建建筑都是近零能耗建筑（被动房），到2050年，所有房屋达到节约80%的一次能源。可见被动房在发达国家的普及程度。

被动式建筑的核心点是，不主动为建筑提供一次化石能源供给，仅通过适应气候和自然条件的特有建筑技术，就能实现以最少的能源消耗提供最舒适室内环境的建筑，居住环境可达到最佳的物理状态。在节能指标上，与我国建筑节能率目前最高标准75%相比，被动房可使建筑节能率大幅提升至90%以上，被世界公认为节能建筑的首选技术。

被动房进入中国源于2010年上海世博会。德国在世博会城市最佳实践区建设展出的"汉堡之家"，标志着被动房登陆中国。上海"汉堡之家"的原型为德国汉堡港口新城的被动房，建筑为砖混结构，这座面积3150 m^2、高18 m的红砖房，形如4个叠加打开的"抽屉"，延着不同方向伸开，造型优美。"汉堡之家"被动房为公建民居混用。该建筑不需要空调和暖气，却能四季保持室内25 ℃左右的恒温，建筑所消耗的外部能源只有普通房屋的10%。

"汉堡之家"一经亮相，就在国内建筑界引起了轰动。随后，业内开始对被动房技术进行积极探索。国内对被动房的研究与应用活动，主要集中在河北和山东两省。

截至2019年年底，河北省始终处于国内被动房研究前沿和应用领先地位，共诞生了3个全国首个探索验证性项目和4个成熟应用型示范项目。

3个探索验证性项目：秦皇岛市2012年建设的国内首个被动式民居——"在水一方"项目；涿州市2014年建设的国内首个被动式公建——"新华幕墙公司办公楼"项目；保定市奥润顺达集团2012年建设的国内首个装配式超低能耗示范项目——"国际门窗城木结构独立房"。

4个成熟应用型示范项目：2014年建设的国内首个自主研发设计的示范民居项目——"专家公寓"；2015年建设的国内首个被动房专业科技体验馆；2018年建设的国内首个被动式与装配式、信息化技术、新能源技术、健康技术融合的示范项目——"国家建筑节能技术国际创新园住宅公园"；2017年对标德国被动房示范社区"德国海德堡列车新城"，在高碑店市建设的目前世界单体建筑面积最大的被动式示范社区——120万 m^2 的"列车新城"项目。上述4个成熟应用型示范项目均获得国际被动房PHI认证。

河北省被动式超低能耗建筑技术的快速发展，离不开创新和产业平台的支撑。在技术突破上，河北奥润顺达集团攻克了3项领先国际行业的填补空白的技术难题。一是全气候区域、全建筑形式的被动式技术体系；二是高层建筑的被动式技术体系；三是复杂环境条件下(重污染天气、高盐高湿、干燥等)的室内空气置换与净化技术。在产业平台建设方面,河北绿色建筑科技有限公司建设了国内唯一的超低能耗建筑产业基地,填补了我国被动房专用核心设备、关键材料、主要部品上游产业链的产品空白,补齐了行业发展短板,为河北乃至全国超低能耗建筑产业的发展,起到了技术引领、产业支撑、项目示范的重要作用。鉴于上述领先技术,2019年第23届国际被动房大会选择在河北省高碑店市召开,来自40多个国家的专家学者前来交流观摩。

2020年1月,河北省出台了《河北省被动式超低能耗建筑产业发展专项规划(2020—2025年)》,这是全国首个被动房地区专项规划。规划提出了未来5年被动式超低能耗建筑建设项目面积年均增长20%以上,2025年力争达到900万m^2以上的建设目标。

二、被动式房屋的建造原则与技术关键点

大幅降低建筑能耗,是我国节能减排任务的重中之重。然而,在现有节能建筑的技术框架体系下,很难做到将节能水平快速提升至超低能耗直至近零能耗。而被动式技术的出现,为我们提供了一个经济成本低而节能效率高的极佳技术路径。

在我国的节能建筑中,节能率在65%~80%的为低能耗建筑;节能率在80%~95%的为超低能耗建筑;节能率在95%以上的,为近零能耗建筑或零能耗建筑。目前我国的发展趋势是,节能建筑越过低能耗建筑区间,直接进入超低能耗建筑时代。这个具有划时代意义的超前跨越,对国家实施节能减排战略意义重大。

根据中国建筑节能协会能耗专委会发布的《中国建筑能耗研究报告》(2019年),2017年我国建筑能耗为9.47亿tce,占全国消费能源比重的21.11%;全国建筑总面积为634亿m^2,城镇人均居住面积为37.2 m^2;建筑碳排放20.44亿$t\,CO_2$,占全国能源排放的19.5%。上述分析是在我国目前建筑节能率在65%~75%的基数上得出的。如果将建筑整体节能率快速提升至90%以上,则可减少碳排放3.66万$t\,CO_2$。

被动式超低能耗建筑技术的出现,打破了制约建筑节能提升的瓶颈难题。被动式建筑发明的原则与初衷是,以经济实惠的成本,建设能耗极低又舒适健康的宜居建筑。因此,被动式超低能耗建筑特别适合于拥有14亿人口庞大基数和经济社会快速发展的

中国。既符合作为发展中国家的国情,又高度契合我国绿色发展战略,是国家解决建筑能耗过高、打好蓝天保卫战的重要抓手。

以河北省城市被动式民用建筑建设成本为例。被动房的总体建设增量成本与普通建筑相比,每平方米增加值在 600~900 元。增量成本内容包括保温增量成本、被动式门窗增量成本、建筑遮阳增量成本、带热回收的新风系统(环境一体机)增量成本、气密性及防热桥措施增量成本,各项占比分别为 12.73%、39.24%、7.74%、38.79%、1.50%。由此可见,建设被动房不仅成本可控,而且造价较低。

被动式超低能耗建筑的技术核心是,良好的保温围护结构系统设计、避免热桥效应设计、气密维护层设计、带热湿回收与净化的机械新风系统、保温性能优异的门窗这 5 项(图 1)。

被动房建设不需要运动部件,不需要麻烦的控制方式,不需要复杂的机械,技术简单、维护方便。故障风险低,预期寿命长。

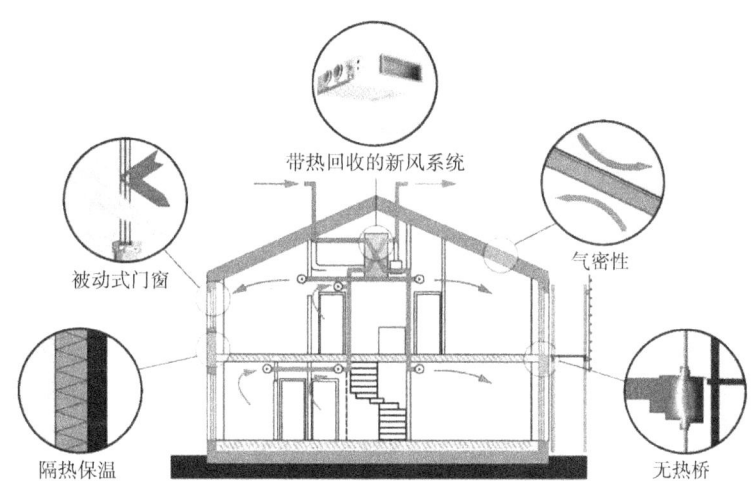

图 1　被动式房屋主体结构

第一,外围优先。用良好的保温材料为建筑整体做保温,包括屋顶、墙壁、地面、地下室顶板。保温水平需要根据气候不同而有所差异。一般规律是,屋顶的保温优于地面,墙面优于地板。

第二,避免冷热桥。例如,在阳台突出的混凝土板、穿入地下室顶板的砖砌内墙、各种管道穿管等,都必须阻断冷热桥效应,防止能量流失。窗户安装也不同于普通门窗,要以外挂方式装在保温层内,同时还要选择绝对隔热的断桥窗框,以确保保温层以相同的厚度包围整个建筑。窗玻璃要采用高品质低辐射(Low-E)玻璃,在极端温差大的气候地区，玻璃层间需要充上惰性气体。但在大部分气候条件下，传热 U 值约 0.6 W/(m^2·K)，太阳得热系数 g 值在 50%~60% 的三玻窗就足够了。在温和气候地区，低辐射双玻窗就可以满足需要，对于以制冷需求为主的南方炎热地区，选用带遮阳的双玻窗或三玻窗足以满足物理指标。

第三，建筑整体要充分考虑气密性。建立一个气密性非常好的围护结构，所有节点和接口都要以气密性原则去考虑设计。气密型设计的好处一是阻止能耗流失，二是在恒定温度、湿度的前提下进行新风置换和空气过滤时保持气密性，让居住有更加舒适健康的体验。通常在被动房外围护结构完成后，需要对建筑内部进行空气加压试验，测量其气密性，也叫"鼓风门测试"，在 50 Pa 的压力差下，换气率应低于 0.6 h。

第四，储能补能与空气交换。理论上，被动房相当于做了一个密不透气的保温瓶，保温就不能开盖透气，开盖透气就会失温。因此，如何解决好保温与换气这一对矛盾体，对被动房来说尤为关键。被动房都安装了专用的全热交换空气过滤新风系统，通过有热交换的机械通风，在过滤掉 PM2.5 的前提下，持续为室内提供洁净的新鲜空气。机器的热回收效率应达到 80%~90%，才能保证室内能量被充分回收再利用而不外泄。对于冬季严寒或夏季潮湿的地区，还应增加湿度控制模块。需要提出的一个误区是，储能补能与空气交换设备并非是空调加新风过滤器，那将会违背低能耗的初衷。如果与空调相比，仅以空调 1/3 的功耗，就能达到空调 2 倍以上的功效。

依据上述原则和技术规则建设的被动式建筑，室内环境物理指标可以达到：温度 22~26 ℃、湿度 40%~60%、CO_2 < 500 ppm、噪音 < 20 db、PM2.5 < 20 μg/m^3，建筑能耗 < 15 度电 /m^2·年。

需要特别强调的是，被动房并非各种技术的简单叠加，更不可用一种系统模式通用复制到所有建筑上。在具体实施时，一定要充分考量不同区域的气候特性、环境特点和不同的建筑形式（公建民居、高层和低层、砖混钢结构等），科学地采取相对应的技术系统设计。否则，很容易出现各种各样的问题，从而违背被动房的建造初衷而导致失败。

三、装配式超低能耗建筑在农居的应用推广

被动式超低能耗建筑技术系统，可与任何形式的建筑进行融合。混凝土结构、

砖混结构、砌体结构、钢结构、木结构等所有材料形式的建筑，都可以做成被动式建筑。只需在前期设计阶段，根据建筑动态热模拟程序计算采暖制冷负荷，充分考量结构体的保温性和无热桥要求，并预留出足够的围护结构保温层空间和屋顶通风管道空间，即可植入被动式体系。

近年来，各种形式的建筑，在快速向装配型模式发展。因此，装配式超低能耗建筑将会成为今后发展的重点方向。

装配式超低能耗建筑是国家重点发展的战略性绿色产业，是建筑工业化的重要组成部分。它具有标准化设计、工厂化生产、装配化施工、一体化装修、信息化管理等特征，是建造方式的重大根本性变革。

较之于被动式，装配式超低能耗建筑在我国的应用更加普及和成熟。2016年，国务院办公厅印发了《关于大力发展装配式建筑的指导意见》；2017年，住房城乡建设部先后出台了《"十三五"装配式建筑行动方案》《装配式建筑示范城市管理办法》《装配式建筑产业基地管理办法》，要求到2020年全国装配式建筑占新建建筑的比例达到15%以上。据统计，2019年全国新开工装配式建筑为4.2亿 m^2，较2018年增长了45%，占新建建筑面积的比例约为13.4%。近4年年均增长率为55%，呈现良好发展态势，在促进建筑产业转型升级、推动城乡建筑领域绿色发展和高质量发展方面发挥着重要作用。

2015年，河北省开始启动实施"美丽乡村建设实施方案"，提出了"五改四美"（改房、改水、改路、改厕、改厨，做到环境美、产业美、精神美、生态美）目标要求。装配式建筑在农村民居中的应用，也呈现出加速发展的良好趋势。

2017年，为了治理大气污染，提高环境质量，河北省全面启动了农村"煤改气"工程，并取得了明显成效。但是，河北省属于天然气资源欠缺地区，煤改气平均每户4000元的管网建设费、3000元的补贴费，给财政造成了很大压力。

目前河北省农居低品质房屋占主流，建筑以砖混为主，其余为钢混和砖石木混。设计不规范，抗震性差，节能效果差。

2020年，随着新修订的《土地管理法》和中央1号文件《关于抓好"三农"领域重点工作确保如期实现全面小康的意见》的发布，农村集体建设用地市场打破入市门槛，可直接入市流转交易。加之"合村并镇"等政策利好，都为在农村推广建设装配式超低能耗建筑提供了良好条件。

在河北省农村新建居住项目上，推广应用装配式超低能耗建筑，总体上，应把握以下几个原则：一要技术成熟，二要成本可控，三要运维保障，四要市场化运作。

①技术成熟，是指应选择适合农村建房的成熟的装配式技术开展试点，并根据居住气候环境植入被动式系统。

近年来，在乡村住宅现行结构体系中，主要有钢混砼框架、EPS 保温空腔模块、SW 体系、水泥预制结构（PC）、轻钢结构等。上述结构各有特点，我们需要从中选择性价比优越的形式，确定出开展装配式超低能耗建筑试点的选用产品（表1）。

表1 农村自建房现行结构体系对比（毛坯）

结构	工期	最低费用	场地要求	机械	抗震	建造	接受度	环保	使用	施工风险
钢混砼框架	180 天	1100 元/m²	低	低	中	现场	高	低	低	高
EPS 保温空腔模块	60 天	900 元/m²	中	货车泵车	中	工厂现场	高	高	低	低
SW 体系	90 天	1500 元/m²	中	货车喷浆	中	工厂现场	中	中	高	低
水泥预制结构（PC）	30 天	1500 元/m²	高	货车吊车	高	工厂现场	低	高	低	低
轻钢结构	60 天	1500 元/m²	中	货车	高	工厂现场	低	高	高	低

上述结构体系中，只有钢混砼框架不属于装配式。EPS 保温空腔模块、SW 体系、水泥预制结构（PC）、轻钢结构 4 种均为不同形式的装配式结构。任何形式的建筑都可以做成被动式，本部分重点讨论的是装配式超低能耗建筑。

上述 4 种装配式，以目前的技术和工厂化程度，在河北省发展得都已比较成熟。

农村建房要充分考虑成本，突出性价比。在成本控制上除了不同结构建材的成本差异外，还要考虑到农村项目所在地与装配材料预制工厂的运输成本。在个别一些偏远的山区，可能还存在道路是否通畅的问题。如果周边没有预制件工厂，交通又不便捷，那么轻钢结构会是不错的首选。

在确定采用何种装配式结构形式后，在前期设计中即植入被动式技术体系，以建筑设计图和所在区域多年气象平均数值为依据，可采用不同的设计工具建模，完成动态热工建筑模拟计算，以获得快速而全面的评估。再用动态模拟进行湿热过程的深入分析，按照建筑结构和气候要素确定选择被动房的建筑组件，就能使建筑达到被动式标准。

②农居被动房要做到成本可控，经济实惠。在建筑装配式结构及成本明确的前提下，其余就是被动式技术及配套件的增量成本部分。主要包括保温材料、密封材料、

门窗和储能补能空气置换设备等。

从理论上讲，被动房所有材料部品与设备的选择，并非固定和一成不变的，只需要满足设计参数，达到安全和生命周期标准，都可以选择使用。例如，保温材料只要导热系数≤0.03 W/（m²·K）、阻燃B1级的，都可用于被动房；各种材料制作的入户门，只要整门保温系数≤0.7，气密性达到8级，防火级别达到乙级的，都可用于被动房；无论是断桥铝、PVC塑料，还是铝包木、实木材料制作的窗户，只要是整窗的保温系数≤0.7，气密性达到8级，抗风压达到9级（P3≥5.0）的，都可以用于被动房。

按照建筑气候划分标准，河北省大部分属于寒冷地区，冬冷夏热。但具体到每个区域，因气候差异，设计标准又有所不同。以保定市西部太行山区为例，在本区域农区建设被动房，应参照表2参数。

表2 保定市山区（涞水、易县、涞源）被动房设计参考数值

外墙：U值 典型保温层厚度	0.18 W/（m²·K） 20~30 cm
屋顶：U值 典型保温层厚度	0.17 W/（m²·K） 20~30 cm
地面：U值 典型保温层厚度	0.35 W/（m²·K） 20 cm
屋顶吸收系数	0.70
外墙吸收系数	0.60
窗框：U值	0.8 W/（m²·K）
玻璃：U值/G值	0.7 W/（m²·K）；0.50
入户门：U值	0.7 W/（m²·K）
活动遮阳	经济条件允许，建议采用遮阳
50Pa压差下换气率	0.60换气率
热回收率	>0.85
湿度回收率	0.60
夏季主动辅助制冷	有
冬季辅助加热	有
家用热水	太阳能等清洁能源
加湿与除湿	有
PM2.5过滤与新风	有

③被动式超低能耗建筑不同于普通建筑，在全生命周期使用过程中需要便捷可靠的运维和售后。因此，如果自建房中沿用装修采购的习惯模式，东拼西凑各种材料部

品甚至是设备,必将导致可怕的后果。因此,选用专业的集成技术系统及部品材料和设备,能够得到专业的使用指导与售后,从而保证后期运维。

④建筑设计单位与专业被动房集成技术系统公司、装配式建筑企业紧密合作,采取市场化运作方式,联合开展业务,组成新的产业联盟,优势互补,平台整合,发挥产业化联合体优势,既可保证质量,又可最大限度地降低成本。

装配式超低能耗建筑,不仅仅局限于农村住宅市场,在广大农区的旅游景区、休闲度假区,以及健康养老、学校医院等政府类公建项目,都将大有可为。

对于广大的农村推广应用来说,装配式加被动式建筑技术,毕竟是一门全新的技术和形式。因此,在应用推广中,希望政府职能部门严加把关,做到全流程监管,从试点开始做起,循序渐进地进行推广。

四、普通民居与超低能耗民居的节能对比分析

"绿水青山就是金山银山"。在河北省农村中推广装配式超低能耗建筑,是今后建设低碳环保新农村社区的重要发展方向。装配式不仅让施工省时省力,还大大降低了成本,提高了建筑质量。而与被动式技术相融合,又让农居彻底摆脱了冬季的燃煤燃气取暖方式,极大地提升了节能效果,健康宜居。

表3以同一地区的(保定市高碑店市)的普通农居和装配式超低能耗建筑示范民居(图2)的抽样检测数值进行对比分析。

表3 保定市高碑店市地区民居节能对比

普通民居		装配式超低能耗建筑	
面积/房间数	砖平房:130 m²/6	面积/房间数	SERS模块2层:260 m²/11
采暖方式	燃气壁挂炉	采暖方式	专用环境一体机(热回收+补热)
平均室温(℃)	18	平均室温(℃)	23
平均湿度	不可控	平均湿度	40%~60%
CO_2	不可控	CO_2	<600 ppm
PM 2.5	不可控	PM 2.5	<30 μg/m²
样本期平均能耗	0.0871 m³/m²①	样本期平均能耗	0.044 度电/m²

① 每平方米建筑平均消耗燃气0.0871m³。

续表

普通民居		装配式超低能耗建筑	
全季总能耗	1360 m	全季总能耗	1370 度电
全季总支出	1360 m × 2.48 元/m = 3372.8（元）	全季总支出	1370 度 × 0.53 元/度 = 726.1（元）
能耗平均支出	25.94 元/m²	能耗平均支出	2.79 元/m²

说明：①样本期平均能耗：指每日每平方米平均能耗。
②全季节时间周期值：2019 年 11 月 15 日至 2020 年 3 月 15 日。
③全季总能耗：指整个取暖季每户消耗的能源。

图 2　河北装配式超低能耗农居实景

通过对比得出，使用装配式超低能耗农居在全采暖季的能耗平均支出，比使用燃气采暖的普通农居要高出 9.29 倍。

以表 3 统计结论为参考模型，在全采暖季，假设全省 15.2 亿 m² 的民居全部采用装配式超低能耗建筑，能耗总支出将由目前的约 320 亿元降低至 42 亿元左右。

在节能减排方面。河北省为打赢蓝天保卫战，推进生态文明，自 2017 年在农村冬季取暖推行无煤取暖"双代"行动后，减排效果明显。

全省农村总户数约 910 万户。在使用燃煤取暖时期，每户冬季采暖用煤平均每户约 2 t，每个采暖季耗煤约 1800 万 t，折合标准煤 1300 万 t。使用燃气取暖后（按应用率 100%）每个采暖季耗燃气约 9.1 亿 m³，折合标准煤 109.3 万 t。假如全部采用被动式超低能耗建筑，每个采暖季耗电约 62 000 万度，折合标准煤 7.62 万 t。

由此可见，在节能减排效能上，全省农村采用被动式超低能耗建筑，将比普通燃煤取暖节能减排效能提高170倍，比燃气取暖节能减排效能提高14.3倍。

参考文献

[1] 沃尔夫冈·菲斯特．在中国各气候区建被动房 [M]．陈守恭，译．北京：中国建筑工业出版社，2016．

[2] 中华人民共和国住房和城乡建设部，国家市场监督管理总局．近零能耗建筑技术标准：GB/T 51350—2019 [S]．北京：中国建筑工业出版社，2019．

[3] 武涌，候静，徐可西，等．中国建筑能效提升体系的研究 [J]．建设科技，2015（12）：14-24．

[4] 中华人民共和国住房和城乡建设部．装配式建筑评价标准：GB/T 51129—2017[S]．北京：中国建筑工业出版社，2018．

[5] 中国建筑节能协会能耗统计专委会．中国建筑能耗研究报告（2019）[R/OL]．[2020-08-19].http://www.tanpaifang.com/tanguwen/2020/0103/67451.html．

[6] 中华人民共和国住房和城乡建设部．2018年城乡建设统计年鉴 [EB/OL]．[2020-08-19]．http://www.mohurd.gov.cn/xytj/tjzljsxytjgb/jstjnj/．

第二篇 践行农村能源高质量发展

报告 1　正定县能源互联网示范项目

摘要：

正定供电公司聚焦正定县城区、园区、乡村 3 个层面，统筹技术和空间布局，全域实施、分层侧重，重点打造古城生态保护、新区多能互补、美丽乡村建设、智慧车联网、能源数据服务五大领域，探索打造农村能源互联网示范项目。本项目以能源供给、信息支撑和增值服务"3"类业务为核心，提出了农村能源互联网生态服务圈的建设思路和绿色兴农"一站式"能源服务模式，并选取塔元庄村作为项目落地实践村，根据塔元庄村的实际情况及用能现状，构建全链条的农村能源服务体系方案，打造北方农村能源互联网建设服务样板。

作者简介：

国网正定供电公司课题组。

高　倩，国网石家庄供电公司，高级工程师，研究方向：电网规划。

一、项目背景

（一）乡村振兴的需求

党的十九大上中央农村工作会议确立了乡村振兴的 20 字总要求：产业兴旺、生态宜居、乡风文明、治理有效、生活富裕。习近平总书记多次在农村建设问题上发表重要讲话，新农村建设在国家复兴的道路上，具有举足轻重的地位，新农村建设已经如火如荼地展开。在新农村建设中，能源的智慧应用、产业布局，决定了未来一段时间内农村发展的用能问题是否能够得到有效解决。

（二）实现农村能源转型

深入贯彻落实习近平总书记"四个革命、一个合作"能源安全新战略，更好地服务于河北能源高质量发展，推进全面建设具有中国特色国际领先的能源互联网企业。落实总书记在塔元庄村提出的"三化一提前"（"把农业做成产业化、把养老做成市场化、把旅游做成规范化，在全国提前实现小康"）指示精神，正定供电公司对塔元庄村进行乡村能源利用分析。与城市相比，农村能源生产和消费存在"三高一低"的特点，即化石能源比例高、综合能耗高、运维成本高、清洁能源开发利用率低。因此，农村能源转型任务更加迫切。

（三）解决农村地区能源利用痛点

目前，农村地区用能模式发展缓慢，能源接网难、消耗大、成本高、技术弱及化石能源占比高的传统粗放式发展仍然占据主导地位。农村地区的能源服务市场发展滞后、供需缺口大、服务水平较为落后，缺乏针对村级的能源技术支撑及能源智慧管控。

二、项目实施总体思路

紧紧抓住正定古城保护、自贸区、新区建设、乡村振兴的重要机遇，推动能源互联网建设与基础设施建设融合推进。立足实际，以正定国土空间规划、电网规划为蓝图，形成1个以能源互联服务中心为支撑，以"东城西乡"2个区域划分，以能源供给、信息支撑和增值服务"3"类业务为核心，构建"智慧能源+园区"等N个生态圈的"123+N"综合能源协同共享生态体系（图1）。深度融合"能源+信息"技术，协同互动"电源、电网、负荷和储能"电力供应链，协同互济"电、气、热、冷"等能源形式，有利于促进客户侧用能清洁化、智能化、高效化，继续推进"电为中心、网为平台"的能源互联网业务发展。

图1 正定县能源互联网建设框架

正定农村能源互联网示范项目，充分应用冷热供应、热泵等多能供应服务，解决农村地区供冷、供热难题。依托农村区域的旅游产业发展，落实"新基建"，开展电动汽车充电等新兴用能服务，实现乡村旅游绿色出行。充分利用农村屋顶闲置资源，开发分布式光伏等清洁能源利用项目，在提高清洁能源占比和利用效率的同时，为农村、农户增加收入。围绕农村养老院、学校、村委会等基础设施，实施能源托管和用能设备节能优化，解决运维能力不足和用能粗放问题，降低农村地区用能成本。

三、"一站式"能源互联网服务模式

（一）能源服务平台

紧密贴合河北能源转型需求，贯穿"端—场—边—管—云"全环节，覆盖"县城—园区—农村"3个层级，打造农村能源互联网服务、低碳园区、美丽乡村发展的实践样板（图2）。

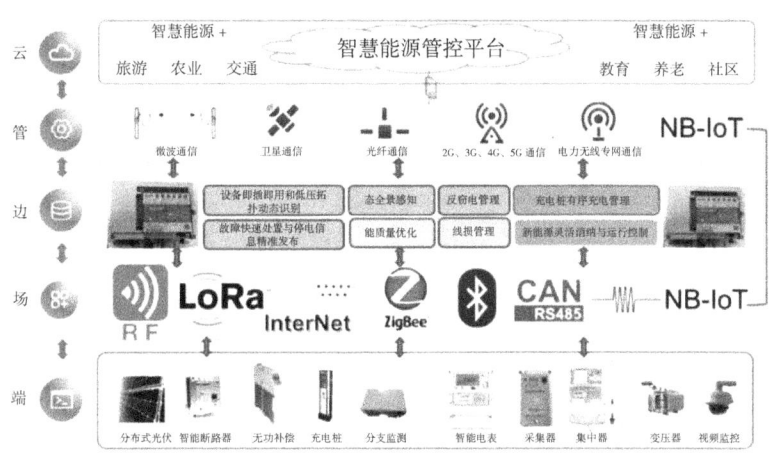

图2 能源服务体系构成

1. 信息获取

主要在光伏、空气源、地源热泵、蓄热电锅炉、充电桩等设备安装感知模块，部署具有边缘代理功能的终端和采集装置等。

2. 信息汇集

基于第五代移动通信技术和 230 MHz 电力无线专网，搭建通信基站和信息传输终端，构成信息传输网络，实现监测数据控制指令快速、高效、实时地传输。着力建设基于能源互联网的智慧能源综合服务平台，作为能源监控、管理、调控能源流动的能源管控"大脑"。

3. 信息应用

通过移动 APP 等多种表现形式，为参与能源交换的各方提供一个信息交互平台，实现村域能源流动的可视化、可控化与集成化。

（二）能源服务体系

1. 能源清洁利用

智慧路灯系统，采用晶体硅太阳能电池供电，免维护型维蓄电池储存电能设计，绿色、低碳、环保、智能，用于代替传统公用电力照明的路灯（图3）。

智慧电动汽车充电站，完善充电基础设施体系，为电动汽车提供充电等一系列服务，倡导绿色低碳的出行方式。

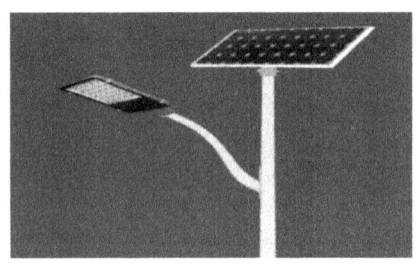

图3 智慧路灯、智能充电站

2. 光储充一体化

光储充一体化使用清洁能源供电，通过光伏发电后储存电能，光伏、储能和充电设施形成微网，根据居民用电需求与公共电网智能互动，可实现并网、离网两种不同的运行模式，作为可独立运行的智能微电网，为特殊环境下的电力供应和清洁能源出行提供保障（图4）。

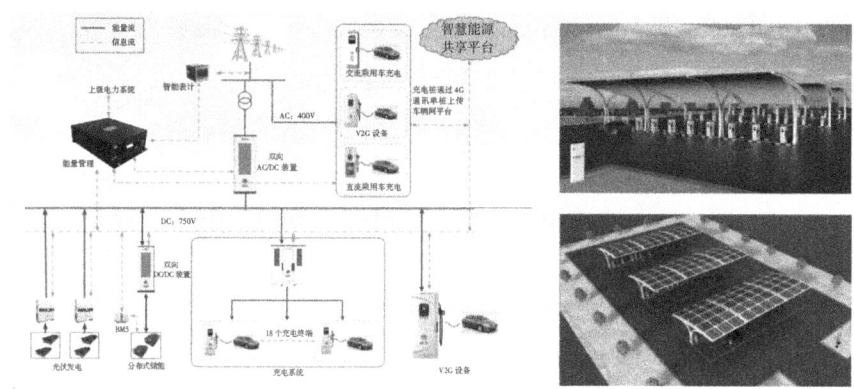

图 4　光储充一体化架构

3. 冷热电一体化

冷热电一体化分布式复合型供能系统，适用于有集中供热/冷需求、地热资源丰富且易利用、执行峰谷电价的区域。分布式光伏发电自发自用，余电储电/蓄热/制冷，不足部分通过电网补充。中深层地热、浅层地源热泵、空气源热泵供热，不足部分通过电蓄热锅炉补充，电蓄热锅炉用电低谷期蓄热，用电高峰期放热。电制冷用电低谷期蓄冷，用电高峰期放冷，不足部分通过吸收式热泵、浅层地源热泵、空气源热泵制冷（图5）。

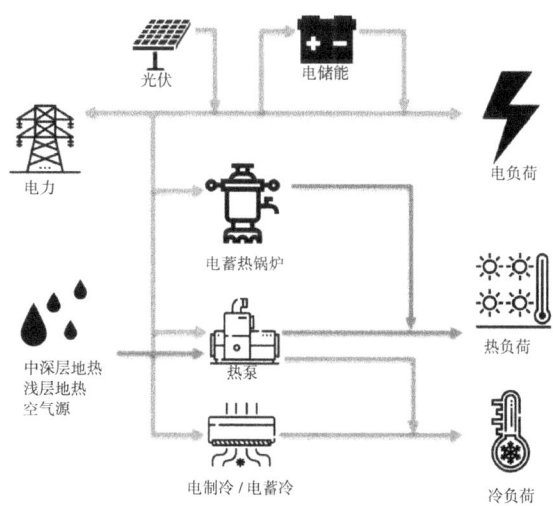

图 5　冷热电一体化架构

4. 智慧能源托管

依托平台大数据分析，向企业、居民、村委会提供能效分析服务，通过能效分析实施有针对性的节能策略。为居民提供专业的能源管理、技术、培训、咨询、人才、资金等全方位的托管服务,用能单位和电力公司约定能源管理托管费用,由电力公司进行能源系统的运行管理和节能改造,并负责能源系统的运行和维护工作,用能单位按照合同约定向节能服务公司支付托管费用,主要包括电费托管、设备托管、负荷托管等。

(三)"一站式"服务理念

建设智慧新农村,制定村级能源互联网利用整体规划,通过能源清洁利用、光储充一体化、冷热电一体化、能源托管等先进技术方法应用,为居民提供技术指导、能源建设、运维服务、能效分析等服务,创建"平台+生态"的能源清洁利用模式及"引流+赋能"的能源综合服务模式,服务乡村振兴(图6)。

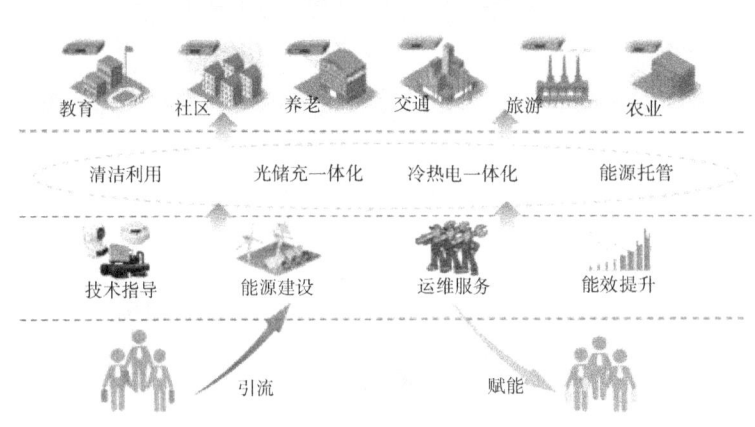

图6 能源综合服务生态圈示意

1.需求自动匹配

通过向服务平台提出需求,为用户提供区域级能源规划,匹配各类能源系统的典型方案设计。基于历史模型、技术经验,快速提供方案。

2.能源技术支撑

平台为提供一揽子能源系统模式化设计方案,主动上门服务为客户提供定制化能源解决方案,同时为客户推荐厂家进行深度服务。为煤改电提供评估分析服务,避免自行不合理的供热方式改造导致的重复施工及整改后用能浪费。

3. 用能全域服务

平台还提供建设期间的融资服务、设备共享服务，支持多种商业模式的选择，实现施工、设备、监理超市化采购。运用智慧能源综合服务平台对设备进行实时监控，主动推送用能信息。

4. 运维全程托管

能源项目投运后，提供能源托管、能源代维、能源分析、能效对标、能效提升，为用户提供全天实时监控及定时巡视服务，以及全方位的智能托管服务。

通过以上功能为用户提供涵盖区域能源规划—客户经理沟通（在线或上门）—现场勘查—能源方案设计—现场施工（或施工监理）—投入运行—设备代维—系统升级的一条龙的全过程服务。

四、塔元庄村级能源互联网示范项目

（一）选择优势"试验田"助力平台推广

河北省正定县塔元庄村，坐落于滹沱河北岸，距离石家庄市 10 km、正定县城 1.5 km，全村 500 户，2030 人，耕地 760 亩，河滩地 3000 亩。塔元庄村目前为全国文明村、国家环境卫生示范村、河北省文明生态先进村、农村新民居建设示范村，集农业、旅游、社区、交通、养老、教育 6 个"生态圈"于一体，基础设施相对完备，是典型的智慧能源建设示范基地。

（二）打造能源互联网生态圈

紧贴塔元庄村农业、养老、旅游产业结构，在清洁能源、多能供应、能效服务、新兴用能等方面，打造了一批以电为中心、网为平台，多种清洁能源综合利用的塔元庄村级综合能源示范项目，形成了多个智慧能源生态圈。以实现农业现代化、养老市场化、旅游规范化，提前进入小康社会（图 7）。

图 7 塔元庄能源互联网生态圈示意

1. 构建了全链条的能源服务体系

智慧能源综合服务平台作为社会主义新农村的"大脑",整体提升了农村各生态领域智慧应用水平,提高了能源供给和服务质量,降低了农户用能成本(图 8)。

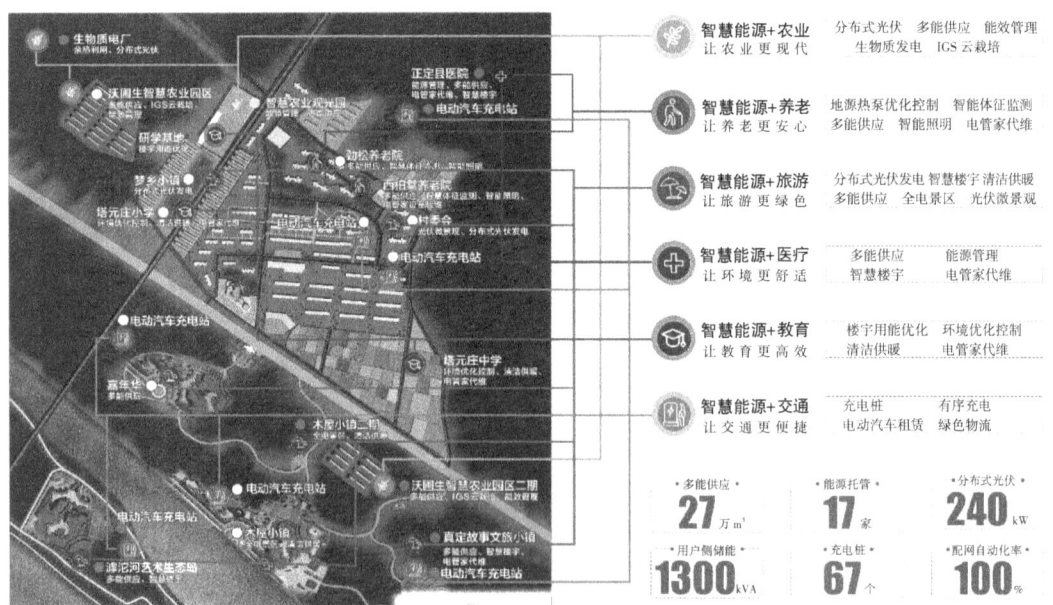

图 8 塔元庄村级能源互联网示范区

农业方面:提供了"智慧能源+农业"的服务。在沃阁生智慧农业生态园,运用综合能源管控平台,集合智慧农业云栽培、水肥供应、病虫害诊断预警、5G 网络视频监控、环境控制等多个系统，对园区实施智能监控、浇灌、温控、施肥、预警等。通过实施光伏、储能和热泵综合供暖方案，延长了低温农作物种植时间，将产三季提高到产全年，农产品产量也比传统大棚增加了30%，一年可提高产量约120 t，增加商户毛利润近150万元；塔元庄村农业生态园利用空气源热泵技术，每年采暖季供暖费用由20万元下降为4.7万元，同比下降了76.5%。

养老方面：通过在养老院房间内加装传感器，温湿度都通过传感器传输到综合能源管控平台，平台自动调节热泵阈值，优化控制地源热泵设备，保证室内温度、湿度适宜。并且充分利用平台大数据采集与分析，优化养老院地源热泵运行策略，充分利用低谷时段，提高设备利用率，帮助养老院一个采暖季节约电费1万元。随着塔元庄村大力发展居家养老，养老院将全面推广智能电表改造和非计量功能应用，让居家老人亲属通过手机实现电器设备用能实时监测，让养老更舒心、亲属更安心。

旅游方面：打造景观长廊、屋顶安装各类分布式光伏设备，装机容量33.4 kW，每年发电量为3.7万 kW·h，年效益22 200元，为周边商铺和企业供应清洁能源。智慧路灯、智慧光伏景观设施，节约电费30.7万元，从而做到经济性、实用性和观赏性兼备。

木屋小镇的民宿、酒店全部采用电采暖（冷），可根据客流精准控制负荷；停车场的充电桩提供便捷充电，电动公交、家用电动车、旅游观光车在各园区内穿梭，形成村级充电网络。打造了一条乡村旅游的"绿色风景线"。

教育方面：应用环境在线监测设备，通过综合能效分析模型，开展能效评估，主动向校方推送节能策略。智慧楼宇控制服务，通过手机对办公室等场所空调、灯光、多媒体等设备进行参数设置，实现远程自动控制。智慧校园安防服务，利用人脸识别技术，防止外来人员擅自闯入校园，满足校园安防需求。结合塔元庄村发展规划，附近将建生物质发电厂、推广余热利用技术，在研学基地、塔元庄村中学等实施楼宇用能优化、多能供应、智慧楼宇、清洁供暖、"电管家"代维等项目。

交通方面：通过大数据分析，科学设置充电桩布点，结合有序充电策略，实现电动汽车根据电网及配变负载情况动态调整充电功率。

社区方面：利用多表集抄技术，将居民水电气等数据回传到智慧能源管控平台，通过综合能效分析模型，分析用户用能情况，自动评选节能之星，主动向用户手机推送最优节能策略，实现能耗精准控制，降低家庭用能成本。实施全村电缆入地，依托5G通信，开展配网5G数字化改造，完成智能电表、智慧台区、配电自动化"全覆盖"，实现了200毫秒故障定位与隔离，让用户用电感受达到最佳。

2. 搭建全品种的能源监控平台

依托河北省电力公司智慧能源管控系统（CIEMS）平台，搭建正定全县智慧能源管控系统，打造综合能源管控的智慧大脑，具备监测、分析、调控3个方面功能。广泛接入"源、网、荷、储、用"设备，全面采集"电、气、水、冷、热"等供用能信息，实现用户各种能耗数据的实时采集、运行及环境情况实时监测，对能源站、充电站等分布式新能源实行集中化管理，推动能源的综合指挥调度管理，实现多种能源的动态调整、最优配置。平台通过云计算、物联网、大数据分析等技术，为居民侧、企业侧、政府侧提供节能诊断、能效分析、用能改造、能源托管、用能信息查询、智能家居等服务，从而达到能耗清晰化、数据可视化、管理数字化、分析图表化、能耗指标化、消费合理化，构建集能源监管与智能服务一体的动态体系。

智慧能源管控系统共安装了580多个智能传感终端，可对居民楼、农业大棚等实施智能监测和调度，并提供能效诊断、能源规划、产业规划、减排治污等多种增值服务，多方位地帮助塔元庄村提高能源利用效率。

3. 提供了全周期的能源管家服务

依托平台大数据分析，向企业、居民、村委会提供能效分析服务，通过能效分析实施有针对性的节能策略。依托河北省电力公司"优易能"电管家品牌，针对缺乏运维力量的用户，开展能源托管服务，定期开展设备检修试验，及时帮助用户解决设备故障。

五、项目效益分析

通过推广能源互联网服务体系，电网供电品质大幅提升，清洁能源利用大幅提升，全域用能效率大幅提升，客户用能体验大幅提升。打造智慧能源服务美丽农村的示范区，探索北方农村清洁能源利用模式，助力广大农村地区实现"三化一提前"。

（一）村级智能配电网示范

配电智能设备、智能终端的全面应用，进一步提升了农村配电网的智能性、可靠性。

（二）能源综合调度

建立能源互联互通的网络模式、多能互补的运行模式、综合能效最优的服务模式，以及实现多种能源的智慧调度，构建能源互联网商业运营新业态。

（三）负荷控制

提高了用能效率，电量峰谷差缩小，清洁能源产生的电能弥补了迎峰度夏、度冬期间的部分负荷缺口。

（四）提高数据水平

通过应用 HPLC 智能表、非计量功能应用、智能台区、智能配电网等技术，提高了营配调贯通水平。

（五）政治效益

开展村级智慧能源综合服务是主动适应电力改革和国企改革纵深推进的具体体现，是充分发挥电网独特优势、开拓数字经济在乡村落地的具体体现，是践行习近平总书记对乡村振兴 20 字总要求的具体体现，从而助力塔元庄村率先建成小康村。

（六）社会效益

开展村级智慧能源综合服务，村里有了智慧能源"管家"。针对社区居民的用能情况进行诊断分析，提高了居民对能源互联网、智慧能源利用的感知度，提升了能源普遍服务能力。

报告 2 崇礼区农村能源革命示范县

摘要：

本文针对崇礼农村当前的能源生产消费情况，提出了崇礼农村能源革命示范县建设的指导思想与发展目标，探索了崇礼农村能源革命"农村生活＋绿电替代模式、农业生产＋生态农庄模式、冬奥会＋滑雪度假村模式"3种发展模式，并介绍了每一种模式下的示范项目建设情况，为河北省广泛开展农村能源革命提供了前瞻性示范实践经验。

作者简介：

李顺昕，国网冀北电力有限公司经济技术研究院，高级工程师，研究方向：能源经济、电网规划。

岳　昊，国网冀北电力有限公司经济技术研究院，高级工程师，研究方向：能源经济、电网规划。

岳云力，国网冀北电力有限公司经济技术研究院，高级工程师，研究方向：能源经济、电网规划。

一、项目实施总体思路

（一）指导思想

全面贯彻党的十九大部署和实施乡村振兴战略，坚持"创新、协调、绿色、开放、共享"的发展理念。顺应全球能源转型大趋势，以京津冀协同发展和2022年冬奥会为契机，结合国家关于建设张家口可再生能源示范区的整体安排，建设世界一流、国际领先的可再生能源示范区，按照举办"低碳奥运"的理念和要求，力争2022年冬奥会前崇礼区用能基本使用可再生能源。

充分利用崇礼当地丰富的可再生能源资源，以打造"崇礼农村可再生能源示范区"

及"清洁能源替代"为目标,扩大清洁能源开发规模,建设能源外送通道,推进农、林废弃物资源化利用,规范垃圾固废集中处理,加强基础设施网络建设,提高能源消费电气化,引导化石能源减量化,推进薪柴利用高效化,探索偏远地区能源微网化。以分布式、可再生、电气化为实施路径,创新能源生产、消费、配置、服务和产业协同发展模式,改变农村生活能源消费模式和生产能源消费模式,助力当地绿色旅游、会展等产业模式,助力农民增收、农业增产和农村社会建设,助力乡村振兴战略实施,探索出一条可操作、可复制、可推广的农村能源革命发展路径。

(二)发展目标

崇礼区农村能源革命发展目标,如表1所示。

表1 崇礼农村能源革命发展目标

一级指标	二级指标	2018年现状	2020年目标	2035年目标	2050年目标
能源供给	可再生能源比例	30%	55%	75%	100%
	天然气居民气化率	20%	30%	50%	80%
	散烧煤替代率	50%	75%	95%	100%
能源技术	农村电网供电可靠率	99.798%	99.9%	99.99%	99.999%
	农村供气设施通气比	10%	30%	50%	80%
能源消费	电能占农村终端能源消费比重	30%	50%	100%	100%
	煤炭占农村生活用能消费比例	30%	20%	10%	0%
	清洁取暖比例	10%	40%	80%	100%
	新能源汽车比例	1%	2%	5%	10%
能源体制	政策补贴比例	85%	85%	50%	0
	商业模式创新度	5%	20%	30%	50%
生态环境	秸秆综合利用率	70%	85%	90%	100%
	农村生活垃圾资源化率	10%	30%	60%	100%
	畜禽粪便资源化率	50%	75%	90%	100%
	PM 2.5浓度/($\mu g/m^3$)	27	25	20	10

1. 示范期目标(2019—2020年)

到2020年,崇礼农村能源革命推进初见成效。①可再生能源开发快速起步,可再生能源比例达到55%，生物质、垃圾、固废处理体系逐步构建，居民生活电气化水平显著提升，能源消费结构实现优化。可再生能源发电装机规模稳步提升，实现崇礼农村地区50%电力自足供应。②能源基础设施网络：加强燃气、供热基础设施网络建设，推进县城及周边集镇实现集中供热及天然气覆盖；加强电网升级改造，完成全县中心村电网升级和农田机井通电工程，户均配变容量达到2.5 kVA，全面消除低电压问题，智能电表覆盖所有用户，供电可靠率达到99.91%以上，满足人民生产生活所需电力供应。③居民生活能源消费：加速推进电能替代，人均年用电量显著提升；户均年能源消费量约1.3 t标准煤；推进炊事能源利用品质化，实现炊事方式向"电力+液化气"转变。④农业废弃物和生活垃圾：探索建立高效秸秆综合利用体系、生活垃圾固废集中处理系统，实现秸秆综合利用率达到85%、垃圾回收处理率达到30%，规模养殖场粪污综合利用率达到75%。

2. 攻坚期目标（2020—2035年）

到2035年，崇礼农村能源革命取得实质性进展。①绿色清洁供应体系基本形成，能源消费结构实现优化，能源公共服务均等化基本实现。可再生能源发电装机：实现崇礼地区电力需求75%自足供应，新能源发电消纳率达到100%，增加全社会用电量。②能源基础设施网络：加强主干电网升级改造，户均配变容量达到3.0 kVA以上，建设现代配电网，满足崇礼人民美好生活电力需求，同时确保新能源发电余量外送需求；逐步延伸天然气网络，实现县城及周边人口密集乡镇集中供气。③实现清洁取暖，化石燃料使用得到有效控制，非化石能源消费占比大幅提升。④农业废弃物和生活垃圾：建立高效经济秸秆回收体系，秸秆综合利用率达到90%；建立专业化畜禽粪污处理体系，基本实现资源化利用，生活垃圾60%资源化处理。

3. 可持续发展期目标（2035—2050年）

到21世纪中叶，崇礼农村能源实现可持续发展，清洁低碳、安全高效的能源体系全面建成。风能、太阳能等可再生能源获得全面开发，能源基础设施网络实现全面覆盖，能源公共服务均等化基本实现，农村居民消费品质化、低碳化实现普遍化，非化石能源消费占比提升至100%，农业废弃物、生活垃圾得到充分利用。

（三）崇礼农村能源发展模式

针对崇礼农村当前3类能源的消费情况，探索崇礼农村能源革命的以下3种发展模式。

1. 农村生活+绿电替代模式

崇礼农村生活能源变革，采用"绿电替代、供需协调；多能互补、清洁高效；节能优先、实惠为本"的能源革命模式。重点提高电能普遍服务水平，加大财政投入，开展农村电网建设攻坚，推进村庄公共照明设施建设和农业生产供电设施改造升级。通过村委组织宣传教育，引导农民逐步改变传统能源消费习惯，降低薪柴等低品质能源使用量，加大政府补贴，逐步实现高品质能源消费转变，推进以电为主的能源消费方式，保护生态环境。以优化农村能源供给和消费结构、减少污染物排放为重点，稳步、有序地提高清洁电力和天然气在农村终端能源消费中的比例。

2. 农业生产+生态农庄模式

生态农庄模式以农业生产设施为依托，农业生产包括灌溉、养殖、食品加工等。此模式将光伏扶贫、生物质利用、生态农业有机结合起来，建设农风光互补发电集中区，清洁能源开发已形成重要的产业扶贫新模式。以光伏发电、风力发电、沼气发电与生态农业种养紧密结合，充分发挥崇礼农村地区生物质能、太阳能、风能、地热能等多种资源共存的优势，推进农牧业养殖畜禽粪便资源化处理，将农村粪便经过沼化处理沼渣沼液还田。

3. 冬奥会+滑雪度假村模式

冬奥会场周边良好的生态环境及滑雪旅游资源是崇礼农村的宝贵财富。为满足冬奥激增的人口住宿需求，在交通便利的区域改造建设田园风格的度假村或农家小院。冬奥会滑雪度假村模式遵循"滑雪度假，住宿休闲；生态种养，循环回收；清洁能源，美丽乡村"理念，具体分为住宿休闲区域、农业种植养殖区和可再生能源利用区。

二、绿电村示范项目

（一）农村生活电能替代

1. 炊事电代煤、薪柴

生活方面推广电磁炉、微波炉、电饭煲等电炊具，替代炊事散烧煤及薪柴，降低农村散煤使用和秸秆使用比重，倡导"零排放"生活，优化农村家庭能源消费结构，农村地区年户均能耗 700 kgce，是城市炊事能耗的 2~3 倍，推广农村餐饮厨具电气化替代成本在 500 元以内（图 1）。

图 1　农村电炊具替代

2. 清洁取暖电代煤

崇礼区煤改电成为当下清洁能源替代的工作重点。煤改电即电采暖，是将电能转换为热能的一种采暖方式，电能供应过程中无噪声、无废物产生，是一种清洁、环保的能源应用形式（图 2）。

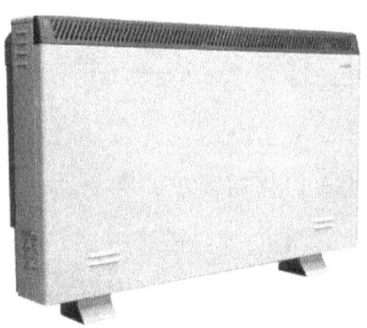

图 2　农村电取暖设施改造

2017 年，《河北省省级大气污染综合治理财政补助资金管理办法》（冀财建〔2017〕179 号）发布了农村地区电代煤的补助标准。按户设备购置安装（含户内线路改造）投资的 85% 给予补贴，每户最高补贴金额不超过 7400 元，由省和市县各承担 1/2，其余由用户承担。给予采暖期居民用电 0.2 元 /（kW·h）补贴，由省、市、县各承担 1/3，每户最高补贴电量 1 万 kW·h，补贴政策及标准为 3 年。

根据河北省发展和改革委员会《关于下达 2018 年农村清洁取暖电代煤计划的通知》规定，崇礼农村散户部分共计 1.92 万户，2018 年实现电代煤 829 户，光热 + 光伏 208 户。

要实现无煤绿电化的崇礼区，如区内农村散户全部为煤改电，需新增 110 kV 变电站 3 座，配电变压器 480 台，10 kV 及以下线路 480 km，合计需新增 220 kV 变电站 3 座。具体技术及补贴如表 2 所示。

表 2　电代煤技术清单及补贴

序号	产品	功率及型号	供暖面积 /m²	价格 / 元	采购补贴	运行补贴	备注
1	蓄热式电暖气	1600 W	16	1500~2200	政府每户补贴不超过 7400 元	享受谷峰电价，晚 8：00 至早 8：00 每度电 0.3 元；运行补贴每户每年不低于 1000 元，具体金额按照上级下发文件执行	大约 1 kW 供暖面积 10 m²，1 kW 1 h 1 度电，每天大约需运行 10 h
		2400 W	24	1900~3100			
		3200 W	32	2600~3500			
2	蓄热式电锅炉	6 kW	60	6000~7400			
		8 kW	80	7200~8100			
		10 kW	100	8000~10 700			
		12 kW	120	8400~11 500			
		15 kW	150	9500~12 100			用三相电
3	空气源热泵	3 匹	60~70	12 000~17 000			空气源热泵冬天可以通过地暖、暖气片取暖，夏天可以用来制冷，运行成本比电锅炉、电暖气低一半左右。热风机和热泵运行成本一样低，不过只能在冬季如空调一样吹热风，不能制冷
		5 匹	100~120	16 000~23 000			
		6 匹	120~150	17 000~24 000			
		8 匹	150~200	18 500~25 000			
4	空气源热风机	1.5 匹	20~30	5000~6100			
		2 匹	30~40	5600~7000			
		3 匹	100	15 000~18 000			

蓄热式电暖气的原理是利用夜间低谷电完成电热转换。适用灵活、安装方便，可充分利用低谷电，一次性投资成本和后期运行费用较低。适用范围是居民家庭及人数不多的办公场所、学校等采暖，按照人口多少可及时开闭。初期投资为每台 1.6 kW 1500~2200元，日均耗电量：1~5 度。如平时人口少，在农村运行仅供一个 16 m² 房间，初投资补贴后农户仅需承担 225 元，年运行费用按照峰谷电价加补贴，取暖季节约为 36 元。在有一定的政府补贴及峰谷电价优惠政策的商业模式下，蓄热式电暖气成为北方农村清洁供暖的首选。

3. 电动汽车电代油

针对农村配网薄弱、负荷密度低、呈现出的分散性、总体负荷利用小时数小、随季节性等因素波动较大等情况，制定新能源汽车推广计划，利用新能源汽车作为分布式储能参与农村电网辅助服务。加快充电基础设施建设和电动汽车推广应用,将农网较难解决的电力平衡问题转化为较易引导控制的区域内电量平衡问题。崇礼地区冬季气候寒冷,夏天使用电动汽车出行,冬季电池衰减续航能力减弱,当不能出行时,以清洁能源公共汽车进行出行替代(图3)。

 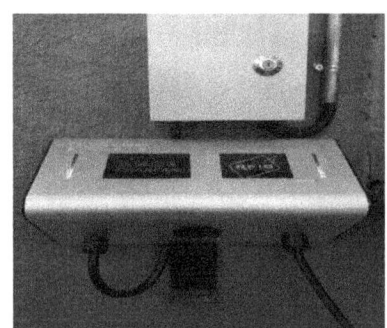

图3 农村电动汽车及充电桩

制定新能源车辆推广计划和鼓励使用新能源汽车的相关优惠补贴政策,在出租、公交、物流等公共服务领域和公安、综合执法等执法部门,以及政府机关率先推进车辆"油改电",加快推进电动汽车充换电基础设施建设,推动电动汽车普及应用,同时建设V2G平台。

(二)升级农村能源网络

1.优化网架结构

随着空气源热泵、电改灶台等新能源设备在崇礼地区的推广普及,预计崇礼地区农网用户户均最大负荷将超过3 kW。当崇礼农村地区电动车普及率达到35%时,当地农村电动车数量将达到10 000辆。当地村民长途出行需求较少,故主力电动车将是行驶里程约150 km,容量20 kW·h,使用level 1或level 2级充放电的充电汽车。为满足当地村民日常出行需求将使充电汽车日均耗电控制在10度,当地农网户均平均功率从2 kW上升至22 kW。而通过V2G技术,当地充电汽车将为电网提供最高33 MW的灵活调度能力,可将户均最大负荷从3 kW降低至2 kW,最高持续时间可以达到5~6 h。通过运用该模式,电网配网扩建需求将延缓,总体负荷小时数将增高,居民用电质量更高,且出行将更加绿色便捷(图4)。

 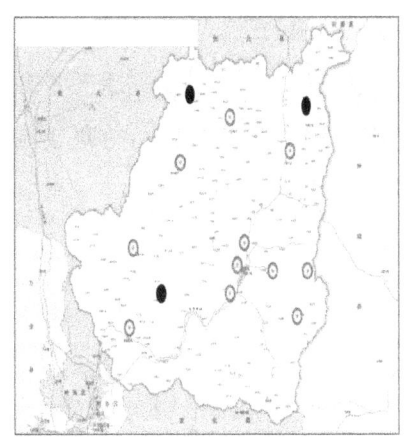

图 4　崇礼农村电网

张家口"煤改电"工作计划于崇礼—延庆奥运沿线的京藏高速两边 2 km 范围内，实施 2 万户散烧煤的"煤改电"工作。计划建设 110 kV 变电站 2 座，新增配电变压器 500 台，新增容量 20 万 kVA，新建改造 10 kV 及以下线路长度约 480 km。

2. 延伸天然气管网

毗邻主管线区域进行支线延伸。按照"宜气则气"原则，围绕天然气主管网，向崇礼中心周边居民相对密集区域进行延伸，完善天然气传输设施，将周边乡镇逐步纳入城镇集中供气系统，气化周边地区农民生活。天然气管网管线费用每家每户需要的费用是 5500 元左右，其中农户承担 1600 元，剩下的部分由政府补贴。

3. 建设热力管网

供热管道需根据新农村建设，分期分批地进行村镇热力网规划建设。供热管线及设备价格每户 3500 元。

（三）农村生活垃圾能源化

1. 生活垃圾处理

建立"户分类、村收集、厂处理"的农村生活垃圾等固体废物能源化处理模式，推进生活垃圾处理由传统的填埋方式向资源化处理方式转变，构建共同参与生活垃圾管理的公共治理机制。完善生活垃圾收集体系。探索市场化运营方式，吸引市场化、专业化、网络化运营的社会力量参与生活垃圾回收利用。建立健全垃圾分类、资源化利用及无害化处理相衔接的生活垃圾收运网络，加大生活垃圾收集力度，扩大收集覆盖面。对现有生活垃圾收运设施实施升级改造，推广压缩式收运设备，解决垃圾收集、中转和运输过程中的脏、臭、噪声和遗洒等问题。加强生活垃圾减量分类、收集运输环节的配套政策集成，投入保障和措施细化等。在产业聚集区附近规划垃圾焚烧发电项目，依托现有填埋场垃圾进行分晒焚烧处理。

2. 农村户用沼气

农村沼气以"一池三改"（沼气池、改圈、改厕、改厨）为主要内容，积极引导有条件的农户进行改水、改路、改院。在有条件的地方因地制宜地发展"四位一体"（沼气池、厕所、暖圈、日光温室）和"五配套"（沼气池、厕所、暖圈、果园、水窖）等模式。推广沼气的难度在于生产沼气的原材料供应及运行维护困难，崇礼因冬季温度过低，而不予推荐发展沼气。

三、生态农庄示范项目

（一）发展分布式新能源

在地理环境适宜地区建设分散式风电，就近接入当地电网进行消纳。以分布式光伏与特色农业相结合，在有条件的地方发展高效、集约的农光互补大型光伏电站，主要模式包括光伏＋大棚种植、屋顶光伏＋养殖场。以光伏扶贫为契机，充分运用贫困户屋顶进行分布式光伏建设，发挥能源扶贫效力（图5）。

a　　　　　　　　　　　　　b

图5　张家口风电及光伏扶贫电站

1. 50 MW 光热发电项目

2016年9月，华强兆阳张家口50 MW光热发电项目入选国家能源局首批光热示范项目，该项目设计发电装机容量为50 MW，拟建设类菲涅尔式聚光太阳能热发电凝汽式机组,配套建设太阳能集热场和混凝土固体储热系统。年总发电量约为256 GW·h,年上网电量约为234 GW·h。

2. 30 MW 光伏扶贫电站项目

张家口晟垣新能源有限公司崇礼区中环 30 MW 光伏扶贫电站项目位于河北省张家口市崇礼区石窑子乡东纳岭村,南邻 S242 省道,距离崇礼区政府约 25 km,交通较为方便。建设规模为 30 MW,一次性建成,同时新建一座 35 kV 开关站。采用"分块发电,集中并网"的总体设计方案,30 MW 的光伏阵列可分为 19 个子系统,其中,18 个子系统采用 1.6 MWp 布置,每个子系统由 24 台 70kW 组串式逆变器相连组成;1 个子系统采用 1.2 MWp 布置,由 18 台 70 kW 组串式逆变器相连组成,阵列实际总容量为 30.0636 MWp。每 1.6 MW 并网发电单元的光伏组件都接至 24 台 70 kW 的组串式逆变器上,1 台 1600 kVA 箱式变电站升压至 35 kV 接入新建 35 kV 开关站;每 1.2 MW 并网发电单元的光伏组件都接至 18 台 70kW 的组串式逆变器上,最后通过 1 台 1200 kVA 箱式变电站升压至 35 kV 接入新建 35 kV 开关站。

电站采用 2 回 35 kV 集电线路,其中,1 回集电线路并联 9 个 1600 kVA 箱式变电站,1 回集电线路并联 9 个 1600 kVA 箱式变电站和 1 个 1200 kVA 箱式变电站,通过电缆集电线路接入新建的 35 kV 开关站 35 kV 母线侧。光伏电站 35 kV 侧采用变压器—线路组接线方式,35 kV 低压侧采用单母线接线方式。最终以 1 回 35 kV 送出线路接入地方电网。

项目于 2018 年建成投产。25 年运营周期中总发电量为 11.1 亿 kW·h,年平均发电量为 4442.86 万 kW·h,按照装机容量 30 MW 计算的年平均等效利用小时数为 1480.95 h。上网容量为 30MW,运行期年平均发电量均为 4442.86 万 kW·h。例如,以火电为替代电源,光伏电站可节约标准煤约 13 861.72 t,减少二氧化碳排放约 4.43 万 t,减少二氧化硫排放约 1332.858 t,减少氮氧化物排放约 666.429 t。

3. 40 MW 小二台镇德胜村光伏扶贫项目

张北县 40 MW 小二台镇德胜村光伏扶贫项目,可供崇礼进行参考复制,该项目位于张北县县城东北 12 km 处,村里大部分人口为贫困户。该村级扶贫电站规模为 40 MW,由亿利资源集团投资建设,项目投资 360 万元,为高支架斜单轴跟踪结构。项目采取了"政府政策性支持,企业商业化投资,农民市场化参与"的合作机制。电站投运后可精准脱贫 2000 人,每人每年从发电中获得 3000 元收益持续 20 年。除了上面光伏板的发电收益之外,板下土地还可以由贫困户承包种植蔬菜、灌木苗圃等。电站既可让农户获得经常性收益,也可以解决当地就业,又可创造增补性收益。

(二)农业生产电能替代

农村灌溉以电代油。推动村村通动力电,通过实施农村机井通电项目,推进农业灌溉以电代油,积极实施柴油机井通电工程和电力机井改造工程,实现现有农田机井"井井通电",积极推进新建机井同步通电,确保灌溉区域全覆盖,提高灌溉效率的同时减少柴油消耗量。农业生产用电,不满1 kV电价为0.5004元/(kW·h),1~10 kV电价为0.4904元/(kW·h),35 kV及以上电价为0.4804元/(kW·h)。

1. 农村机井通电工程

"十二五"以来,张家口机井通电工程累计完成投资461.68亿元,新建及改造线路320 303 km,新建及改造变电容量2472万 kVA,新通及改造机井1 571 789眼,覆盖乡村92 090个,受益农田10 239万亩,村均成本50.13万元(图6)。

a   b

图6 农村机井通电

2. 村级工厂以电代煤

在生产工艺需要热水、蒸气、热风的各类行业,逐步推进蓄热式与直热式工业电锅炉及热泵应用,在金属加工、铸造、陶瓷、耐材、玻璃制品等行业,推广电窑炉;在采矿、建材的物料运输环节,推广电驱动皮带传输,崇礼工业基本关停并转故不计入。

3. 绿色生态农庄种植

崇礼典型的绿色食品生产基地,畜牧业、蔬菜、甜菜、马铃薯已成为该乡的四大特色产业。主要以农业及旅游业用电负荷为主,受气候影响较大。冬奥会相关旅游业发展迅速,带动农村庭院经济发展较快,农家小院、农家宾馆等开始大规模兴建。随着旅游人数的增加,该供电区域负荷会有较好的发展,2016年负荷达到2.5 MW。农牧光互补项目,大力发展以苜蓿、青玉米、青莜麦为主的饲草作物,同时发展奶牛、大尾羊养殖,中粮集团生猪养殖公司在建,报装容量为4 MW。鼓励农民发展规模养殖、食用菌培育。大力发展错季无公害蔬菜,逐步发展成为"蔬菜之乡",产品远销20多个省市并出口日本、韩国等国家,最高负荷为3.39 MW,用电量586.11万 kW·h,最大负荷利用小时数为1729小时。

(三)农业废弃物能源化

1. 秸秆能源化处理

崇礼年产秸秆量为42万 t,除25%用做畜牧饲料外,通过"政策+市场"模式引导农民开展剩余秸秆收集,用于秸秆电厂发电。大规模收集秸秆的运费可达50元/t,故不推荐。在秸秆较集中的乡村,以农村居民炊事和取暖为重点,积极稳妥地发展秸秆气化技术,推广户用秸秆气化炉(图7)。

a　　　　　　　　　　　　　b

图7　农村秸秆资源化

2. 建设养殖场沼气

在规模养殖场和养殖小区建设大中型沼气工程,以"一池三建"为建设单元,即建设沼气发酵池、原料预处理设施、沼气供气和沼肥利用设施,统一规划、统一建设、统一供气,形成养殖和庭院清洁化、废物资源利用化、农业生产无害化的生态农业模式。在农户有散养习惯及中小型养殖场密布的地区,因地制宜地发展户用沼气,生产的沼气用于解决农户家庭和养殖场清洁燃气需求,生产的优质沼肥与优势特色产业相结合,促进种养业增收和美丽乡村建设(图8)。

图 8　畜禽养殖沼气利用

（四）生态农庄规模化

将农业废弃物能源化利用、规模化生物天然气工程、农村可再生能源集中供气供暖等项目与当地生态农业有机结合，建立可再生能源保障、大气污染控制、面源污染治理、农产品质量提升和人居环境改善的美丽乡村示范区。

四、滑雪度假村示范项目

（一）消纳风力光伏发电

因北方滑雪季和供暖季节重合，4000 m² 的农村度假式农家院冬天采暖季燃煤费用可达 30 万元，普通度假式农家院在采暖季通常关门以节省采暖费。因此，为了获得季节性竞争优势，推进"可再生能源电力—集中式太阳能供热"的模式风电供暖（图 9）。

图 9　张家口滑雪度假村

1. 奥运迎宾光伏廊道示范项目

河北省发展改革委围绕2022年冬奥会"可持续发展"理念下达了奥运迎宾廊道光伏发电项目，总规模为160.5万kW，世界级生态景观通道。项目分布在宣化、怀来、下花园3个地区。宣化区京张奥运迎宾光伏廊道项目是市重点项目之一，总投资66.7亿元，总装机容量68万kW，由侯家庙乡奥运迎宾光伏廊道项目、顾家营镇奥运迎宾光伏廊道项目、崞村镇奥运迎宾光伏廊道项目等8个子项目构成。项目采取"林光互补""农光互补""土地流转"等多种模式，通过集成国内国际最尖端的光伏技术，创新搭建光伏产业联盟及合作平台。全部建成后，将使项目区及周边15个贫困村、3000多个贫困家庭通过光伏扶贫实现户年均增收2300元，同时还有利于保护环境、优化生态，实现资源环境与经济协调发展。张家口怀来县以京张携手举办冬奥会为契机，加快建设奥运光伏廊道。该项目主要分布在京藏、京新高速公路两侧，总投资约50亿元、总占地面积为23 500亩、装机容量54万kW。项目建成后，年平均发电量约为8.1亿kW·h，按照火电煤耗平均360 g标准煤/(kW·h)计算，每年可节约标准煤约29.16万t，减排二氧化碳约76.68万t、二氧化硫约6447.6 t、氮氧化物约2170.8 t、烟尘约4395.6 t。

下花园奥运迎宾光伏廊道在京藏高速下花园段两侧规划建设了5个"奥运迎宾光伏廊道"项目，总投资37.7亿元，总装机规模38.5万kW。项目每年发电量可达到2.5亿kW·h，节约标准煤15万t，减少烟尘排放约12万t，下花园区依托丰富的太阳能资源和独特的区位交通优势，生态光伏发电项目采取地面电站和栽植灌木相结合的方式建设。可以加快下花园区域能源结构调整，提高新型能源的普及率和覆盖面。

2. 可再生能源规模化开发工程

千万kW级风电基地。重点在坝上地区和坝下适宜地区建设百万kW级风电基地三期、四期工程。2020年、2030年风力发电装机规模分别达到1300万kW和2000万kW。

大规模光伏发电基地。在怀来至崇礼高速公路沿线两侧建设百万kW级光伏廊道，利用荒山、荒坡推进一批大型地面电站建设。2020年、2030年光伏发电装机规模分别达到600万kW和2400万kW。

大功率光热发电项目。在坝上地区和崇礼重点发展大功率太阳能光热发电，推进一批光热发电示范项目建设。2020年、2030年大功率太阳能光热发电装机规模分别达到100万kW和600万kW。

3. 大容量储能应用工程

加大压缩空气储能、大容量蓄电池储能、飞轮储能、超级电容器储能等技术研发力度，开展规模化储能试点，在风光储电站建设世界首个 10 MW 级动力电池梯次利用系统。在风电、光电等集中开发区，开展"风电＋储能""光电＋储能""分布式＋微网＋储能""大电网＋储能"等发储用一体化的储能应用示范。此后，《河北省张家口市推进可再生能源示范区建设行动计划（2015—2017 年）》中明确提出开展尚义 120 万 kW 抽水蓄能电站项目，力争列入国家"十三五"规划、国家重点建设项目，同时启动赤城 120 万 kW、怀来 150 万 kW 抽水蓄能电站前期工作。就目前储能项目进展情况看，包括大容量蓄电池储能、飞轮储能、压缩空气储能等都已在张家口开展技术示范，部分示范项目规模居全国领先，并累积了较长时间运行经验，为下一步大规模发储用一体化应用示范奠定了良好基础。

4. 智能化输电通道建设工程

建设世界首个 ±500 kV 柔性直流电网示范工程，实现直流断路器、柔直换流阀、快速直流保护等关键技术突破，带动电工装备高端产业发展，引领未来电网技术发展趋势，打造标杆工程。深入挖掘柔直电网技术优势和潜力，提高智能装置制造和应用水平，提高可再生能源并网技术能力，促进我国电力系统的转型与升级，为解决电网发展不平衡、不充分问题提供有效的解决方案，加快坚强智能电网建设和再电气化进程。示范构建风、光、抽蓄等多能源要素的广域互济平台，大力推进电网安全发展、清洁发展、协调发展、智能发展，从而进一步提高能源利用效率和灵活性。

（二）度假村电能替代

1. 公共炊具电能替代

生活方面推广电炊具技术，如电磁炉、微波炉、电饭煲等电炊具替代炊事的散烧煤及薪柴，降低农村散煤使用和秸秆使用比重。

2. 蓄热式电锅炉取暖

根据张家口市政府清洁能源供暖规划，2020 年实现电采暖面积 3749 万 m^2，涉及张家口市辖区内 7 区、10 县、2 个管理区（察北、塞北），需求电力容量约为 262 万 kVA。崇礼城区及奥运赛区作为试点稳步推进电采暖工作。目前崇礼城区采用大型燃煤锅炉集中供热，规划目标为 3 座热源厂总供热面积 460 万 m^2，已建成热源厂 2 座（小西沟、二道沟热源厂），供热能力达到 360 万 m^2，目前供热面积 240 万 m^2（普通住宅 159.8 万 m^2，商业及公共建筑供热面积 80.2 万 m^2）。

小西沟热源厂，供热面积 126 万 m^2，供热范围为城区三中街以北区域。其中，普通住宅供热面积 90.2 万 m^2，商用及公共建筑供热面积 35.8 万 m^2。按照 70 W/m^2 的指标进行测算，小西沟热源厂现有供热面积将新增电供暖负荷 88.2 MW，随着棚户区改造，小西沟热源厂新增供热管网，电供暖负荷还会进一步增加。新建小西沟 110 kV 站，利用原有热网，对小西沟热源厂供热区域供热。

二道沟热源厂，供热面积 114 万 m^2，供热范围为城区三中街以南区域。其中，普通住宅供热面积 69.6 万 m^2，商用及公共建筑供热面积 44.4 万 m^2。按照 70 W/m^2 的指标进行测算，二道沟热源厂现有供暖面积将新增电供暖负荷 79.8 MW，随着棚户区改造，二道沟热源厂新增供热管网，电供暖负荷还会进一步增加。新建二道沟 110 kV 站，利用原有热网，对小西沟热源厂供热区域供热。

3. 4000 m^2 度假村空气源热泵项目

对于空气源采暖来讲，4000 m^2 供暖的农庄用户，不考虑容量规模的边际成本，空气源安装方式及数量按建筑面积等比例扩大，空气源设备的初投资约为 60 万元，年运行费用约 17 600 元，年排放二氧化碳约 24.08 kg，年排放有毒气体和粉尘约 64.92 kg，年能耗约 376 GJ，系统热效率约 1.365。

4. 可再生能源公共交通

加快构建示范区可再生能源交通网络，率先在公共交通、出租车、旅游观光等领域推广使用电动汽车，完善充电站（桩）等配套设施，到 2020 年实现可再生能源交通网络全覆盖。推进公共交通车辆"油改电"，将农家院空地建设成电动汽车充电站，推动公共电动汽车普及应用（图 10）。

a　　　　　　　　　　　　　b

图 10　滑雪度假村电能替代

《张家口市电动汽车充电基础设施建设三年行动计划》(2019—2021 年) 提出，按照"科学规划、合理布局、适度超前、有序建设"的原则，形成统一开放、竞争有序的充电服务市场及可持续发展的"互联网+充电基础设施"体系；实现冬奥核心区、交通枢纽和主干道、重点旅游景区、公共停车场、政企单位"五个全覆盖";加快推进居民区、公共服务领域、产业园区等区域充电基础设施建设;加大智能高效充电基础设施建设力度,防止使用落后设备,示范应用"路灯+充电桩"、"太阳能+充电桩"、无线充电桩、可移动充电桩等新型充电设施,充分体现可再生能源示范区建设先进性。其中,2019年,完成新建充电桩1400个,累计完成充电桩4400个左右;2020年,完成新建充电桩1600个,累计完成充电桩6000个左右;2021年,完成新建充电桩2000个,累计完成充电桩8000个左右。

5. 生活垃圾能源化

(1)垃圾焚烧电厂

一家4000 m² 农村度假式农家院每天将产生100 kg餐厨垃圾,抛弃是较大的资源浪费,建立度假农家院垃圾分类、资源化利用及无害化处理系统。在农家院聚集区附近依托现有填埋场垃圾进行分晒焚烧处理,未来建议在崇礼西嘴子镇附近增设垃圾处理厂。

(2)生物质成型燃料

支持万全、宣化、泳鹿、蔚县等县(区)建设生物质成型燃料生产基地;支持骨干优势企业在工业园区建设生物质成型燃料供热示范项目;支持泳鹿、万全、下花园、赤城、沽源等县(区)加快建设生物质热电工程项目;支持农村实施生物质成型燃料替代燃煤工程;支持大型专业化能源企业建设规模化生物天然气示范项目。

报告3 饶阳县智慧农业能源互联网服务生态圈示范项目

摘要：

饶阳县供电公司利用"风光储"技术和智慧农业云服务平台，实现风、光绿色能源柔性消纳、精准调度和农业种植科技化，打造以绿色电力、全息感知、精准研判、综合能效为基础的智慧农业能源生态圈，助力农业生产转型升级，构建万亩棚区智慧农业能源互联网服务生态圈。项目破除了农村电网供电可靠性不高的困局，既能满足现代农业发展对电力供应的要求，又有效提高农排变台区设备利用率，在探索绿色能源利用与农村电网发展的道路上做出了有益的尝试。

作者简介：

乔　伟，国网衡水供电公司，高级工程师，研究方向：电网规划。
刘　平，国网衡水供电公司，高级工程师，研究方向：电网规划。
郗　兵，国网衡水供电公司，高级工程师，研究方向：电网规划。

一、项目背景

饶阳县是传统的农业县，曾是国家级贫困县，近年来饶阳县经济水平有了长足进步，蔬菜种植是支柱特色产业之一。传统的农业种植方式受环境及气候等因素影响大，不可控因素多，难以满足种植户增产增收的愿望；采用现代农业种植技术，将智能化控制系统应用到大棚种植上，采集棚内各项环境指标进行分析，模拟出最适合棚内植物生长的环境，可大幅提高棚内蔬菜的质量和产量，节约劳动力成本，具有广阔的市场前景。

目前，饶阳地区蔬菜大棚已形成规模化，但尚未实现科技化、智能化。现有农业蔬菜大棚，在一定程度上改变了以往"靠天吃饭"的模式，但仍然依靠农户经验，基本处于经验种植和盲产盲种水平,缺乏科学管理手段,技术力量薄弱;虽投入了大量人力、物力、财力,但效果不佳,以电气化为基础的科学种植方式尚未建立(图1)。

图1 传统耕作方式

实现农业科学种植需要高供电可靠性,现有的农排变台区供电可靠性低,难以满足需求。目前农村电网较以前有了长足的进步,但是中低压电网抵御风险的能力还不足,不能满足事故情况下不间断连续供电,特别是在雨雪冰雹等恶劣天气时,农村地区线路极易停电,大棚电动卷帘门等电气设备无法运行,从而造成无法挽回的经济损失(图2)。

图2 农排变抢修现场

然而,农排变闲置时间长,设备利用率不高;每年6—8月农排变台区会经历长时间轻载和闲置期,造成设备资源大量浪费,其时恰逢光伏发电的高峰期,在提高农排变利用率的同时,实现光伏等绿色能源上网,实现资源的有效利用,具有积极的现实意义。由于农排变台区负荷自身特点，农排变台区重过载和低轻载的矛盾同时存在；在用电高峰期，农网线路极易出现重载甚至过载，参与有序用电的现象时有发生，农网线路也常因过载而引发跳闸停电；在用电低谷期，"小电量、大高损"问题严重，给农网运行和农网管理带来巨大压力。

一方面农业科学种植对供电可靠性要求高；另一方面农网线路供用电存在亟待解决的问题，针对上面情况提出了本项目解决方案。

二、项目实施总体思路

饶阳县万亩棚区智慧农业能源互联网服务生态圈示范项目位于河北省衡水市饶阳县五公镇。本项目以饶阳县万亩蔬菜棚区为切入点，在传统人工种植的蔬菜大棚内部，安装各类传感器，应用电力物联网技术，整合各类传感器数据和智能电表数据，采用新型宽带载波电能表全量数据采集和非侵入式负荷辨识功能，提高用户用电体验，应用现代农业理念，最终实现棚内各项数据精准主动研判，实现生态种植电气化、自动化、科技化；同时，在蔬菜大棚外部，通过源网荷储协同应用，打破"孤岛供用电"模式，利用能源路由，综合利用风、光等绿色能源，实现分布式电源的柔性消纳和精准调度，打造以绿色电力、全息感知、精准研判、综合能效为基础的智慧农业能源生态圈，提升安全、稳定、绿色供电能力，助力农业生态转型升级，构建万亩棚区智慧农业能源互联网服务生态圈（图3）。

图3 衡水饶阳万亩棚区

三、项目建设内容

首先,在农排变台区应用"风光储"技术,利用风能、太阳能互补发电和电能储存等技术,克服农排变供电可靠性低的现状,实现蔬菜大棚内"N-1"不间断供电,新能源发电自发自用和余电上网得到收益,改变农排变轻载时利用率低的现状,降低线损。其次,在保障供电可靠性的基础上,在棚内布置各类作物生长环境感知器,实时感知作物生长状态,将温湿度、土壤肥度等微环境数据传送到智慧农业云服务平台分析,以指导农户管理。在此基础上可实现自动或人工对棚内施肥、浇水、卷帘机、补光灯等设备远程下达控制指令,实现精准、无人作业,节约人工成本(图4)。

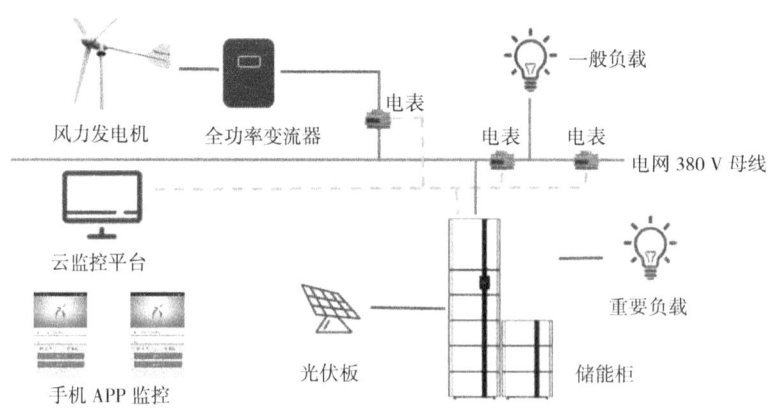

图4 智慧农业能源互联网服务生态圈效果示意

目前系统对于棚内监测数据采用无线传输,随着农村能源互联网的不断完善发展,最终采用新型电能表,运用多表合采技术,实现棚内各类数据实时感知、全时空数据全方位传输、云服务平台信息全面分析、棚内作业电气设备精准控制,打造综合能效分析、云平台服务、智慧能源托管、电能替代综合运行等多维一体的智能农业能源互联网服务生态圈。

(一)能效综合应用

在万亩棚区安装风电和光伏发电综合系统,融合传统电网资源,利用能源路由器,将传统电网资源和棚区绿色能源综合调度、柔性消纳,解决电网停电后棚区供电问题,缓解负荷高峰期电网供电压力;电网低谷时,清洁能源全额上网发电,利用"源网荷储"四位一体的能源生产消费模式,实现能源综合利用,打造低碳、绿色、安全的智慧农业能源互联网服务生态圈(图5至图8)。

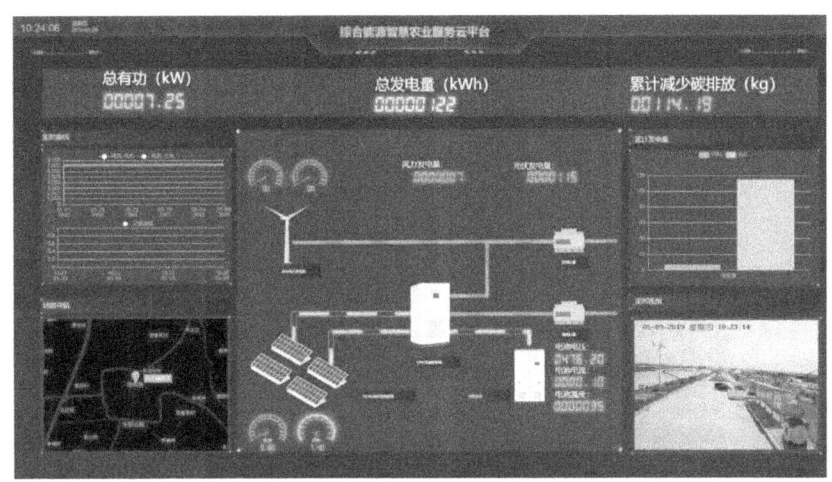

图5　智慧农业能源互联网综合指挥调度效果

图6　风机发电　　　　　　　　图7　光伏发电

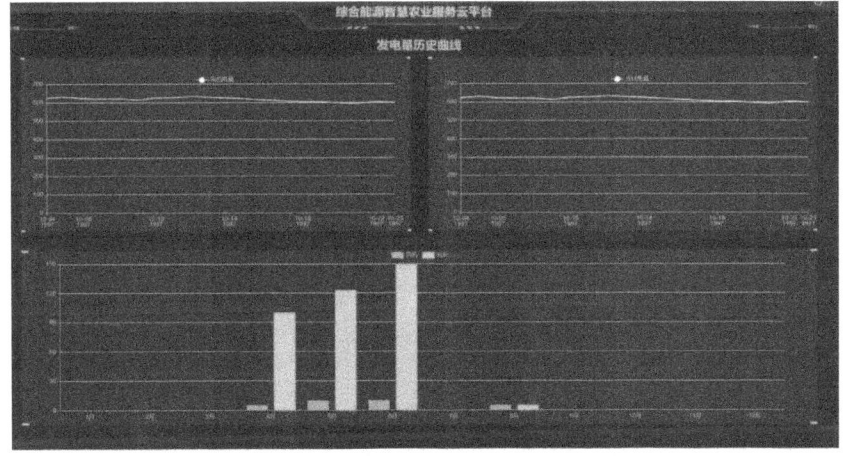

图8　生态圈发电数据分析

（二）数据实时感知

在蔬菜大棚内布局空气温湿度传感器、基质温度传感器、CO_2 传感器、光照传感器、风速风向传感器等感知设备，实现对棚外设备、棚内作物生长环境的实时感知，达到实时监测棚内生态环境的目的（图 9 至图 14）。

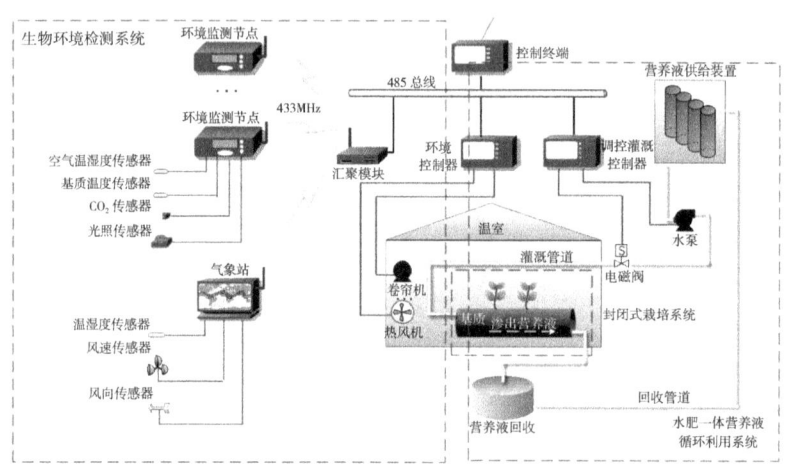

图 9　作物生长环境全方位感知示意

图 10　二氧化碳感知器

图 11　土壤基质感知器

图 12　生态环境感知器

图 13　温湿度感知器

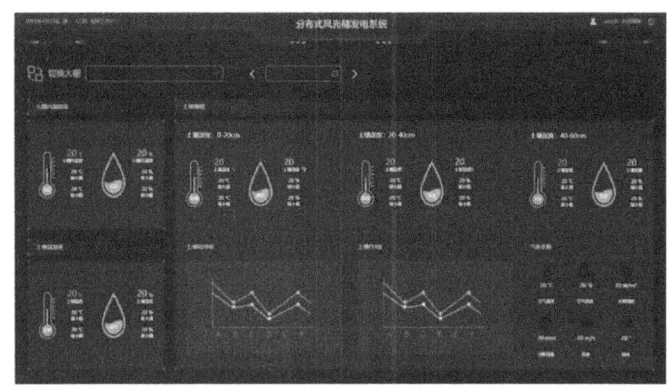

图 14　感知量测数据成效

（三）数据全方位传输

一是利用"多表合采"技术手段，台区集中器收集棚内、风电、光伏监测数据到云服务管理平台。二是通过无线传输技术传送到云服务管理平台，目前采取无线传输模式（图 15、图 16）。

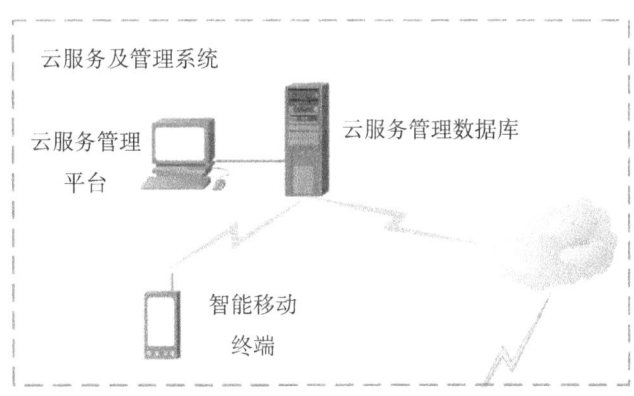

图 15　数据全方位传输示意

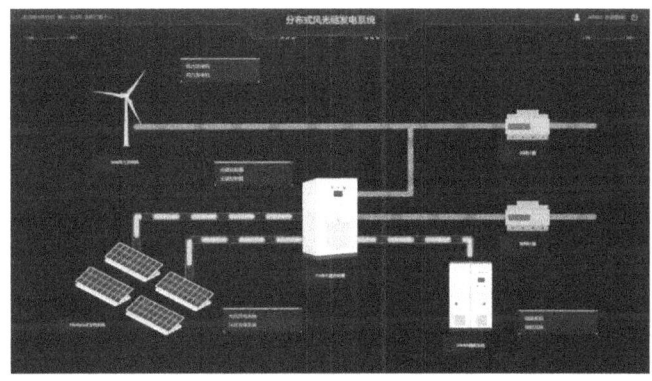

图 16　生态系统全方位效果

（四）信息全面分析

云平台将传送的各类数据进行综合分析处理，对空气温湿度、基质温度、CO_2含量、光照强度、风速风向等指标设定红色和黄色预警阈值，对各位棚内棚外环境数据进行全面解析，判定大棚卷帘装置、灌溉系统、肥料供给装置等设备运行状态，根据阈值进行动作预判（图17）。

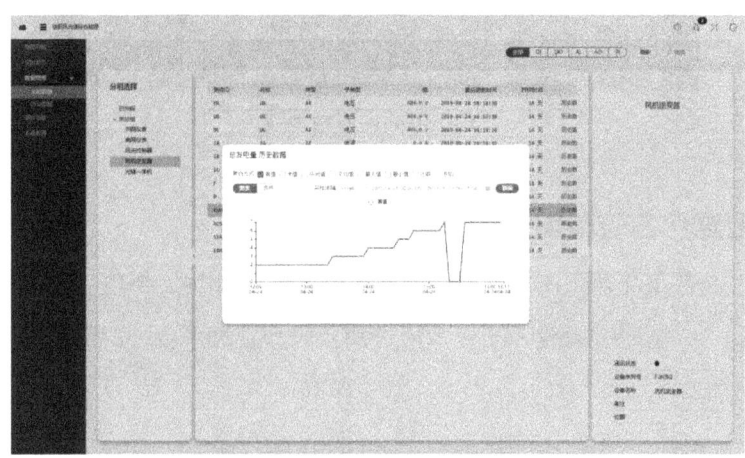

图17　生态系统信息分析效果

（五）任务精准下发

云平台依据分析结果，将系统分析报告和预定动作通过手机APP告知用户，依据系统分析结果，用户可选择全自动下发各类装置控制指令，也可根据推送的辅助任务清单，进一步修正任务指令，按照自身意愿决定设备运行状态，使用户享受足不出户、远程控制、高效种植的便捷服务（图18）。

名称	类型	子类型	值	最后更新时间	持续时间
山墙西湿度	AI	温度	102 %	2019-05-16 07:57:58	大约 1 小时
山墙西温度	AI	温度	25 ℃	2019-05-16 07:57:58	大约 1 小时
山墙北湿度	AI	温度	96 %	2019-05-16 07:45:06	大约 1 小时
山墙北温度	AI	温度	25 ℃	2019-05-16 07:45:06	大约 1 小时
中心湿度	AI	温度	-6 %	2019-05-14 22:21:53	1 天
中心温度	AI	温度	-47 ℃	2019-05-14 22:21:53	1 天
土壤湿度	AI	温度	82 %	2019-05-14 22:21:53	1 天
土壤温度	AI	温度	58 ℃	2019-05-14 22:21:53	1 天
光照	AI	温度	49234 lx	2019-05-14 22:18:12	1 天
CO2含量	AI	温度	1905 ppm	2019-05-14 22:18:12	1 天

图18　棚内数据任务清单

四、技术特征

（一）运用网络监测控制等技术手段，实施无人化作业，实现科学种植

利用先进电力电子控制技术，贯彻绿色农业理念，实现大棚内温度、湿度、病虫害、土壤质地、补光需求、植物养分等自动感应、自动控制，通过云服务终端和自动管理系统，智慧农业综合服务系统自动判定农业补强工作方案，在每天降温、日落、施肥等关键时间节点，系统自动向用户推送本日蔬菜大棚卷帘机、热风机、环境控制器、灌溉控制器、营养供应装置等设备生产作业状态和作业程度，结合每日棚内各项数据，给出最优电气设备作业方案，农户在家通过 APP 即可获取棚内各项作物的生长状态和生长需求，控制棚内各类电气设备状态，以最优方案满足棚内作物的生长需求。既让农户享受到足不出户高效控制的便捷，也让棚区作物始终处在最优良的生长环境，从而实现利润最大化（图 19）。

图 19　无人化作业棚区

（二）利用能源路由控制技术，提升绿色能源消纳能力，提升电网可靠性

建立清洁能源、电网资源"储充用"三维集成、"能源流、数据流、业务流"三流合一的智慧农业能源生态圈。在电力供应紧张时期，清洁能源全部就地消纳，满足棚区用电需求，特别是在冬季，一旦电网区域性停电，能源生态圈内部的绿色能源可继续供电，持续满足卷帘机、热风机、环境控制器等电气设备正常运行，避

免发生因电网停电造成的作物减产问题，减少用户投诉，为电网抢修赢得了宝贵时间，提升了优质服务水平，提高了作物产量。在用电低谷期，通过清洁能源上网发电，平衡了电网设备自身损耗，通过能源流的逆向传输，解决了"小负载、大高损"问题（图20）。

图20　能源中转装置

（三）利用电网资源数据中台，充分调度闲置农排变设备，实现电网资源和绿色能源科学有效配置

绿色能源优先就地消纳，农闲时期，棚区清洁能源可通过闲置农排变全部上网，提高电网配置资源的能力，同时提升光伏用户收入水平。

利用电网资源数据中台分析判断能力，依托现有营配调贯通建设成效，发挥电网调度综合指挥和协调作用，打破"孤岛供用电"模式，实现将棚区清洁能源柔性上网，发电与负荷精准控制。

五、项目效益分析

结合该项目农排配变负荷特征和运行时间，50 kVA 配变主要负荷：大棚卷帘机 10 台，1.5 kW/台，运行时间早晚各一次，每次时长 0.5 h；大棚排灌机井潜水泵，3 台，8 kW~10 kW/台，运行时间为白天，时长 3~5 h，7~12 天排灌一次。在大棚区内农排配变台区下增设分布式"风光储"发电系统并接入配网末端，作为试点台区，可灵活调整风光储运行方式，全面应用时可调整光伏容量和储能柜设置，降低单位投资成本。

（一）经济效益

项目收入主要来源包括发电量收入、智慧大棚技术参数监控服务、棚内设备运维服务费（含传感器、自动控制设备等运维）和当年棚内传感器及自动控制设备销售等，随着扩大推广规模，可形成产业链，通过该平台可提供农器具电商产品、农产品销售、农产品物流、农业政策宣传等增值服务，增值服务收益可观（图21）。

图 21　智慧农业能源互联网服务生态圈现场展示

（二）社会效益

项目带动农业产业链上下游共同发展，通过监控平台实施数据分析，深入挖掘数据价值，找到适合本地区的种植模式，帮助种植户提质增效，是一种新型的农业大棚商业模式。通过本项目可搭建助力脱贫攻坚、服务乡村振兴、支持农业电气化宣传展示阵地，作为智慧农业电商平台，宣传、推广、展示国网农业电气化设备，成为农产品展示、农村政策宣传推广的有效平台。

（三）生态效益

本项目可实现分布式电源柔性消纳、发电与载荷精准控制、"源网荷储"多元协调和新能源场站精益管理，促进清洁能源消纳，提升能源效率，以能源生态圈推动美丽乡村建设。

参考文献

[1] 徐传进，吴琪. 风光储互补发电系统应用 [J]. 东方电气评论，2011，26（101）：60–70.

[2] 陈慧玲. 50 kW 风光互补电站设计 [J]. 青海电力, 2005, 24（4）: 17-19.

[3] 郭创新, 张理, 张金江, 等. 风光互补综合发电系统可靠性分析 [J]. 电力系统保护与控制, 2013（1）: 102-108.

[4] 李春来, 杨小库. 太阳能与风能发电并网技术 [M]. 北京: 中国水利水电出版社, 2011: 158-292.

[5] 吕春泉. 清洁能源与储能 [M]. 北京: 中国电力出版社, 2018: 3-50.

[6] 李道亮. 物联网与智慧农业 [J]. 农业工程, 2012, 2（1）: 1-6.

[7] 兰峰, 钟志宏, 杨眉, 等. 物联网技术在智慧农业中的应用与推广 [J]. 农业工程技术, 2016, 36（15）: 76-77.

[8] 韩子鑫, 齐瑞锋, 杨文挺. 智慧农业发展中物联网技术在设施农业中的应用 [J]. 农业工程, 2017（6）: 21-23.

报告 4 平山县虚拟变电站项目

摘要：

面对经济发展新常态和社会新需求，电网发展，特别是配电网，需要紧扣"创新、协调、绿色、开放、共享"的新发展理念要求，深层次推动配电网高质量发展，需要在保障安全质量的前提下，更加突出效率效益，充分利用能源互联网等新技术，高质量建设现代配电网，促进清洁能源高效率利用，实现配电网清洁化、智能化、信息化发展。本文以位于平山县的虚拟变电站为例，介绍虚拟变电站技术在农村地区的典型应用，为农村能源体系建设提供借鉴和思路，助推农村能源网络高质量发展。

作者简介：

安佳坤，国网河北省电力有限公司经济技术研究院，工程师，研究方向：配电网规划。

赵　杰，国网石家庄供电公司，高级工程师，研究方向：配电网规划。

赵　阳，国网河北省电力有限公司经济技术研究院，工程师，研究方向：配电网规划。

黄　凯，国网河北省电力有限公司经济技术研究院，工程师，研究方向：配电网规划。

一、项目背景

（一）自然资源情况

该项目位于石家庄市平山县农村区域，该乡总面积 248 km^2，占全县面积的 1/10，其中，山场面积 26 万亩，耕地面积 7737 亩，人均山场 24 亩，耕地 0.7 亩。该乡属于深山区乡镇，辖 34 个行政村、68 个自然庄，总人口 11 000 人。全乡交通便利、通信畅通，有移动基站 12 座。

（二）电源概况

水电站：该区域现有水电站 2 座，装机规模均为 200 kW。目前，1 号水电站仍在运行，发电情况良好。2017 年 5 月，2 号水电站堤坝被冲毁，未投入运行。水电站属于乡政府资产，主要作用是调洪灌溉，间歇用于发电。河流常年处于丰水期，同时周边不满足蓄水条件。水电站现状条件如图1所示。

图 1　水电站现状条件

村级扶贫光伏电站：该区域建成 5 座村级扶贫光伏电站，每座光伏电站容量 300 kW，总容量 1.5 MW，后续暂无村级电站建设计划。

（三）电网概况

该区域主要由 1 条 10 kV 线路供电，主干线长度 29.601 km，为单辐射接线方式。该线路含 2 条大分支线路，分别为 BYG 分支线（6.631 km）和 SC 分支线（11.295 km）。线路挂接配变 100 台，总容量 13.625 MVA，其中，公用配变 92 台，总容量 12.28 MVA，配变容量以 100 kVA 为主。线路最大负荷为 0.8 MW，线损率 8.5%。

该区域导线截面分布如表 1 所示。

表 1　主干线与分支线数据汇总

线路名称	杆号	导线型号	长度 / km
主干线	1 号至 39 号	LGJ—120	3.973
	39 号至 40 号	LGJ—50	0.032
	40 号至 82 号	LGJ—120	7.105
	82 号至 105 号	LGJ—50	3.571
	105 号至 231 号	LGJ—35	14.894
BYG 分支线	1 号至 63 号	LGJ—35	6.631
SC 分支线	1 号至 79 号	LGJ—70	8.253
	79 号至 112 号	LGJ—50	3.042

（四）负荷概况

选取该线路春夏秋冬 4 个季度的典型日负荷，如图 2 所示。可见，区域负荷曲线是典型的双驼峰曲线，早上 8 点和晚上 6 点左右负荷达到最大值，白天负荷不高，用电量小，最大负荷大约 800 kW。随着经济生活水平的提高，各种用电设施包括电动自行车和电动汽车逐渐增加，用电负荷会有较为明显的增长，预计将来峰值负荷在 1 MW 左右。

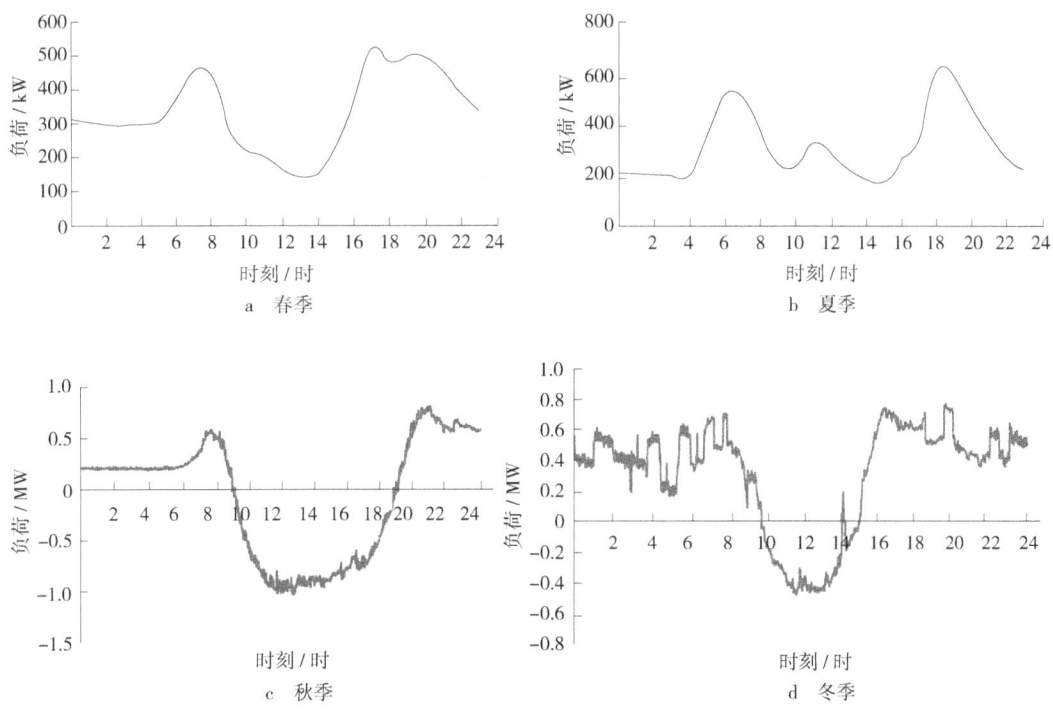

图 2　4 个季度典型日负荷曲线

此外，在秋冬季节，随着村级扶贫光伏电站并网运行后，出现能量倒送现象，最大倒送功率约 1 MW，主要发生在日间光照资源充足且用电负荷不高的时候。

（五）存在的问题

1. 电压波动大，电能质量差

光伏电源本身具有较大的波动性，白天负荷低谷时系统电压过低，夜晚负荷高峰时系统电压过高。由于缺少整体的电力电量平衡及调度机制，能量倒送造成上级电网频繁调压，甚至重过载现场时常发生，对电网安全运行带来挑战，同时降低了用户的用电体验。

2. 网架结构弱，供电可靠性差

目前，该乡仅由 1 回 10 kV 线路供电，为单辐射网络结构。线路供电半径为 29.58 km，超过了《配电网规划设计技术导则》"D 类不宜超过 15 km"的要求。若发生线路故障，很容易造成全乡停电，影响居民正常生产生活，供电可靠性较低。

3. 负荷水平低，新能源消纳弱

由于该区域用电负荷水平较低，地区负荷仅有 0.8 MW，扶贫光伏接入电网后，地区出现光伏发电能量上送现象，带来了末端电压升高问题，以及上级电源 110 kV 站、35 kV 站出现因光伏上送引起的重过载问题。

二、基于虚拟变电站技术的解决方案

按照传统发展思路，需要在该区域规划建设一座 35 kV 变电站（投资约 4000 万元），但是，存在着必要性不强、投资大，以及难以解决光伏上送重过载、电压不稳定等问题。经过技术研究，提出利用能源互联网技术，建设以"开关站＋储能＋边缘控制中心"为主要内容的虚拟变电站，可以很好地解决上述问题，为边远山区电网建设蹚出一条轻资产发展新模式（区别于虚拟电厂，虚拟电厂是通过群调群控系统，大范围优化分布式电源配置，提升大电网调峰调压能力，但需要坚强的电网结构和通信网络支撑，属于重资产发展路线）。

（一）总体架构

虚拟变电站构建思路：结合现有的网架结构，在分支线路交汇处，建立开闭所，结合分布式电源、储能装置及通信控制装置将其虚拟成一座变电站，10 kV 出线向周边负荷供电。通过"边缘控制服务中心"构建虚拟变电站，实现源、网、荷、储、用的协调优化运行。

虚拟变电站分为物理层、通信层、应用层3个方面的建设内容：通过配电网网架建设改造及环网箱建设，保证配电网网架足够坚强可靠，作为分布式电源接入的基础；通过智能终端设备、通信系统进行配电网智能化建设，满足源、网、荷、储各类电网层级的信息采集、通信、监控和并网需求；通过建设控制系统，作为虚拟变电站信息综合处理中心，协调控制可控的源、网、荷、储资源。工程建设框架如图 3 所示。

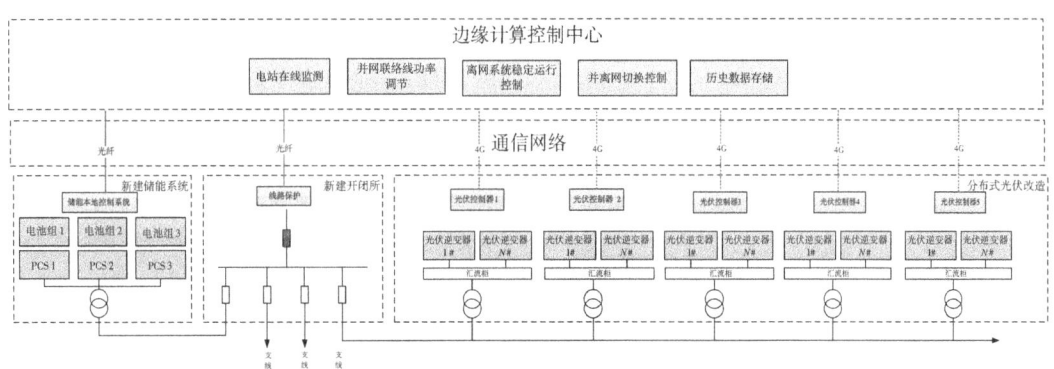

图 3　工程建设框架

（二）建设内容

1.电网一次部分建设

结合主干线和分支线地理位置分布、负荷分布等因素，选取合适落点建设环网箱。解决 10 kV 线路供电半径过长、分支众多的问题，改善当地 10 kV 网架结构。最终，地区负荷由环网箱馈出线路供电，减少事故影响范围，提高供电可靠性。

2.配电网终端建设

站所安装综合测控及远动设备，实现对"网"端监测；配变运行数据通过营销用电信息采集系统获取运行信息，光伏电站利用原有保护装置，实现"源"端安全运行；储能装置利用内部能量管理系统对其运行状态进行监控。最终，满足智能配电网对源、网、荷、储的监控要求。

3.通信系统建设

考虑系统通信特点、建设条件和可靠性要求,运用无线公网和光纤通信,实现工程范围内终端的信息监测、采集和控制。

4.虚拟变电站系统建设

建设控制系统,监测工程区域内分布式光伏、储能装置、配变等对象运行状态。通过对无功功率和有功功率进行控制,控制电压水平和负荷波动性,实现分布式扶贫光伏的灵活调控和高效接纳。

(三)详细建设方案

1.建立开闭所

在主干线与分支线汇集处新建开闭所,进出线布置为2进4出,本期进行1条进线即主干线,预留第二进线设备。出线4回分别带BYG分支线、SC分支线、原82号杆后的主干线和分支线改造为第三条支线、储能电池。开闭所拓扑如图4所示。

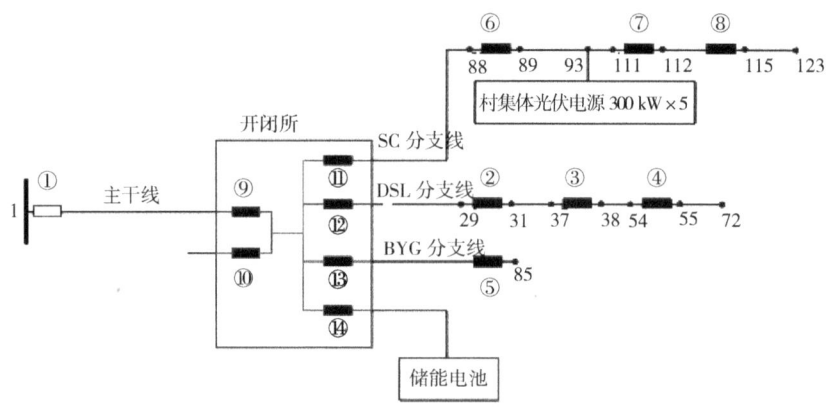

图4 开闭所拓扑

功能:开闭所装设FTU,实现开闭所"四遥"功能、综合自动化功能。提供配电系统运行情况的各种参数,即监测控制所需信息,包括开关状态、电能参数、相间故障、接地故障及故障时的参数,并执行配电主站下发的命令,对配电设备进行调节和控制,实现故障定位、故障隔离和非故障区域快速恢复供电等功能。

2.建设储能电池装置

(1)建设方案

结合拟建设的开闭所,可将储能配置在开闭所出线上,储能电池安装地址位于乡镇供电所北侧，预留2组电池位置，本期建设1组，电池容量2 MW·h，最大充放电功率1 MW。远期新建1条10 kV线路、扩建1组储能电池装置，容量2 MW·h，最大充放电功率1 MW，远期建成后虚拟变电站可提供约20 MW输送功率。

（2）主要功能

功能1：储能系统具有快速吞吐能量的能力，可以吸收过剩的可再生能源发电功率，在其出力较小时释放电能，从而有效地弥补可再生能源发电波动性的缺点，对于改善配电网电压质量，保证配电网安全经济运行，具有重要意义。

功能2：基于"源、网、荷、储"智能协调控制系统构建虚拟变电站，可为配电网末端供电提供双重保障，有效提高配电网供电可靠性和供电能力。

（3）运行策略

对储能的充放电设计了两种充放电策略。

策略1：监测扶贫光伏处的节点电压，将节点电压限制在允许范围内；正常运行过程中，光伏就地控制器会根据节点电压情况调节自身无功功率，尽可能解决电压越限问题，如果就地无法解决，储能则充电保证电压降低到合理范围内（图5）。

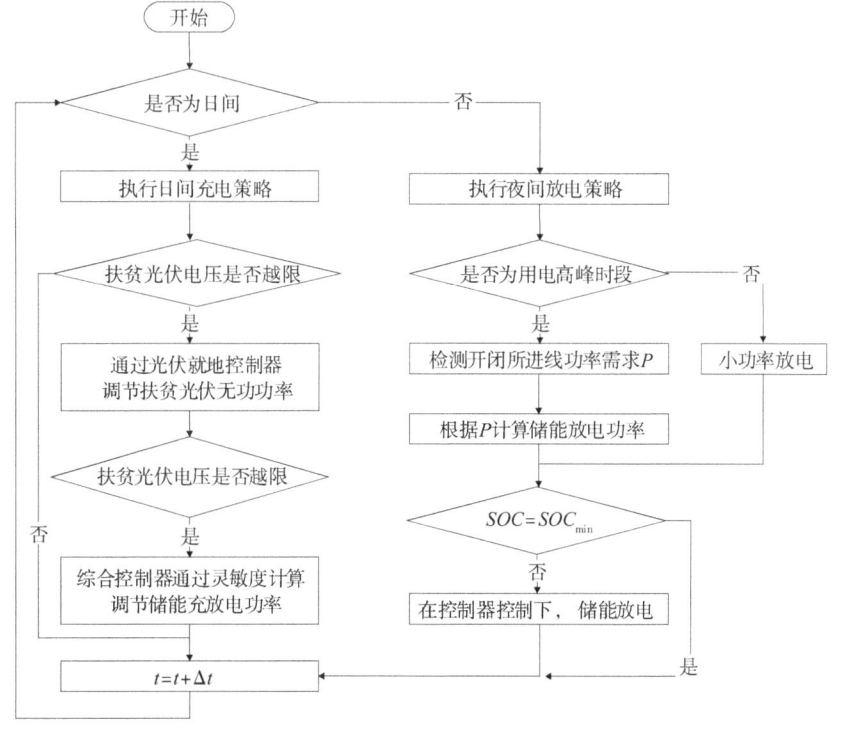

图5　储能运行策略1

策略 2：监测开闭所进线的功率倒送情况，结合自身蓄电状态、倒送功率大小、自身充电功率限制制定合理的充放电策略，较早的使电池蓄电以防故障发生（图 6）。

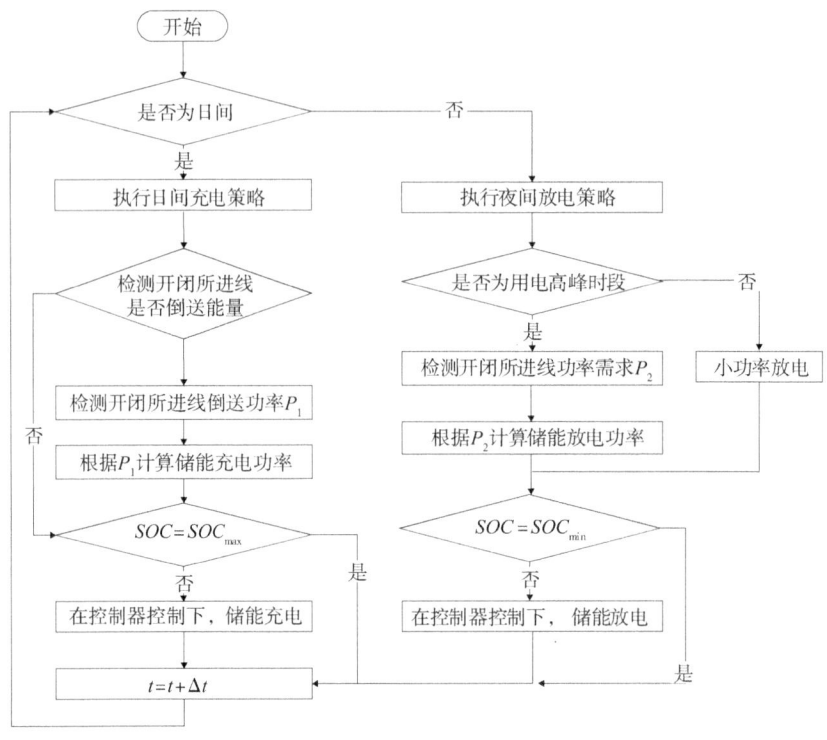

图 6　储能运行策略 2

3. 改造村集体扶贫光伏（控制系统与可控开关）

安装就地控制系统：通过安装控制系统自动调节无功功率，解决部分电压越限问题。光照充足时针对光伏电源并网点附近节点电压越限现象，光伏控制系统根据光伏出口电压调节光伏逆变器无功出力（U-Q 下垂特性），抑制光伏并网点电压越限现象发生，减少储能容量需求。

安装可控开关：安装可控开关设备，通过远程控制实现并网和离网，在储能与光伏孤岛运行时，防止光伏有功功率较大导致储能过充，继而导致系统崩溃现象的发生。

4. 安装综合控制系统（通信与控制）

在每个光伏并网点布置 1 台分布式电源协调控制单元，该单元通过电力线载波与光伏逆变器通信，5 个分布式电源协调控制单元通过 1 根光缆或无线公网接入虚拟变电站边缘控制系统，边缘控制系统通过光纤与调度所进行通信。

5. 建立边缘计算控制服务中心系统

运用多源互补、边缘计算、现代通信等技术，构建软硬件一体的"配电网边缘控制服务中心"（图7），提供一键黑启动、配电网可靠性分析、分布式电源全景感知及智能预测、分布式电源电压自治、平滑联络线功率、并/离网保护自适应、精细化的定制服务等一系列边缘控制服务。

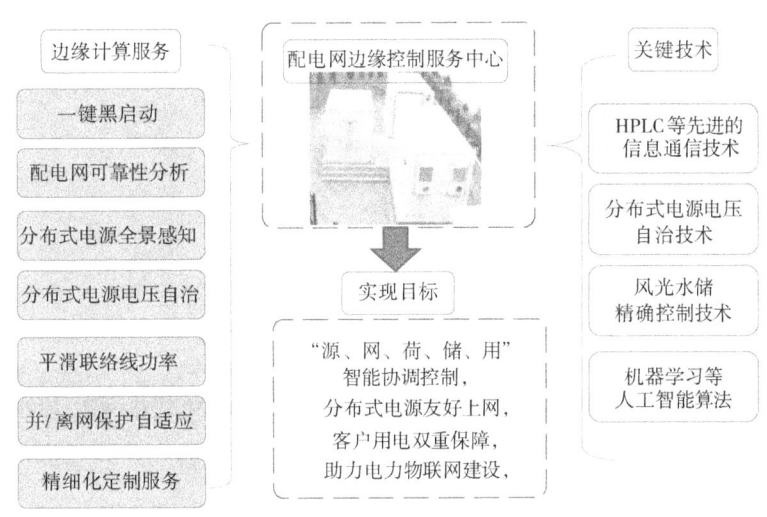

图 7　配电网边缘控制服务中心功能

虚拟变电站在非故障运行时，光伏本地控制器通过调节光伏无功功率来调节电压，储能电池通过调节储能的充放电功率，以减少光伏发电的能量倒送。开闭所区内故障发生时，开闭所及时切断故障线路，不影响非故障线路的供电。开闭所区外故障发生时，通过与县调的通信可以允许虚拟变电站黑启动，给非故障线路供电，此时综合控制系统需要协调储能功率、光伏发电功率、负荷需求，以保障配电网的安全独立运行。

三、技术特征

虚拟变电站以"配电网边缘控制服务中心"为核心，结合储能、分布式电源、保护自动化装置等设备，实现了"源、网、荷、储、用"智能协调控制，具备"源储互济"和"即断即愈"的有源配电网运行策略，将传统配电网改造为"可并网、可离网、运行方式灵活、供电能力强、可靠性高"的"有源自治自愈配电网"（图8）。

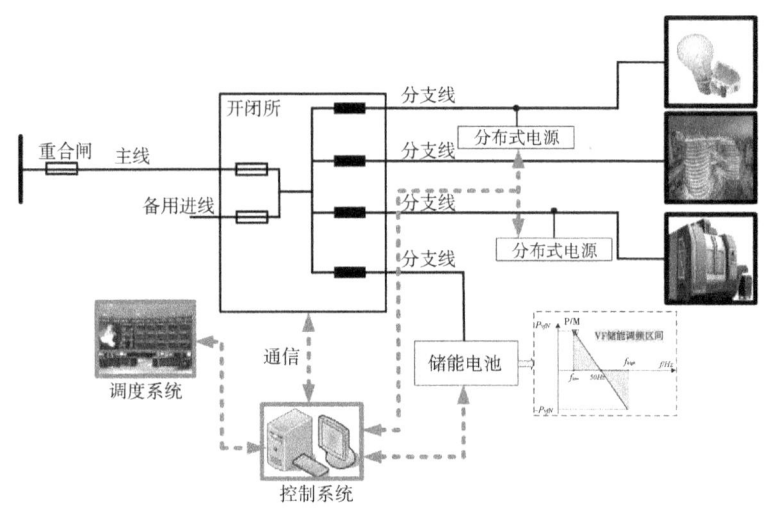

图8 虚拟变电站示意

在设备本地，部署了基于边缘计算的分布式电源本地化智能采集控制模块，应用HPLC通信技术实现分布式电源全景感知及智能预测、电压自治、状态评估等服务，有效解决分布式电源长期处于弱管理的状态。

在通信方面，采用基于HPLC、光纤专网的异构融合通信网络，可对边缘侧数据格式进行标准化处理，再上传到上层进行解析，简化了数据管理，提高了主动配电网中海量异构数据的处理能力。配电网边缘控制服务中心可以实现与各网络协议的兼容，支持多种分布式电源的接入与灵活扩展，能够集成和适配多厂商设备的管理，实现网络自动配置、设备即插即用，保证边缘网关的互联互通。

在能源利用方面，通过虚拟变电站技术实现了光伏、水电、储能的协调利用，实现了源、网、荷、储协调发展，避免了电压越限导致的弃光现象，提高了能源利用效率。

边缘山区，网架结构薄弱，单辐射接线，在故障停电时，由储能、分布式电源、保护自动化装置等设备组成的微网系统可以满足数小时的供电需求。例如，可以保障在线路故障情况下旅游缆车安全停运。在发生外部故障时，在保证电网安全运行和检修工作人员人身安全的情况下，能够进行一键黑启动，提高了供电可靠性。

四、项目效益分析

（一）增加农村居民收入，助力打赢脱贫攻坚战

当配电网出现电压过高或发生外部故障时，传统分布式电源将自动离网或停机，以避免对电网造成危害，在此期间，用户将不再获得任何收益。通过虚拟变电站，可在电压过高时自动调节无功功率，使电压处于正常范围内。若发生故障时，配电网边缘控制服务中心也可以在外部故障切除后，进行黑启动，让分布式电源重新接入电网，继续产生效益，提高光伏利用小时数，增加人民收益。

（二）有效降低电网投资

针对配电网末端供电可靠性低、分布式电源消纳能力弱等问题，传统的方法是新建35 kV变电站，但是为解决"1条线"而新建"1座站"既不能充分释放变电站的供电能力，又无法实现本地分布式发电和负荷的平衡。以本项目为例，新建常规35 kV变电站投资约为4000万元，而本项目估算总投资897万元，远低于常规变电站的投资规模，经济效益显著。

（三）提升用户体验，保证可靠用电

通过基于配电网边缘控制服务中心的虚拟变电站，可以降低电网电压过高风险，电能质量显著提高，用能质量得到保障。虚拟变电站所提供的"即断即愈"服务也可以大大减少故障时的停电时间，保证用户尽可能地可靠安全用电。

报告 5　保定麒麟店村集中式居民采暖能源利用

摘要：

　　河北地区冬季采暖期间燃烧的大量散煤是大气污染的主要源头之一，农村用能清洁化已成为农村能源革命的重要任务。空气源热泵是一种新型的环保取暖方式，本文通过对保定麒麟店村典型应用的分析，从空气源热泵的工作原理到应用后的社会效益、生态效益进行了分析介绍。

作者简介：

　　施宁宁，国网保定供电公司，高级工程师，研究方向：电网规划及农村电气化。
　　吕　稳，国网保定供电公司，工程师，研究方向：综合能源服务及电能替代。
　　杨　桢，国网保定供电公司，工程师，研究方向：农村电气化及电能替代。

一、项目背景

　　近年来，京津冀及周边区域冬季散烧、直燃煤的传统取暖方式是造成冬季雾霾频发的重要原因，引起了全社会的高度关注。如何有效有序推进京津冀及周边区域冬季清洁取暖成为坚决打好污染防治攻坚战的重要环节。2017年12月5日，国家发展改革委、国家能源局等十部委印发《北方地区冬季清洁取暖规划（2017—2021年）》（发改能源〔2017〕2100号，以下简称《规划》），提出在北京、天津、河北、山西、内蒙古、辽宁、吉林、黑龙江、山东、陕西、甘肃、宁夏、新疆、青海等14个省（区、市），以及河南省部分地区开展清洁取暖工作，到2021年北方地区清洁取暖率达到70%。多措并举，构建与能源发展方式转变和能源战略转型相适应的冬季清洁供暖模式，成为目前面临的重大课题。

保定市徐水区麒麟店村集中式居民采暖能源利用典型案例以集中式电采暖模式为切入点，在农村区域采用空气源热泵进行集中供暖，减少农村散烧煤，减少污染物排放。

二、项目实施基本思路

保定市徐水区麒麟店村位于河北省保定市徐水区西北部，距县城 8.5 km，距离保定市城区 28 km，属冬季雾霾高发区。保定市徐水区麒麟店村集中式居民采暖能源利用典型案例采用空气源热泵进行集中供暖，集中供暖 448 户，户均容量 4.2 kW，供暖面积约 4.5 万 m^2。麒麟店村航拍如图 1 所示。

图 1　麒麟店村航拍

三、项目建设内容和规模

保定市徐水区麒麟店村集中式居民采暖能源利用典型案例采用空气源热泵方式为居民集中供暖，共建设空气源热泵 40 HP 机组 43 台，设置 3 个换热站，分别位于村北、村南和村东，机组容量 1890 kW，如图 2 至图 5 所示。

a

b

图 2　空气源热泵集中供热站

图 3　供热站低压柜

图 4　村内供热管网

图 5　空气源热泵集中供热站供电情况

保定市徐水区麒麟店村新建 400 kVA 变压器 7 台，总容量 2800 kVA，改造 10 kV 线路 1.4 km。电网侧改造情况如图 6 所示。

图 6　改造后台区

四、技术特征

保定市徐水区麒麟店村集中式居民采暖能源利用典型案例采用空气源热泵供热方式，结合村内居民住宅分布情况，经测算设置 3 座集中式换热站，分别布置于麒麟店村南、村北和村东边缘紧邻居民住宅区域，就近为居民住宅供暖，热损耗小。利用电能，通过传热介质进行室内与室外空气的热量交换，实现冬季供热，空气源热泵末端为原有水暖供热，通过石灰网和保温棉包裹的供暖管网传输热水，采暖效果较分散式电暖气好，体感舒适，并且集中运营方便管理，供热稳定（图 7）。

a

b

图 7　居民原有水暖暖气

空气源热泵机组主要由蒸发器、压缩机、冷凝器和膨胀阀4个部分构成，并在其中充注循环工质（常用的有R2、R417A等）。其工作过程应用了逆卡诺原理：进入蒸发器的低温、低压液态工质在蒸发器中发生相变，吸收空气中的热量，变为低温低压蒸汽进入压缩机；压缩机靠少量电能驱动，压缩工质，工质吸收压缩机的电驱动能，变为高温高压的蒸汽进入冷凝器，再次变为液体，释放热量给水；高压低温液体经过膨胀阀成为低温低压液体，然后进入蒸发器开始下一次循环。而在冷凝变相过程中，传递给水的能量包括蒸发过程中吸收的外界空气能和压缩过程中吸收的电驱动能。

空气源热泵是压缩机在电能的驱动下，压缩低温低压的冷媒，将之变成高温高压的气体排出，排出的冷媒气体流经铜管，将热量传导到水箱中。在压力的作用下，冷却下来的冷媒变为液态，经膨胀阀进入蒸发器，在蒸发器低压环境中，液态冷媒蒸发变成气态，并吸收大量的热量。与此同时，空气在风扇的作用下流过蒸发器，热量被大量吸收，后变成低温冷气被排出。吸收了一定热量的冷媒将回流到压缩机，进入下一轮循环，而制冷则是逆向循环的过程，最终也是通过水箱传导能量。

电网侧则通过新建10 kV线路及配电变压器为集中供热站供电。

五、项目效益分析

（一）社会效益

空气源热泵集中取暖方式极大改善了人们的生活环境。原来采用散煤燃烧方式时，早在进入采暖期之前就要囤积大量的煤作为采暖使用的燃料，大量燃煤堆放在村内占用了大量的土地，既影响村容村貌，又存在安全隐患，极大影响了村民的日常生活。散煤燃烧的浓烟破坏了村民的居住环境，不仅造成视觉污染，污染物中的有害气体和可吸入悬浮颗粒物质也会给村民健康带来威胁，容易使村民罹患呼吸道疾病。此外，运送炉渣的渣土车频繁进出村内，其尾气排放和地面扬尘也给村内环境造成影响。采用空气源热泵集中供热，设备自动化程度高，占地面积小，以电能作为动力，无须运输堆放燃料，无污染物排放，生活环境和空气质量都会得到极大的改善，村民的生活满意度显著提高。

（二）生态效益

根据目前保定市采暖散煤平均水平 39.4 kg/m² · y 进行计算，麒麟村如果冬季进行散煤供热需消耗标准煤 177.3 万 kg/y，将空气源热泵系统耗电进行计算并折合成标准煤为 89.2 万 kg/y，节煤效率达到 49.7%，可减少排放二氧化碳 87.8 万 kg、减少排放二氧化硫 2.6 万 kg，减少排放氮氧化物 1.3 万 kg。

参考文献

[1] 河北省人民政府. 河北省人民政府关于加快实施保定廊坊禁煤区电代煤和气代煤的指导意见 [EB/OL]. (2016-09-23) [2020-08-23]. http://www.mee.govcn/xxgk/gzdt/201610/t20161011_365333.html.

[2] 河北省气代煤电代煤工作领导小组办公室. 河北省气代煤电代煤工作领导小组办公室关于印发《河北省 2018 年冬季清洁取暖工作方案》的通知 [EB/OL]. (2018-07-24) [2020-08-23]. http://www.sohu.com/a/243282930_760848.

报告 6 中节能生活垃圾焚烧发电二期扩建暨餐厨垃圾无害化处置共建项目

摘要：

  对生活垃圾的无害化、资源化处理是一项处理生活垃圾和保护环境质量的公益性事业，具有很大的环境效益和社会效益。垃圾焚烧发电可最大限度地实现垃圾的无害化、减量化与资源化。中节能（保定）垃圾焚烧发电项目采用国内先进的垃圾焚烧工艺和污染控制技术，对焚烧过程中产生的水、气、渣、声等污染物采取有效的控制措施，并且对环境影响较小，在取得良好经济效益的同时，也取得了良好的环境效益和社会效益。

作者简介：

  张倩茅，国网河北省电力有限公司经济技术研究院，高级工程师，研究方向：电网规划与可再生能源接入。

一、项目背景

  按照国家和河北省有关城市生活垃圾处理工作的实施意见，根据《保定市城市总体规划（2011—2020年）》，要实现保定市城市生态环境的协调、健康可持续发展，将保定市建设成为生态高度安全的宜居型城市，到2020年，日处理垃圾达到1800 t。

  同时结合保定市重点实现"四美五改"，以及实施城乡建设的"三清一拆"和垃圾治理等专项行动，将在3年内逐步实现将农村生活垃圾纳入城乡一体化全覆盖的管理范围，加快推进美丽乡村建设。此外，结合京津冀一体化协调发展的纵深推进及雄安新区建设的辐射效应，以目前保定市垃圾处理的现状，无法匹配保定市的城市发展需求。

中节能（保定）环保能源有限公司已与唐县、曲阳县、博野县、定州等签署生活垃圾处理协议，在定州、保南生活垃圾焚烧发电项目建成前，上述地区生活垃圾均由本厂处理。2016 年处理唐县生活垃圾 3738.09 t、曲阳县生活垃圾 20 706.18 t；2017 年处理定州生活垃圾 14 520.82 t、曲阳县生活垃圾 14 288.14 t、博野县生活垃圾 226.78 t。

近年来，随着保定市垃圾收运系统的完善，保定市生活垃圾处理逐步形成源头收集、中间运输和终端处置"一条龙"的完善体系。但长期以来，作为生活垃圾一部分的餐厨垃圾却成为"漏网之鱼"，没有得到有效的收集与处理，严重影响城市的市容环境卫生。每日大量的餐厨垃圾流入社会，为"潲水油""潲水猪"提供了原料，严重威胁着保定市食品卫生安全；"潲水猪"养殖场周围臭气熏天，周边居民怨声载道、苦不堪言；部分餐厨垃圾未经任何处理直接进入污水管道，在管道内冷凝堵塞，发酵产生大量甲烷气体，影响了污水管网的正常功能，甚至引发下水道爆炸事故；随意堆放的餐厨垃圾更会招引蝇虫，产生异味。

中节能（保定）环保能源有限公司生活垃圾焚烧发电二期扩建暨餐厨垃圾无害化处置共建项目，拟建选址位于保定市清苑区孙村乡大侯村南。厂址距西北侧孙村变电站约 1 km、污水处理厂约 8 km，北侧距大侯村约 1.5 km，距市区东二环约 8 km，厂区占地约 9.0 hm^2。

二、项目优势

生活垃圾与餐厨垃圾共建，统筹规划，协同处置，具有诸多优势。

（一）协同共建，设施共用，处理成本低，投资较少

共用垃圾焚烧项目办公楼、计量系统、运输系统等设施。沼气等资源化产品可协同用于垃圾焚烧利用，降低投资；餐厨垃圾处理过程中的废渣可直接运至垃圾焚烧厂处置，无害化、减量化、资源化彻底，并降低运行成本。

（二）餐厨垃圾不可生物降解轻重渣料等物料协同生活垃圾焚烧处置

餐厨垃圾经预处理分离出来的不可生物降解轻重渣料，以及餐厨垃圾有机浆液内

离心分离的有机固形物料,经分离脱水后,就近送往生活垃圾池。在垃圾池内堆放发酵脱水后,提升了入炉热值,与生活垃圾混料后送往垃圾焚烧炉焚烧处置,无害化、减量化彻底。产生的固渣内部处理,渣料运输距离短,臭气逸散途径短且易控制,作业环境好。

(三) 餐厨垃圾提油脱固后高浓有机浆液单独厌氧和沼液处理

餐厨垃圾有机浆液经高温蒸煮,细小杂质脱除,油脂提取和其中固相有机物料分离后,余下的高浓有机浆液经降温后送往餐厨垃圾厌氧系统。有机浆液资源化、无害化彻底,餐厨污水排放采用单独处理工艺,排水稳定有保证,处理成本低;沼渣产生量较全浆液厌氧发酵少,降低沼渣处理难度和运行成本。

(四) 餐厨垃圾厌氧发酵产生的沼气并入生活垃圾锅炉助燃焚烧

餐厨垃圾有机浆液厌氧发酵产生的沼气和生活垃圾渗滤液厌氧发酵产生的沼气,一并送往生活垃圾锅炉内作为燃料助燃,既充分利用了沼气热值,又有利于提升锅炉内温度。

(五) 餐厨垃圾预处理系统所需热量利用生活垃圾段蒸汽

餐厨垃圾预处理段所需热量,利用生活垃圾段产生的蒸汽,减少运行成本。

(六) 餐厨垃圾除臭利用共用系统

餐厨垃圾处理系统产生的臭气可以通过风机收集汇集到垃圾池内,与生活垃圾一起进行除臭处理,降低除臭系统成本。

三、建设实施思路

生活垃圾焚烧发电二期扩建暨餐厨垃圾无害化处置共建项目包括生活垃圾焚烧发电及餐厨垃圾无害化处置。

(一)生活垃圾焚烧发电

生活垃圾焚烧发电二期扩建规模 1000 t/d，年处理生活垃圾 36.5 万 t。配置 1 台 1000 t/d 机械炉排焚烧炉、1 台中温次高压（430 ℃、5.3 MPa）余热锅炉、1 台 25 MW 凝汽式汽轮发电机组。

结合考虑扩建预留用地、垃圾量等因素，垃圾池按 2×1000 t/d 一次建成，预留 1 条 1000 t/d 焚烧生产线及 1 台额定 25 MW 凝汽式汽轮发电机组用地。

(二)餐厨垃圾无害化处置

餐厨垃圾无害化处置建设规模 250 t/d，预留二期扩建 100 t/d 能力，最终达到总设计规模 350 t/d。

采用"接收＋水力制浆＋蒸煮提油＋高效湿式厌氧"的改良型厌氧处理工艺路线，有效提高厌氧产气率，实现餐厨垃圾资源化、无害化。

四、工程技术方案

(一)餐厨垃圾资源化处置

本项目采用"接收＋水力制浆＋蒸煮提油＋高效湿式厌氧"的改良型厌氧处理工艺路线。采用有机结合机械、生物和湿化学的综合性餐厨资源化工艺系统，有效提高厌氧产气率。

餐厨垃圾运输车进场后，通过电子汽车衡称重并记录，通过现有生活垃圾运输通道至卸料平台后将餐厨垃圾倒入接料斗中。餐厨垃圾通过卸料、进料系统进入筛分系统，将杂质分离后，筛下的有机细料进入螺旋压榨装置中进行固液分离，固液分离后的水相进入油水分离系统。

①产生的粗油脂直接就近外售给大型生物柴油炼制企业；

②产生的固相杂质及渣料送至辖区内生活垃圾焚烧厂焚烧及填埋；

③产生的废水进入渗滤液处理站协同利用处理达标后排至市政管网；

④产生的沼气作为燃气锅炉燃料被协同利用；

⑤产生的臭气被集中收集，通入生活垃圾仓内进行协同除臭。

（二）生活垃圾焚烧发电

1. 垃圾粉砂

按远期 2×1000 t/d 规划考虑，其中，垃圾池一次建成，本期建设 1 条 1000 t/d 炉排炉式垃圾焚烧线和 1 套 25 MW 凝汽式汽轮发电机组。垃圾池容积为 23 436 m³，可储存 10 d 垃圾量，远期约 5 d。

焚烧炉选用 1 台机械炉排炉，单台处理能力为 1000 t/d。垃圾低位设计热值为 7535 kJ/kg（1800 kcal/kg），波动范围 5024～9211 kJ/kg（1200～2200 kcal/kg）。

余热锅炉选用 1 台次中温次高压、单锅筒、自然循环、立式水管锅炉。锅炉出口蒸汽参数为 5.3 MPa、430 ℃，给水温度 130 ℃，烟气出口温度为 190～210 ℃，单台锅炉蒸发量 93 t/h。

焚烧炉保证烟气停留时间不少于 2 s 的温控点处的烟气温度大于 850 ℃，焚烧残渣热灼减率＜5%。

2. 烟气净化

烟气净化与焚烧炉采用单元制，配置 1 套系统。采用石灰浆作为吸收剂。烟气净化采用"机械旋转雾化脱酸反应塔+活性炭喷射+袋式除尘器+SNCR+SCR"的工艺流程。

烟气净化系统 SO_2 的脱除率 ≥ 90%，HCl 的脱除率 ≥ 98%，NO_x 的脱除率 ≥ 75%，烟尘的净化率大于 ≥ 99.9%。烟气排放指标达到《生活垃圾焚烧污染控制标准》（GB 18485—2014）。

3. 余热发电

余热发电系统选用 1 台 25 MW 的凝汽式汽轮发电机组。每台机组年运行不低于 8000 h。主蒸汽系统为单母管制，高压给水为单母管制，低压给水母管为单母管制。选用 1 台 110 t/h 旋膜除氧器，工作压力 0.17 MPa，给水温度 130 ℃。锅炉补充水的处理流程为反渗透+EDI，一期工程化学水处理站设计能力为 25 t/h。

4. 灰渣处理

本工程采取灰、渣分除及分运的方式处理灰渣，厂内不设灰渣场。本工程产生飞灰量 33 t/d。飞灰稳定化后的产物满足《生活垃圾填埋场污染控制标准》（GB 16889—2008）中的要求后运至卫生填埋场填埋处置。

5. 自动控制

全厂设中央控制室，对机、炉、电采用集中分散式计算机控制系统（DCS 系统），本项目沿用一期工程中央控制室，不新建。

以 DCS 为核心构建自动监控系统，完成对 1 台垃圾焚烧炉和余热锅炉、1 台汽轮发电机组及附属设备的运行监控。

DCS 除直接完成各种必要的监控外，还经过通信接口与各类设备厂家配套的监控系统相连，对其实行统一集中监控或控制。

设置烟气在线监测系统，对烟气流量、温度、压力、烟尘及 O_2、HCl、SO_2、NO_x、CO、CO_2、NH_3 等参数指标实行实时监控。

全厂设置现场 I/O、工业控制级和管理层网络通信 3 层通信网络，实现对生产全过程的高效运行和科学管理。

6. 电力

本工程通过 1 回 110 kV 线路接入孙村变电站。10 kV 母线采用单母线接线，发电机引至 10 kV 母线，经 1 台容量为 31.5 MVA 的主变压器升压至 110 kV，以单回 110 kV 线路上网。另外以 1 回 10 kV 线路与一期工程 10 kV 母线段联络，实现电源的备用，并作为二期工程的保安电源。

正常生产时厂用电源由发电机所发出的电能供给，引接自发电机出口母线。

厂用启动电源：利用与一期工程联络的 10 kV 电源作为二期工程厂用启动电源；在启动电源无法正常工作的情况下，也可由系统 110 kV 电源，经主变压器降压，倒送电至 10 kV 厂用母线，作为 10 kV 厂用启动电源。

厂用保安电源：因为一期工程中有 2 台发电机，而且设置了柴油发电机，因此二期工程不再设置额外的保安电源设备，通过与一期工程联络的 10 kV 线路从一期工程取得保安电源。

主变压器选用 SFZ11 型低损耗低噪声有载调压油浸式自冷、三相双绕组变压器，配有风冷和温控系统，户内布置。10 kV 配电系统选用 KYN28A-12 型中置式金属铠装开关柜，配用一体化真空断路器、弹簧操纵机构。

在综合主厂房内，配电选配 3 台干式变压器，每台额定容量均为 2000 kVA，其中 1 台备用。

厂用电动机采用按生产过程进行 DCS 自动控制和手动控制，在现场设检修和事故停止控制开关，重要辅机设事故急停按钮。

直流系统选择 1 组 220 V 容量为 300 Ah 全封闭免维护铅酸蓄电池组、蓄电池充电器、直流配电屏、微机监测。

发电机采用微机励磁调节装置，配 1 套自动励磁调节器（AVR）系统。

五、生态环境保护措施

（一）废气治理

本项目烟气净化系统采用"机械旋转雾化脱酸反应塔+活性炭喷射+袋式除尘器+SNCR+SCR"的组合工艺系统，烟气排放指标达到国家标准。设置高度为80 m的集束钢烟囱，净化后的烟气经烟囱排至大气。炉渣及飞灰填埋在作业过程要严格控制作业面，在满足车辆作业的基础上尽量减少作业面面积，从而减少垃圾的暴露及尘土的飞扬；同时在作业过程中，根据需要及时喷洒水分或臭味控制药剂对尘土及恶臭物质进行抑制；作业面要进行及时的膜覆盖或土覆盖，保证垃圾不会被风吹起，减少可能的二次污染。

（二）废水治理

①清洁废水。厂区除盐制备排水、循环冷却排水、锅炉排水属于洁净废水，经收集后可直接回用于厂区内对水质要求不高的生产项目。

②餐厨沼液及垃圾渗滤液。生产废水主要来自车间地面冲洗水、设备排水等，主要含有少量有机物、悬浮物、浮油等污染物，通过排水管网进入厂区渗滤液处理系统进行集中处理。处理系统规模为750 m^3/d，其中沼液300 m^3/d。

垃圾渗滤液采用"除渣预处理+调节池+UASB+（两级A/O+外置UF）MBR+DTRO"组合处理工艺；餐厨沼液COD低于10 000，直接进MBR生化处理系统，采用"（两级A/O+外置UF）MBR+DTRO"组合工艺，出水达到《污水综合排放标准》（GB 8978—1996）三级标准和《污水排入城镇下水道水质标准》（GB/T 31962—2015）A级标准，排放至市政污水管道，浓缩液回喷。渗滤液厌氧发酵产生的沼气与餐厨垃圾厌氧发酵产生的沼气一并通过管道送至焚烧炉内。系统产生的污泥经脱水后运输至垃圾池进行焚烧。

（三）固体废弃物的治理

①炉渣处理措施。炉排炉产生的炉渣，主要是不可燃的无机物及部分未燃的有机

物。因经高温作用，基本没有可分解的有机物质、重金属和无机污染物，属于惰性固体废物，不属于危险废弃物，可以直接运至生活垃圾填埋场填埋；另外，炉渣可用于制备建材，实现综合利用。本项目炉排炉产生的炉渣厂外综合利用。

②飞灰处理措施。飞灰为危险废弃物，应进行稳定化处理。本项目飞灰经稳定化处理后送至生活垃圾填埋场专区填埋。

③其他粉尘控制措施。石灰粉仓、灰库等粉状物储存仓在库顶均设置袋式除尘设备，防止粉尘外溢。

六、项目效益分析

（一）社会效益

本项目建设将极大地解决保定市厨余垃圾及曲阳县、唐县等生活垃圾处理出路问题，节约宝贵的土地资源，为保定市的生态及城市环境治理创造良好条件，为保定市的经济和城市发展提供有力支持。同时，项目建设也带来了地区经济发展的动因，带动相关的其他产业，对地区经济发展产生带动作用；提供就业机会，缓解当地就业压力；增加当地的能源供应，缓解当地用电紧张；便于延伸产业链，为招商引资创造有利条件。

（二）环境效益

本项目的建设、投运需消耗少量的天然气资源、水资源，并占用土地资源、排放环境污染物，会给建厂地区带来一定的负面环境影响。但是，由于本项目处理的是垃圾，因此本身属环保工程。本项目可进一步实现保定市生活垃圾安全环保处理，节约大量的土地资源，减少温室气体排放，变废为宝实现垃圾再生能源，提高保定市生活垃圾处理水平。

第四篇 调研农村能源建设成效

报告 1 河北县域用能样本调研

摘要：

能源是支撑乡村振兴战略实施的重要基础，为深入了解河北省农村用能现状和农民实际需求，调研组开展了河北省县域用能样本调研，本次调研共收集有效调研问卷 13 614 份，涉及家庭情况和用能情况等共计 16 个问题。在问卷的基础上，调研组总结了县域能源发展的总体特征及面临的问题，针对推进生物质能清洁高效利用、因地制宜发展高效清洁能源供暖、加速太阳能光热应用发展、提高群众节电及错峰用电积极性、推广低能耗建筑 5 个方面提出对策建议。

作者简介：

赵贤龙，国网河北省电力有限公司经济技术研究院，高级工程师，研究方向：能源经济与能源系统。

刘雪飞，国网河北省电力有限公司经济技术研究院，高级工程师，研究方向：能源经济与能源系统。

一、调研概述

本次调研本着典型性、代表性、差异性和全面性的原则，以微信调研问卷形式，选择了河北南部七地市展开调研，调研地区包括西部山区、东部沿海和中部平原地区，涵盖了河北南部所有地形地区，收回调研问卷 50 641 份，经过筛选得到有效样本 13 614 份。

本次调研涵盖家庭情况和用能情况等共计 16 个问题。家庭情况调研涉及家庭成员梳理、住宅面积和经济收入等方面内容；用能情况调研涉及家庭用能、家电使用、采暖及制冷方式、机动车使用及费用支出等情况。

二、调研分析

（一）家庭特征分析

本次调研中，县城家庭和农村家庭人口数如图1和图2所示。在接受调研的县城家庭中，3人家庭占比最高，达到32.20%，其次是4人家庭，占比为25.71%；农村家庭中，4人家庭占比最高，达到30.41%，其次是3人家庭，占比为23.21%。

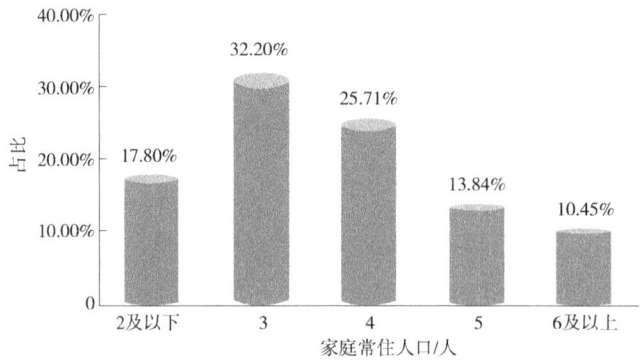

图1 县城家庭人口构成

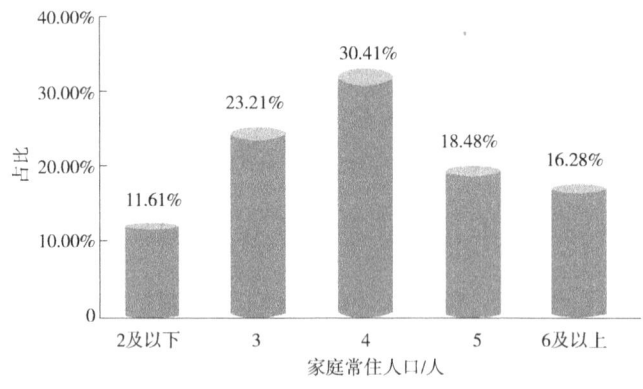

图2 农村家庭人口构成

县城家庭和农村家庭年收入水平如图3和图4所示。县城家庭年收入5万元以下占比为45.20%，5万~10万元占比为41.81%；农村家庭年收入5万元以下占比为70.16%，5万~10万元占比为23.88%。

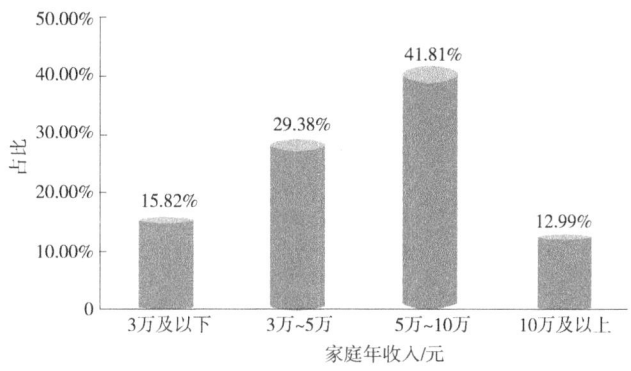

图 3　县城家庭年收入水平

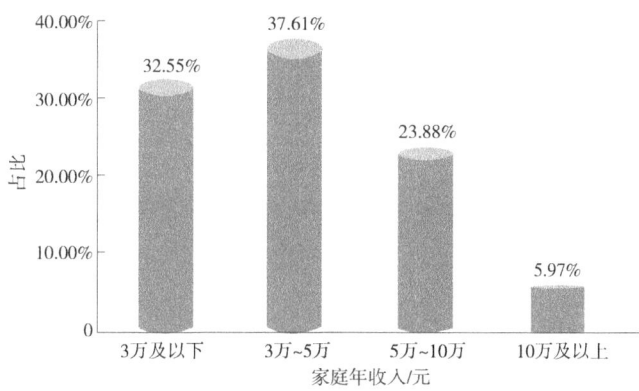

图 4　农村家庭年收入水平

县城家庭和农村家庭年支出水平如图 5 和图 6 所示。县城家庭年支出 4 万元以下占比为 63.28%，4 万~6 万元占比为 22.60%；农村家庭年支出 4 万元以下占比为 80.64%，4 万~6 万元占比为 13.82%。

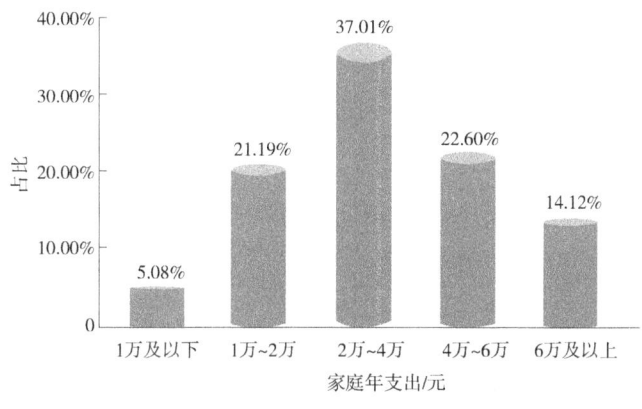

图 5　县城家庭年支出水平

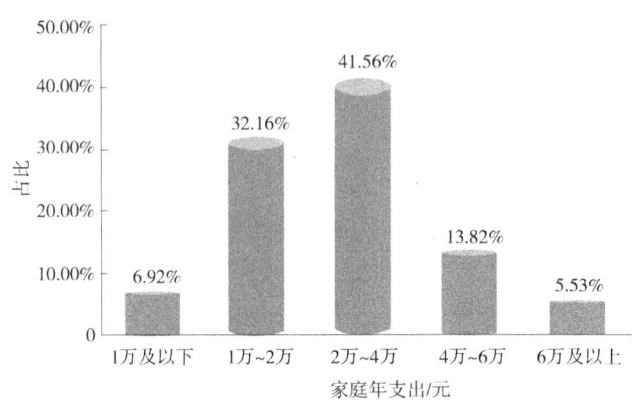

图 6　农村家庭年支出水平

家庭住宅面积如图 7 所示。住宅面积在 90～120 m^2 的家庭占 40.96%，120～150 m^2 的家庭占 24.49%，90 m^2 及以下占 18.16%，150 m^2 及以上占 16.39%。

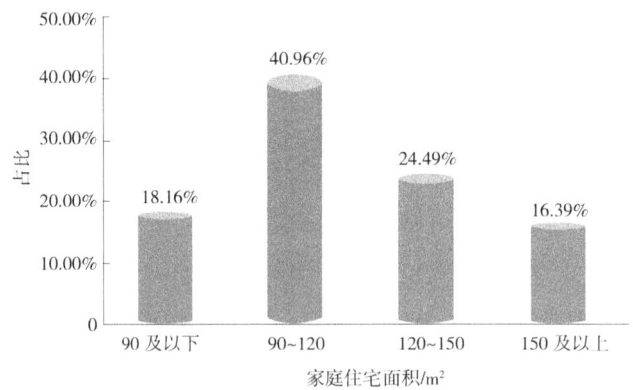

图 7　家庭住宅面积

分析结论：农村家庭人均收入水平与县城家庭差距较大。

农村家庭年收入低于县城家庭，农村家庭人口数高于县城家庭人口数，县城家庭的人均收入比农村家庭高出 24.64%。通过进一步了解，农民收入来源主要依靠外出务工，少部分依靠种植蔬菜、养殖家畜、经商办企业，纯粹依靠农业生产的话，生活十分困难。这是由于农民耕种收入水平较低，但教育、住房等方面的支出逐步增大，农村家庭开支逐年增加。农村家庭之间收入差距较大，尤其是农民收入增长缓慢的现实，限制了我国刺激消费需求拉动经济增长的活力，因此，增加农民收入对于扩大消费需求进而推动经济增长至关重要。

（二）家庭用能情况分析

本次调研中，家庭采暖方式如图 8 和图 9 所示，县城家庭和农村家庭存在很大差异。县城家庭集中供暖比例达到 66.38%，分户自供暖比例为 31.07%；农村家庭集中供暖比例达到 15.58%，分户自供暖比例则达到 78.85%。

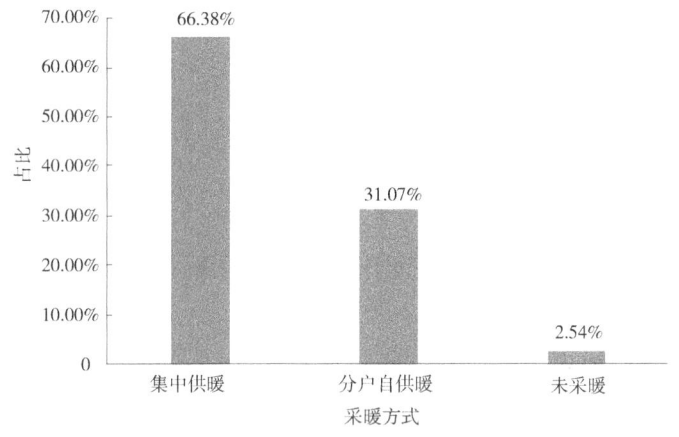

图 8　县城家庭采暖方式

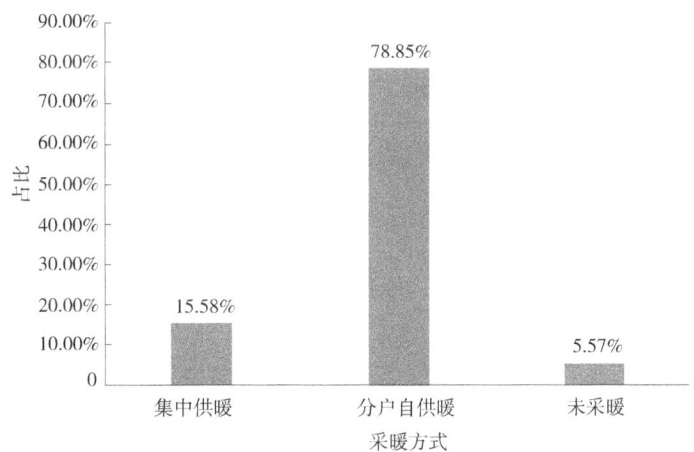

图 9　农村家庭采暖方式

农村家庭采用的分户自供暖方式如图 10 所示。通过采暖火炉（燃煤）供暖的占比达到 33.45%，采暖火炉（燃气）占比达到 46.51%，电采暖占比 27.87%（含空调和电暖气），生物质能仅占 0.91%，其他占 4.70%。

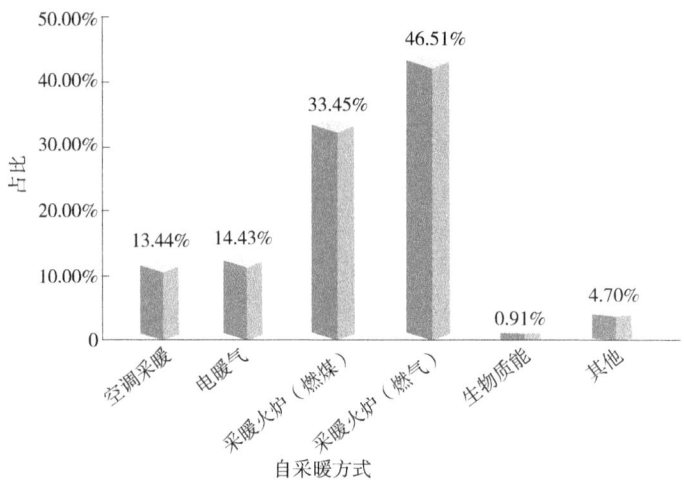

图 10 农村家庭自采暖方式

农村家庭热水器主要能源形式如图 11 所示。使用太阳能和电力占比 80.64%，太阳能和电力占比分别为 39.08% 和 41.56%，天然气占比为 13.82%。

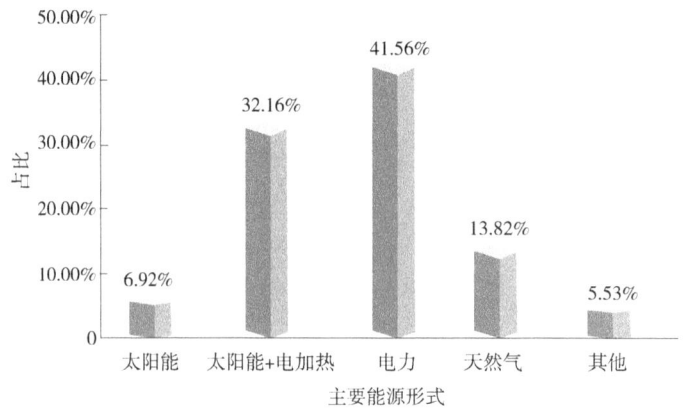

图 11 农村家庭热水器主要能源形式

家庭夏季空调使用情况如图 12 所示。平均每天使用时长在 7 小时及以上的家庭占比最高，达到 20.39%，其后是 2～3 小时和 3～4 小时，分别达到 12.80% 和 12.64%。

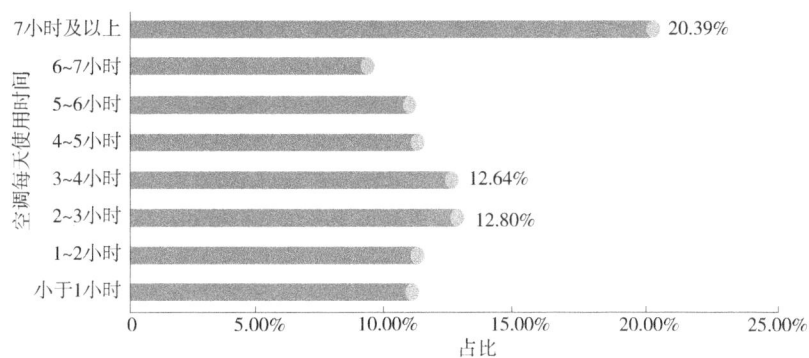

图 12 家庭夏季空调使用情况

家庭月平均电费支出情况如图 13 所示。月平均电费为 80～150 元的家庭占比为 36.14%，其次为 50～80 元，占比为 26.80%。

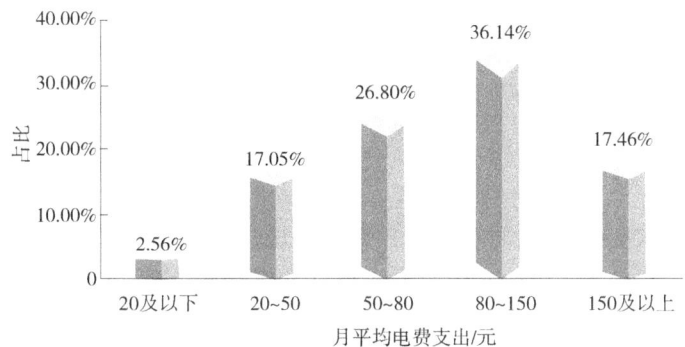

图 13 家庭月平均电费支出情况

分析可知，农村家庭年平均电费支出为 1200 元左右，占全年支出的 3%～6%。

农村家庭月平均燃气费支出情况如图 14 所示。月平均燃气费为 20～50 元的家庭占比为 25.78%，其次为 300 元及以上，占比为 20.88%。

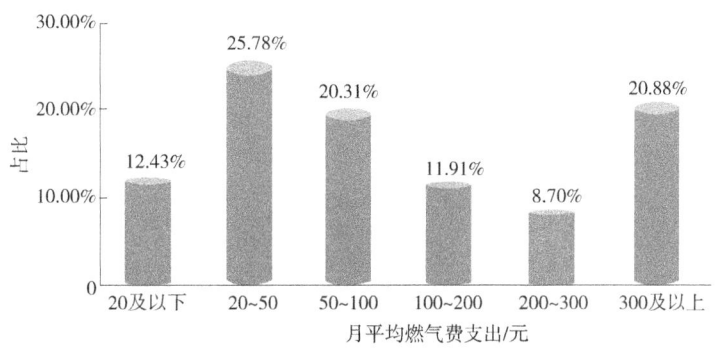

图 14 农村家庭月平均燃气费支出情况

分析可知，农村家庭燃气费用主要为炊事和热水器的费用支出，月均在50元左右，低于电费支出，月均在300元以上的主要用于取暖。随着河北省燃气取暖政策与步伐的不断推进，燃气的月均消费将越来越高。按照农村家庭天然气价格为3元/m^3计算，用天然气取暖每天需要20 m^3以上，按4个月的采暖时间来算，则要花费7200元，对于年收入5万元以下的农村家庭来说是一笔不小的开支。

农村家庭月平均水费支出情况如图15所示。月平均水费为20元及以下的家庭占比为46.14%，其次为20~50元占比为35.31%，80元以上仅占7.47%。

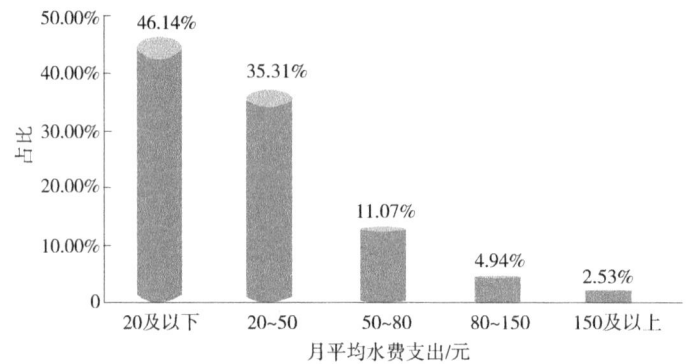

图15　农村家庭月平均水费支出情况

分析可知，农村家庭水费支出远低于电费和燃气费支出。实行阶梯式水价，大幅度拉开少量用水与超量用水水价之间的差距，让节水者得到奖励，让浪费者承担高额成本，从而增强大家的节水意识。

农村家庭灶具类型如图16所示。超过一半的家庭拥有燃气灶和电磁炉，蜂窝煤灶和柴火灶的使用比例分别为6.68%和9.90%，沼气灶的使用比例仅为2.20%，太阳能灶占比为1.70%。

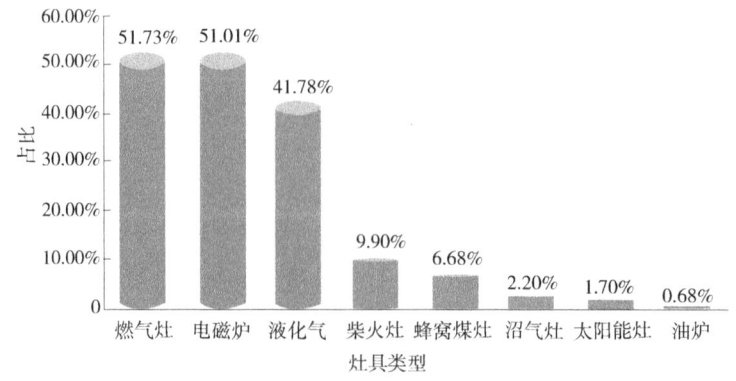

图16　农村家庭灶具类型

农村家庭用电设备如图 17 所示。家庭用电设备最普及的是洗衣机，占比达到 96.64%，其后为电视机和电冰箱，占比分别是 96.36% 和 96.06%，拥有空调的家庭占比为 90.17%，电扇为 82.65%，电脑为 64.75%，电暖气为 31.53%。

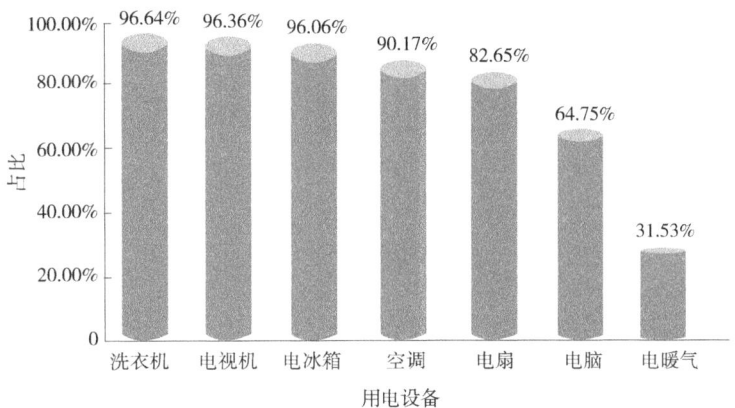

图 17　农村家庭用电设备

农村家庭拥有机动车情况如图 18 所示。拥有 1 辆汽车的家庭占比为 49.42%，拥有机动三轮车的家庭占比为 23.77%。

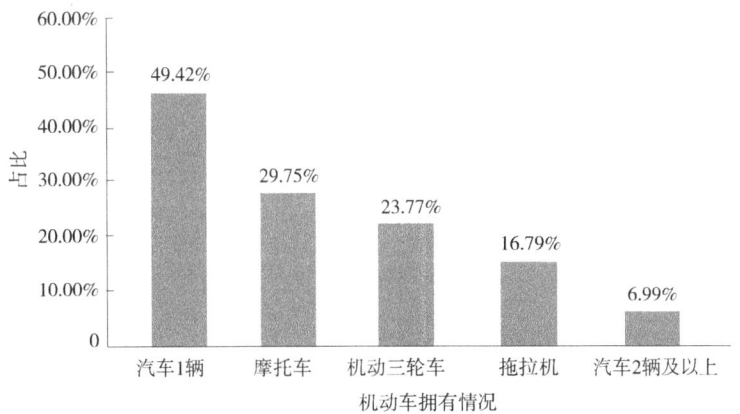

图 18　农村家庭拥有机动车情况

拥有机动车的农村家庭机动车动力类型如图 19 所示。汽油车占比达到 62.27%，柴油车占比达到 19.82%，电动车占比仅为 34.54%。机动车年使用油量如图 20 所示。年使用油量小于 500 L 的家庭占比最高，为 30.58%，年使用油量在 500~1000 L 的家庭占比为 27.69%。

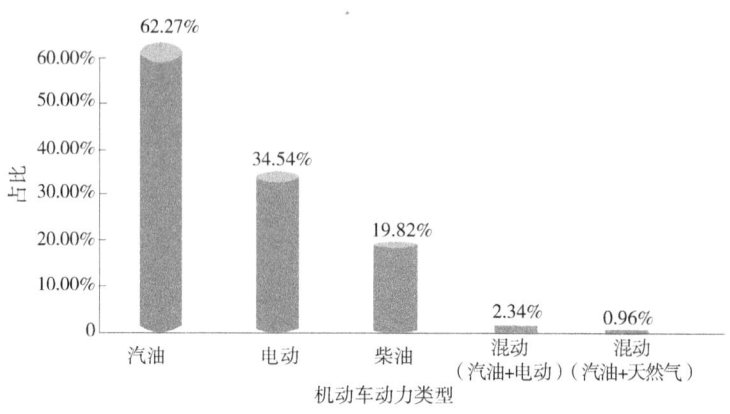

图 19　机动车动力类型

对清洁能源了解程度如图 20 所示。一般了解占比达到 58.58%，非常了解占比为 21.80%，不太了解占比为 16.81%，没听说过占比为 2.81%。

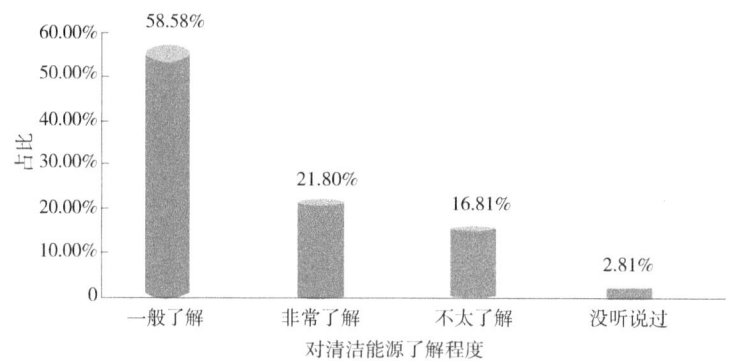

图 20　对清洁能源了解程度

分析结论如下。

1. 县域能源消费结构仍有较大的优化空间

整体上，根据《河北能源统计年鉴（2018）》，河北省农村能源消费中煤炭占比达 47.1%，农村能源环保治理形势依然严峻。微观上，本次调研中农村用电或气供暖比例已经达到了 74.38%，但仍有 33.45% 的家庭使用燃煤供暖方式，使用生物质能采暖的比例仅为 0.91%，利用率偏低。

在国家乡村振兴战略中，生物质能被列为重要的发展方向，是农村优化用能结构的重要手段。河北省生物质资源总量丰富，根据《河北农村统计年鉴（2019）》测算，可利用资源约为 3004 万吨标准煤，但目前能源化利用率仍处于低位。通过调研了解到，阻碍河北省生物质能发展的原因主要有：一是收储运体系不健全，老百姓缺乏收集积极性，田间秸秆等得不到充分收购，并且平均收购价格上涨，导致企业收购成本增加；二是农村垃圾主要施行"村收集、镇转运、县处理"模式进行填埋处理，就地能源化利用未引起重视；三是生物质能涉及原料收集、加工转化、产品消费、伴生品处理等诸多环节，目前河北省尚未形成系统化的高附加值商业开发模式。

2. 清洁供暖可持续发展有压力

河北省农村分户自供暖比例达到78.85%，其中，燃煤供暖的比例高达33.45%，清洁供暖还有待提高。农村地区家庭冬季采暖部分仍然使用传统的燃煤方式，这是造成冬季空气污染的因素之一。煤改电、煤改气在一定程度上能够改善农村供暖导致的环境污染问题，但面临的问题是供暖成本过高或气源不足，供暖可持续性差。

我国能源消耗中建筑耗能占社会总耗能的比例逐年增大，在建筑耗能中，采暖耗能占70%以上。建筑节能改造是减少采暖能耗的一个有效途径，能有效降低供暖系统运行成本，从根本上解决建筑本体用户侧与供暖能耗需求协调发展，促进清洁供暖工作的持续性开展。

3. 太阳能光热等高效率技术推广缓慢

通过热水器用能调研分析，单独利用太阳能的占比为6.92%。热水器利用率随着农民生活水平的提高而不断提高，直接用电和"太阳能+电加热"热水器逐步增多，当前占比分别达到41.56%和32.16%。

《河北省2018年冬季清洁取暖工作方案》提出光伏+多种清洁能源互补利用方式试点示范，太阳能光热转换效率可以达到80%以上，是便捷高效的取暖方式。调研中发现，"太阳能+多种清洁能源互补"供暖目前推广缓慢，主要原因如下：一是由于农村房屋多数为不节能建筑，能耗大，而太阳能又存在能量密度低、随天气和季节变化而变化、随昼夜变化具有间歇性等特性，造成采暖效果不理想，用户满意度差，导致了"叫好不叫座"的局面。二是初期投资相对较高，投资回收期较长。"太阳能+多种清洁能源互补"供暖系统是以太阳能为主，其他清洁能源为辅，目前常用的辅助热源有燃气锅炉、生物质锅炉、清洁煤锅炉、空气能、地热能及地源热泵等。因此，初期安装时需要安装太阳能和辅助热源两套设备，比单一采暖设备投资高。三是采用太阳能热利用系统的环境效益、社会效益没有得到群众的认可，应用太阳能热利用系统的激励政策还不够完善。

4. 电力负荷承载力的问题

随着农村经济条件的改善，家用电器在农村家庭越来越普及。通过数据分析可见，洗衣机、电视机、电冰箱和空调的拥有量已经超过90%。随着农村经济的发展及农民收入的提高，人们对生活舒适度的要求更高，农村家用电器的使用率不断增加，农村电网承载力将遇到挑战。

大力挖掘用户侧资源，可以节省大量的电网侧投资，促进新能源的消纳，为能源发展转型做出贡献。在本次调研中，家用电器中空调和热水器的负荷功率最大，分别达到了3100 W和2000 W，是家庭主要用电负荷，其次是厨房电器，功率在500~1000 W（部分数据参考《中国家庭能源消费研究报告（2016）》）。

调研显示，拥有空调的家庭比例已经达到90.17%，按照河北省农村户数1400万户计算，则河北省农村家庭至少拥有空调1260万台。若考虑空调使用同时率为0.4，则空调负荷功率达到1500万kW。空调温度每调整1 ℃会影响空调负荷7%~10%，即105万~150万kW。

参与此次调研的家庭中拥有电热水器占比41.56%，"太阳能+电加热"热水器占比32.16%。按照河北省农村户数1400万户计算，则河北省农村家庭至少拥有电热水器1000万台。若使用同时率为0.4，电热水器按2000 W、"太阳能+电加热"热水器按1000 W计算，则热水器负荷为450万kW。

由上述分析可见，河北省农村家庭可调节的空调和热水器负荷已经达到百万千瓦数量级。通过实施分时电价和智能终端设备对需求侧进行有效管理，促使需求侧负荷参与峰谷差调节，能有效降低系统运行峰谷差，在一定程度上降低有序用电的负荷损失，同时，在不影响正常生活的前提下，为用户节能降耗，节约能源消费开支。电网侧可以在减缓电力系统投资的同时实现促进能效提升、保持源网荷平衡、促进新能源消纳、抵御事故风险等目的。

5. 清洁用能意识薄弱

大力发展清洁能源，不仅可以保障能源安全，而且对减少温室气体排放、促进环境保护、实现国民经济可持续发展具有重要意义。但是，在对清洁能源了解程度的调研中，非常了解只占21.80%，没听说过占2.81%。因此，要加强清洁能源宣传宣教，形成全民参与、共建共创文明绿色家园的良好氛围，共同为打好污染防治攻坚战贡献力量。

三、对策建议

（一）推进生物质能清洁高效利用

一是加强政策倾斜。根据生物质热电联产项目供热能力确定供热范围，制定针对生物质特点的环保建设标准，达到超低排放的生物质能企业可同等享受国家补贴。二是建立"1+X"的原料收储运供应体系。按照合理半径构建一个乡镇级收储中心加多个村级收储点的供应网络，促进原材料便捷有效利用；同时可将收储点建设列入村集体财产，建立企业租用支付费用、收储利润村民共享的利益链接机制，同时吸纳农村剩余劳动力参与收储点运营管理，增加农民额外收入。三是探索废弃物全量资源化利用，促进就地利用。可率先在武安、行唐、正定、元氏、邓庄、怀来等省级畜牧业科技园和大型奶牛养殖企业开展畜禽粪污综合利用试点，重点研究开发畜禽粪污—能源作物协同处置与循环利用技术、农村垃圾—畜禽粪污—生物质废弃物协同处置与多联产系统、多联产技术产品深加工等关键技术，建设农村代谢共生产业园，将农林废物、农村生活垃圾、畜禽粪便等的治理和利用与现代能源、化工结合，提高现代农业的附加值。

（二）因地制宜发展高效清洁能源供暖

一是对于居住集中等有条件采用集中供暖的农村地区，如新农村、乡镇，积极推进集中供暖，并且集中供暖以生物质能供热和清洁煤供暖为主，以工业余热、地热利用为辅，多种能源互补，可解决农村冬季供暖成本高、国家补贴高、可持续性差等问题。二是对于住户较为分散的地区，由于集中供暖输送管网长、热损多，并且民宅多为非节能建筑，热负荷高，建议重点发展生物质能供热，如生物质成型燃料的清洁炉具供热。在具备条件的农村地区，扩大太阳能、地热和工业余热供暖，探索其他清洁供暖方式。三是在选择供暖方式时，一定要结合河北省各地的自然资源条件、经济条件、人们的生活习惯等因素，积极探索清洁能源的供暖渠道。

（三）加速太阳能光热应用的发展

一是考虑加大太阳能供暖产业各阶段的税收优惠力度，可带动太阳能供暖设备生产厂家的生产积极性，带动太阳能供暖产业进一步发展。二是加大政府对"太阳能＋辅助能源"使用的补贴力度，来解决"太阳能＋辅助能源"设备初期安装成本高的问题。三是激励太阳能供暖设备研发企业加大科研投入，尽快实现太阳能供暖设备的技术更新和突破。例如，开展太阳能相变蓄热技术的研究，这样可以极大提高太阳能的使用效率，降低运行成本。四是开展太阳能采暖系统的研究与示范推广，形成科学合理、可操作性强的评估方法和检测方法，出台相应的技术指南和设计手册等规范太阳能采暖工程的设计、施工和验收。

（四）通过政策引导，提高群众节电及错峰用电积极性

一是运用价格信号和激励机制等经济杠杆，引导用户优化用能行为，积极参与削峰和填谷需求响应。二是积极培育和发展负荷集成商，代理用户参与用户侧资源利用相关业务。三是搭建新能源云平台、储能云平台、车联网平台等平台，为用户侧资源利用创建开放共享、泛在互联的生态。

（五）推广农村低能耗建筑，促进农村节能减排

一是加强农房节能宣传，加大"双代煤"农户和贫困户的农宅节能改造补贴力度，培养农民建筑节能意识。二是结合河北省中心村和新型农村社区的新民宅建设，综合考虑舒适性、经济性和生活习惯等因素，因地制宜地推进被动式超低能耗建筑发展，推动光伏建筑一体化。三是针对河北省既有农房特点，编制《既有农宅节能改造技术导则》，采用"菜单"形式，设定节能30%、60%等不同等级的改造方案，供农民结合自身需求和承受能力搭配选择，并进行差异性补贴。

报告 2 河北中南部"煤改电"取暖运行情况调研

摘要：

2016年党中央、国务院针对京津冀及周边地区做出取暖清洁化的战略部署以来，河北省圆满完成"煤改电"改造任务，助力大气污染防治，保障百姓温暖度冬。随着清洁取暖实施范围和规模逐年增加，"煤改电"逐步进入深水区和攻坚区，对"煤改电"的运行情况开展调研及分析将对工作的进一步推动具有重要的意义。本文调研以河北中南部地区（包括石家庄、保定、邯郸、邢台、沧州、衡水和雄安新区）为例，介绍了"煤改电"整体推进情况，并结合目前面临的形势，对2019—2020年采暖季"煤改电"各类用户的电量、负荷进行多维度统计分析，提出巩固低谷电量打捆交易模式、加大政策保障、引导用户侧设备选型等对策建议，以期为河北省清洁取暖可持续发展提供参考。

作者简介：

胡诗尧，国网河北省电力有限公司经济技术研究院，工程师，研究方向：配电网规划。

杨书强，国网河北省电力有限公司经济技术研究院，助理工程师，研究方向：配电网规划。

张　晶，国网晋州市供电公司，工程师，研究方向：配电网规划。

孙鹏飞，国网河北省电力有限公司经济技术研究院，工程师，研究方向：配电网规划。

一、"煤改电"整体推进情况

（一）背景简述

2016年6月，环保部印发《京津冀大气污染防治强化措施（2016—2017年）》。设立京津冀"禁煤区"，在京津冀部分地区开展"煤改电"工作。

2017年，环保部、发展改革委等四部委和六省（市）人民政府联合印发《京津冀及周边地区2017年大气污染防治工作方案》，将京津冀"禁煤区"扩大至"2+26"大气污染传输通道城市，并逐步扩大到辽宁和陕西等省份。

2018年6月，中共中央、国务院印发《关于全面加强生态环境保护坚决打好污染防治攻坚战的意见》，提出要坚决打赢蓝天保卫战，并随后印发《打赢蓝天保卫战三年行动计划》，提出在京津冀及周边地区、汾渭平原等重点区域，通过构建清洁低碳高效能源体系、实施清洁取暖散煤替代、发展绿色交通体系等措施，狠抓秋冬季污染治理。河北南部地区始终在各项"煤改电"重点改造范围内。

《河北省冬季清洁取暖专项实施方案》提出到2020年，平原地区基本实现清洁取暖，遵循"宜电则电、宜气则气、宜煤则煤、宜热则热"的原则，全面实施散煤综合治理，推进北方地区冬季清洁取暖，优化取暖用能结构。2018—2021年，政府有关部门短时间内集中推动电代煤140万户。

河北电网长期发展向好，电网负荷及用电量保持较高水平增长，近几年"煤改电"工作的密集开展，带动负荷进一步上涨，也将使电力供应缺口进一步扩大，短期内电网保障压力较大。

（二）"煤改电"用户完成情况

截至2019年年底，河北中南部已完成2016年城镇供热"煤改电"万户试点、2017年"2+26"大气污染传输通道城市清洁取暖改造等9批次"煤改电"配电网建设，共改造"煤改电"用户76.59万户，其中，居民75.93万户、企事业单位6496家。"煤改电"用户类别主要为居民散户，占比超过99%，用户数量同比增长111.7%。

（三）财政补贴政策

1. 补贴政策

2018年7月，《河北省气代煤电代煤工作领导小组办公室关于调整完善农村地区清洁取暖财政补助政策的通知》（冀代煤办〔2018〕30号）印发，明确2018—2019年采暖季电代煤运行补贴为0.12元/（kW·h），每户最高补贴电量10 000 kW·h，即1200元，由省、市、县各承担1/3，暂执行3年。

根据目前向政府了解的情况，各地政策执行不完全一致（表1）。执行旧政策[0.2元/（kW·h）]的有石家庄（除辛集）；执行新政策补贴[0.12元/（kW·h）]的有邯郸、邢台、沧州、辛集、雄安（安新）；市县按旧政策、省补贴按新政策补贴，合计为0.173元/(kW·h)时的有衡水、保定、雄安（容城）。补贴电量限额全部为10000kW·h。

表1 河北南网居民电采暖电价及补贴政策清单

序号	电价补贴		执行范围及期限	其他政策
	补贴价格/[元/(kW·h)]	补贴电量限额/(kW·h)		
1	0.2	10 000	石家庄首年（除辛集）	供暖期居民用采暖用电谷段时间延长2小时；供暖期居民供暖价格执行阶梯一档电价
2	0.173	10 000	衡水、保定、雄安（容城），暂定3年	
3	0.12	10 000	邯郸、邢台、沧州、辛集、雄安（安新）	

2. 发放形式

目前河北的补贴方式是"先用后补"，即用户在采暖季先按照"煤改电"电价缴费用电，采暖季过后地方政府对各用户补贴统计核算，电网公司配合提供电量度数统计。补贴金额确定后，款项不经电网公司，由政府逐级发放至用户。期间，政府核算周期较长，各地补贴发放效率不同，对居民"煤改电"使用积极性有一定影响。

（四）"煤改电"采暖设备分布情况

1. "煤改电"采暖方式简介

按照供暖规模，电供暖分为集中式供暖和分散式供暖；按照是否具备蓄热功能，分为蓄热式和直热式供暖，其中，直热式电供暖又可分为热泵式和非热泵式（表2）。

表2 电供暖类型划分

按供暖规模划分	集中式		分散式		
按蓄热功能划分	蓄热式		直热式		
现有电供暖设备类型	大型蓄热电锅炉	蓄热式电供暖	非热泵式直热电供暖	空气源热泵	地/水源热泵

集中式电供暖相对于分散式电供暖可降低30%左右的热量耗散；蓄热式电供暖可做到停电不停暖，具备削峰填谷特性；热泵式设备同时具备供热与制冷功能，电热转换能效比可达到2~4，但占地面积大，设备采购费用是其他电供暖设备的3~4倍；非热泵式设备成本低、占地面积小，但取暖用电功率大、运行费用高。

按照"煤改电"可持续发展的目标，电网公司以"煤改电"采暖方式、采暖设备需求分析为前提，通过重点分析房屋采暖特性及供暖技术，确定了"因地制宜选用集中式或分散式供暖方式，大力推广使用蓄热式、集中式电供暖，在具备条件的地区发展热泵供暖"的电采暖技术方案。

2."煤改电"采暖设备分布变化

从整体看，2019—2020年居民散户"煤改电"采暖设备类型主要为分散热泵式和分散蓄热式，占比分别为43.14%和36.07%，与上个采暖季相比，用户数量分别增长216.63%和68.54%。

二、"煤改电"面临形势

（一）市场推动仍有一定阻力

华北地区电力多由燃煤电厂供应，"煤改电"使用电力作为采暖能源，势必高于使用一次能源成本水平，而且"煤改电"的推广使农村取暖方式增加了能源转换层级，降低了能源利用效率。加之部分农村房屋保温修缮不到位，导致电采暖效果不佳，使得农户使用"电采暖"的积极性不高，长期持续发展的基础不牢固。

（二）电力供应缺口持续加大

河北南网是全国为数不多的缺电地区，迎峰度冬期间需要通过加大外送电力等方式予以满足。"煤改电"的全面实施，使得河北南网面临严重缺电的局面，特别是衡水、沧州、保定地区情况更为突出，部分地区冬季大负荷已经超过夏季；而特高压等外受电通道建设的前期工作和协调难度较大、周期较长，难以满足短期快速增长的用电需求。

（三）电网保障有压力

"煤改电"实施地区多集中在电网相对薄弱的农村地区，需要投入大量资金进行电网改造才能满足"煤改电"负荷增长的需要。同时，"煤改电"作为民生工程，电网公司提出"停电不停暖"，保障"煤改电"用户安全可靠用电，提高供电可靠性。但"煤改电"为季节性负荷，受用户接受新采暖方式程度不同及暖冬情况的影响，存在"煤改电"使用率低的风险，进一步造成电网公司投资效益低、电网资源无法有效利用的局面。

（四）财务支撑能力有限

一方面，"煤改电"补贴压力大，财政承受能力有限；另一方面，农村居民收入水平偏低，而"煤改电"消费支出高。不考虑政策补贴的情况下，采暖季单户居民的电采暖电费支出较燃煤取暖多支出约1400元。

三、"煤改电"电量完成情况

（一）"煤改电"用户电量整体情况

2019—2020年，河北南网"煤改电"用户电量全年呈现"两峰两谷"趋势。4—6月"煤改电"停止使用，用户电量整体回落，维持较低水平；7—9月夏季气温升高，制冷电量增加；10—11月随温度下降，电量有所回落，与4—6月基本持平；进入采暖季后，"煤改电"普遍开启运行，12月到次年3月电量大幅增长[1]，明显高于非采暖期。

由于2018年、2019年新增"煤改电"用户较多，连续两年采暖季电量同比显著增加。选取非采暖季4月、5月、6月、10月、11月电量平均水平折算全网"煤改电"用户采暖季基础电量。经统计，采暖季发生电量是基础电量的5.34倍[2]。

（二）"煤改电"电量多维度分布分析

1. 按用户类型统计

按总电量占比统计，居民散户电量占比最高为83.31%，用电量同比增长85.6%；受疫情影响，学校采暖电量大幅下滑，同比减少51.2%。

按户均电量统计，学校、企事业单位受疫情影响，户均电量同比分别减少51.8%、40.4%，居民散户相对稳定，减少12.3%。

按采暖季电量增幅统计，居民散户采暖季电量增幅4.82倍，学校电量增幅8.02倍，企事业单位电量增幅6.07倍，均较上个采暖季有所下降（图1）。

---

[1] 月度时间以抄表周期为准，与自然月有时间差异。
[2] 本口径以下统称"采暖季电量增幅"。

图1 不同用户类型采暖季电量增幅

2. 按采暖设备类型统计

按总电量占比统计，热泵式、蓄热式和其他直热式采暖设备电量占比较高，分别为 45.46%、29.12% 和 18.25%，电量同比分别增长 107.2%、17.8% 和 44.8%（图2）。

按户均电量统计，蓄热式、热泵式和其他直热式户均电量同比分别减少 30.1%、34.6% 和 13.5%。

按采暖季电量增幅统计，蓄热式、热泵式和其他直热式采暖设备采暖季电量增幅分别为 4.50 倍、5.66 倍和 4.45 倍，均较上个采暖季有所下降。

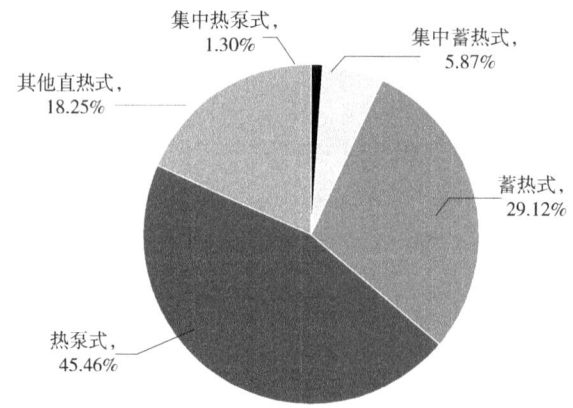

图2 不同设备类型采暖电量占比

（三）影响电量因素分析

1. 疫情影响

受新冠肺炎疫情影响，学校和企事业单位延迟开学复工，采暖季电量较往期下降较大，户均用电量分别同比下降 51.8% 和 59.6%，学校和企事业单位电量占比由上个采暖季的 22.04% 下降至 9.52%，用电潜力未完全释放。

2. 用电习惯影响

存量用户户均用电量明显高于增量用户，并且存量用户户均用电量各档位分布变化不大，表明存量用户用电习惯已基本形成。

与存量用户相比，增量用户户均用电量偏低，主要原因为增量用户中高段用电户数低，中段用电户数高，两者负增长户数差距不大。表明确村确户工作成果较为完备，改造范围基本合理，只是增量用户用电习惯尚未形成，用电潜能未完全体现。

3. 用户类别影响

学校和企事业单位与同期居民散户相比，电量增幅较为明显。主要原因：一是在政策上，企事业单位及学校统一管控，"煤改电"后可严格按要求执行电采暖政策，完全杜绝用煤；二是在资金上，企事业单位及学校相对农村居民散户有较强的经济能力，保证了电采暖的应用。

四、基于 HPLC 数据采集的运行情况分析

（一）用电高峰时间段分布分析

春节及疫情封闭期之前，"煤改电"用户用电高峰期多在夜间 00：00—4：00，白天用电量较小，16：00 后温度降低，用电量略有回升（图3）。

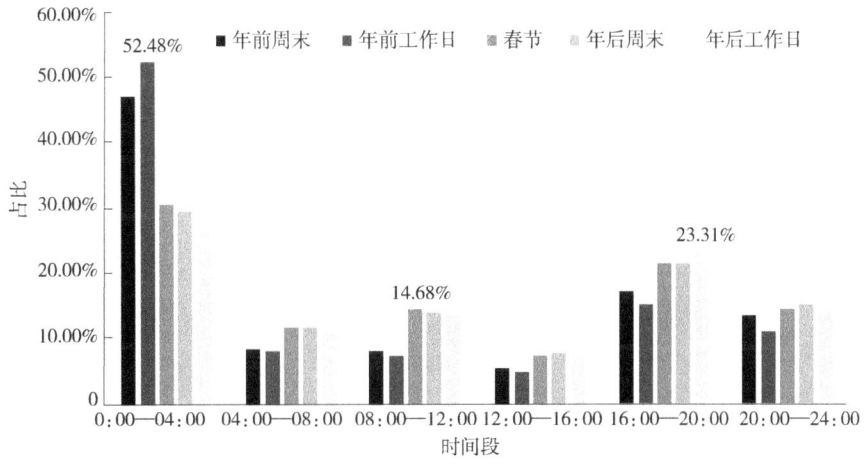

图 3　HPLC 用户各时间段用电量情况

春节及疫情封闭期间,"煤改电"用户用电高峰仍处于夜间 00：00—4：00,但户数明显下降,白天各时间段用电量上升。

(二)用户总电量分布情况分析

将采暖季总用电量低于 80 kW·h 的用户定义为房屋空置户,该类用户占比为 13.52%；将采暖季总用电量在 80~400 kW·h 的用户定义为设备空置户,该类用户占比为 14.35%。因此,"煤改电"用户中未使用电采暖设备的占比为 27.87%,电采暖使用效果良好(>1600 kW·h)的用户仅占 39.04%(图 4)。

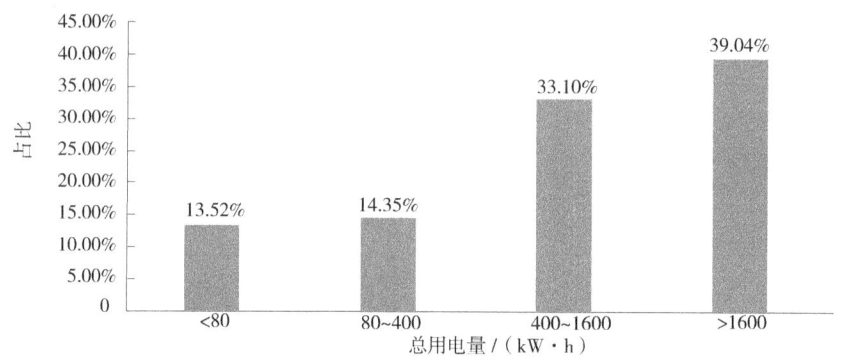

图 4　HPLC 用户总用电量情况

分设备类型来看,采用其他直热式采暖的用户设备空置率[①]最高,达 32.0%,采用热泵式采暖的用户设备空置率最低,为 25.18%；热泵式设备使用效果良好(>1600 kW·h)的用户最多,占比为 44.37%(图 5)。表明用户对热泵式设备认可度较高,对其他直热式设备认可度较低。

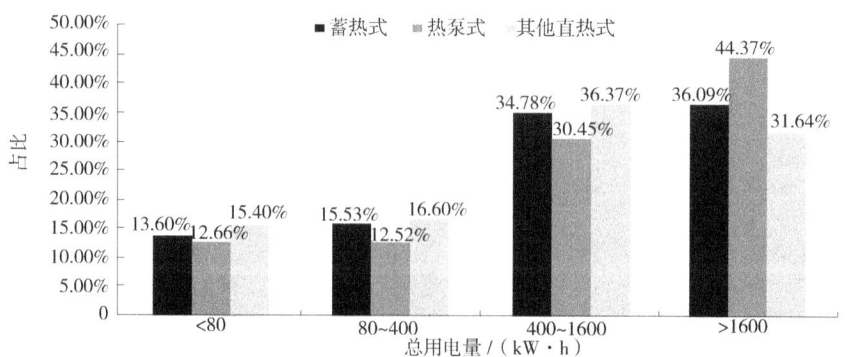

图 5　HPLC 用户各类设备使用情况

---

① 空置率的概念同时包含房屋空置和设备空置的情况。

（三）各区域居民散户空置情况

从时间维度看，采暖季前的 10—11 月居民散户空置率较高，随着采暖季的到来和外出务工人员返乡，12 月至次年 1 月空置率出现较大幅度的下降，在 1 月底至 2 月初，叠加低气温和春节假期两方面因素，空置率达到最低水平，之后随着 3 月的复工复产，空置率出现反弹回升。与往期相比，本采暖季各月空置率均略有上升，最低空置率与往期基本持平（图 6）。

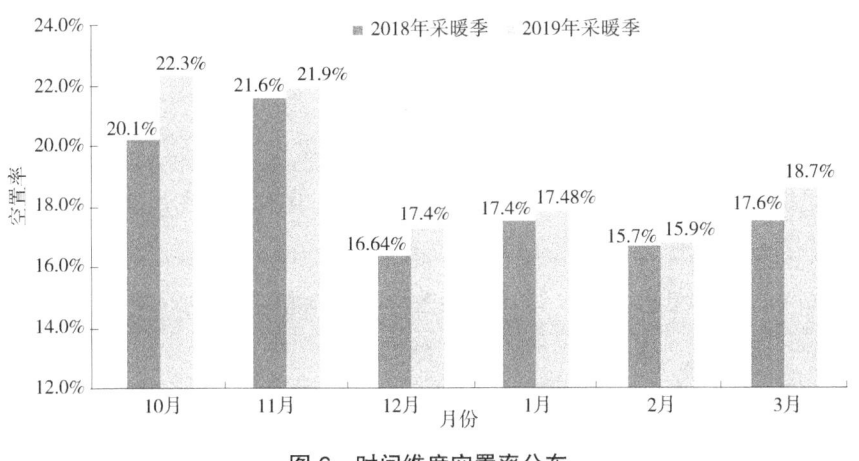

图 6 时间维度空置率分布

五、负荷统计分析

（一）"煤改电"负荷统计

分析"煤改电"用户运行情况发现，与"煤改电"实施之前相比，冬季采暖负荷大幅上涨，冬夏负荷差和峰谷逐渐减小。但采暖季"煤改电"户均负荷增长低于预期，原因主要有以下几点：一是经济承受能力有限，"煤改电"使得采暖成本大幅提高，导致部分居民使用情况较差；二是居民采暖习惯尚未完全转变，负荷增长并非"一步到位"；三是空置率偏低，在测算户均负荷时，农村地区空户较多，拉低了实际负荷增长。

（二）典型采暖设备运行特性

选取"煤改电"户均电量较大的蠡县、柏乡、容城，分别对分散式热泵、分散式蓄热、其他直热式 3 种类型采暖设备的运行特性进行分析。选取采暖设备利用率较高的用户作为样本,基于全网"煤改电"最大负荷日(1月24日)进行负荷特性分析,结果如下。

分散式蓄热设备运行曲线呈现较为明显的峰谷特性,利用晚间低谷电进行加热蓄能,白天采暖设备不工作或低功率运行。由于设备同时间段启动,同时率较高。

分散式热泵与其他直热式设备运行特性接近,采暖负荷与居民日常生活负荷叠加,出现8:00—10:00、19:00—22:00两段负荷高峰,户均负荷相对较低。

(三)影响负荷因素分析

1. 气温影响

2019—2020年采暖季日最低温度平均值为-3.13℃,较上个采暖季上升1.29℃,最高温度由-2.4℃上升至-0.5℃,最低温度由-11.6℃上升至-10.1℃。

上个采暖季曾出现12月27日开始的连续11天低于-10℃、2月9日开始的连续9天低于-7℃等长期低温天气,带动"煤改电"负荷快速上升。本采暖季未出现长期连续低温天气,因此,"煤改电"户均负荷有所下降。

2. 设备类型影响

从存量用户使用情况来看,分散式、集中式热泵采暖设备户均电量有所提升,主要因为热泵类设备电热转换效率高、制热效果好、用户体验度高,用电潜能逐步提高;但从增量用户使用情况看,热泵式采暖设备使用情况较差,主要因为热泵式设备户均电费偏高,使用成本较高,在暖冬情况下,用户使用意愿不强。蓄热式、其他直热式设备运行情况接近,使用体验较差但运行成本偏低,存量用户使用意愿不强,而增量用户使用意愿相对较好。

对电网来说,热泵式及直热式采暖设备直接叠加电网负荷,需提高电网建设标准来满足用电需求,降低了电网利用水平;而蓄热式采暖设备可以利用谷段电力充电蓄热,一定程度上可以提高电网利用率及电网运行效率效益。

六、"煤改电"可持续发展的相关建议

(一)坚持巩固低谷电量打捆交易模式,扩大用户范围

现行的《河北南部电网煤改电采暖低谷电量打捆交易方案(试行)》中交易电量

精准计量核算部分"委托省电力公司按照南网各地政府'煤改电'规划安排,对已完成改造的用户报我委审核……对低谷时段电量进行市场化交易"的表述,仅允许对政府规划"煤改电"电量进行打捆交易。建议进一步向价格部门争取扩大政策范围,将居民自主实施电采暖、申请"电采暖"合表电价的用户电量纳入交易中。

(二)加大政策保障,提升电采暖利用率

面对电采暖改造后利用率低的现状,建议:一是在确村确户时期坚持整村推进,便于后期对改造区域实行燃煤控制,提升电采暖利用率;二是出台政策对居民用户给予房屋节能保温改造补贴,提升电采暖使用效果;三是明确政府、供应商、用户与供电企业的四方对接关系,明确"煤改电"工程进度、取暖模式、电采暖设备类型及设备容量。

(三)引导用户侧设备选型,提升用户采暖感受

空气源热泵型采暖设备负荷曲线相对稳定、峰谷差小、电价较高、热效比高,对电网建设标准要求相对较低;蓄热式采暖设备峰谷差较大、电价较低,热效比低于热泵式,对电网建设标准要求相对较高。从经营角度,可引导推荐空气源热泵型采暖设备;从保供电角度,可引导使用蓄热式采暖设备,但应注意部分蓄热电锅炉类型设备仍靠水泵做热循环供暖,若停电则不具备"停电不停暖"的作用。原则上应避免使用非热泵式传统直热采暖设备,热效比较低,影响用户使用率。

报告3　河北光伏扶贫可持续发展调研

摘要：

　　光伏扶贫是我国十大扶贫模式之一，河北省在光伏扶贫中走在了全国前列。截至2019年年底，河北省光伏扶贫共完成393.5万kW，扶贫户数34万户，保障了建档立卡贫困户稳定收入20年，为贫困户创造年收入不少于3000元。本文通过分析河北省发展光伏的优势、典型模式和发展成效，并针对实地调研了解到光伏扶贫可持续发展中面临的一些问题，从运维、监测、服务、政策支持等方面提出对策建议。

作者简介：

　　赵贤龙，国网河北省电力有限公司经济技术研究院，高级工程师，注册咨询师，研究方向：能源经济与能源系统。

　　宋　妍，国网河北省电力有限公司经济技术研究院，工程师，研究方向：电网工程造价管理。

　　梁　巍，国网大名县供电公司，高级工程师，研究方向：电网规划与企业管理。

　　石双亮，国网大名县供电公司，高级工程师，研究方向：电网建设。

一、光伏扶贫开展背景

　　河北省一共有62个贫困县，包括45个国定贫困县和17个省定贫困县，共计310万农村贫困人口。光伏扶贫是以45个国定贫困县和燕山至太行山集中连片特困地区县为重点，针对建档立卡贫困人口比较集中的贫困村。

　　光伏扶贫是我国发展产业扶贫、资产收益扶贫的一种尝试，是首创的中国精准扶贫方案。自2013年起，河北省、安徽省等地区积极探索光伏发电和扶贫开发相结合的方式，取得了较好的经验，扶贫效果显著。2014年10月，开始在6省30县开展首批光伏扶贫试点。光伏扶贫具有适应范围广、建设周期短、预期收益比较稳定等优势，被国务院扶贫开发领导小组列为精准扶贫十大工程之一。

光伏扶贫相较其他扶贫方式具有以下优势：一是投入见效快，光伏扶贫项目的建设周期短，为1~3个月，建成并网就可收益；二是运行稳定性高，太阳能有效保障了光伏组件的正常运转，国家电网的统一收购则让贫困户不必为产品市场的稳定而担忧，安装完成即可并网，并网即能售电，发电就有收入，收益相对稳定；三是贫困户投入少，光伏扶贫只要有满足安装要求的空置屋顶、空地就行，项目安装、运维由政府和企业负责；四是帮扶户多、涉及面广，可以实现整村推进实施；五是综合效益较好，可与农业互补发展，提升土地资源的利用价值。

二、河北省开展光伏扶贫的优势

（一）具有光照资源优势

河北省是我国光照资源富集的地区，光照自然条件优越。太阳能资源呈由南向北、由东向西递增趋势，其中以张家口地区最为丰富，年均太阳辐射约为5763.82 MJ/m^2。全省平均日照小时数大于2400小时，北部张家口、承德地区年日照小时数平均为3000~3200小时，中东部地区为2200~3000小时，分别为太阳能资源二类和三类地区，具有较大的开发利用价值（表1）。

表1 河北省不同地区年总辐射量

分布地区	年总辐射量/（MJ/m^2）
保定容城、廊坊永清等小部分区域	<5000
唐山南部部分地区，保定、石家庄东部，邢台和邯郸大部分地区	5000~5200
保定、石家庄西北部，衡水、沧州、廊坊、唐山、秦皇岛等大部分地区	5200~5400
张家口、承德地区	>5400

（二）具有地域资源优势

河北省贫困人口分布地域比较广阔，地型包括燕山、太行山、坝上等山区，高原及广大平原地区,具有很多非常适合发展光伏扶贫发电站的场地。

(三)具有完整的光伏产业链

河北省已经具备了从晶硅提纯、铸锭、切片、电池片、电池组件到光伏系统应用完整的光伏产业链。光伏作为战略性新兴产业形成了英利、晶龙、晶澳和东旭等较大的光伏企业。

三、河北省光伏扶贫典型模式

河北省在开展光伏扶贫过程中,因地制宜地充分结合地区的条件,选择不同的光伏扶贫模式。

(一)地面集中式光伏电站扶贫模式

地面集中式光伏电站扶贫模式一般由"企业全额"出资建设光伏扶贫电站,或者由"政府+企业"共同出资,即政府出少量扶持资金,剩下的全部由企业自筹资金。由建设企业与地方政府签署捐助协议,每年将光伏发电收益的一部分捐赠给建档立卡贫困户,保障每户每年获得不少于3000元。该模式运行机制如图1所示。

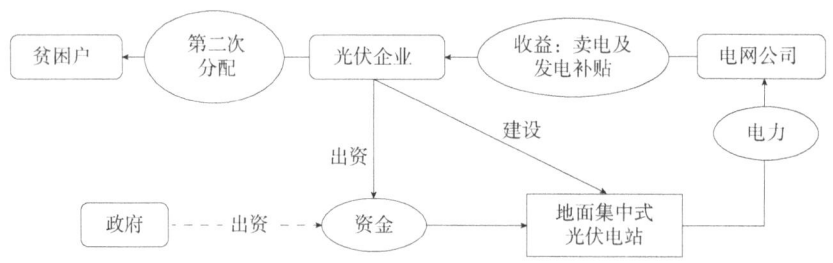

图1 地面集中式光伏电站扶贫模式

这种建设模式本质上是政府和企业的利益联结机制,通过光伏企业出资建设扶贫项目,并与政府签订协议,每年给贫困户一部分收益,贫困户脱贫增收就是政府的最终目的。但是,这种建设模式由于装机容量大、建设资金投入高,对承建企业有一定的资金要求。

（二）村级光伏电站扶贫模式

村级光伏电站扶贫模式是国家重点扶持的光伏产业扶贫模式，这种建设模式主要以村集体为建设主体，充分利用贫困村空闲的荒山荒坡、村边空地，或者农业设施等未利用区域。另外，与农业相结合的模式提高了土地的单位产出，增加了农户收益，最大限度地利用了资源，增加了生态和社会收益。100~300 kW 大小规模不等的小型光伏电站，产权归村集体。该模式运行机制如图 2 所示。

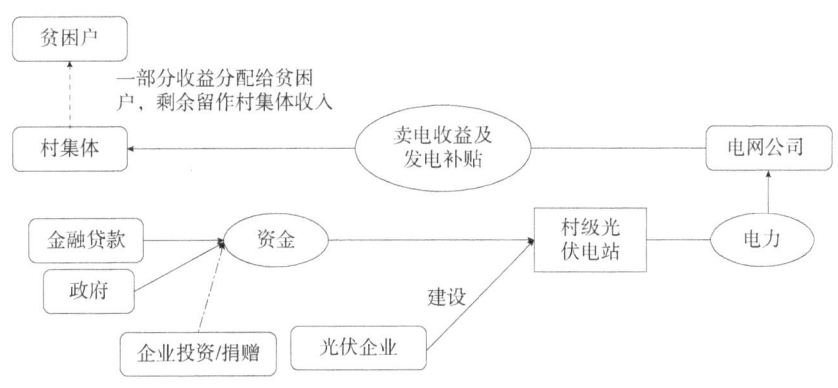

图 2　村级光伏电站扶贫模式

该模式初期建设出资方式有"政府扶贫资金+金融贷款"、企业投资或捐赠。2018年河北省出台了《河北省光伏扶贫收益分配实施办法》，明确指出 2017 年 12 月 28 日以后纳入国家建设规模的村级光伏扶贫电站，政府将全额投资建设。

村级光伏扶贫电站的日常管护由村集体安排贫困人员负责。村级光伏扶贫电站建成并网运营，将扶贫光伏电站发出的电卖给电网公司，卖电的全部收入及国家和地方给予的发电补贴按照比例分给村集体和贫困户，贫困户收益占比不低于60%。贫困村可以通过村级光伏电站扶贫模式实现村集体收入，同时该模式可以带动部分劳动力就业，增加他们的经济收入。

（三）户用光伏扶贫模式

户用光伏扶贫模式是在贫困户屋顶或庭院空地建设光伏发电系统，采用"斜屋面、平屋顶、房前屋后空地"3 种建设类型，一般规模为 3~5 kW，产权归贫困户，日常管护由贫困户负责，贫困户一般以自发自用为主，将没用完的电量卖给电网公司。国家政策对光伏扶贫发电的补贴力度不减，可以使贫困户获得较多的收益。该模式运行机制如图 3 所示。

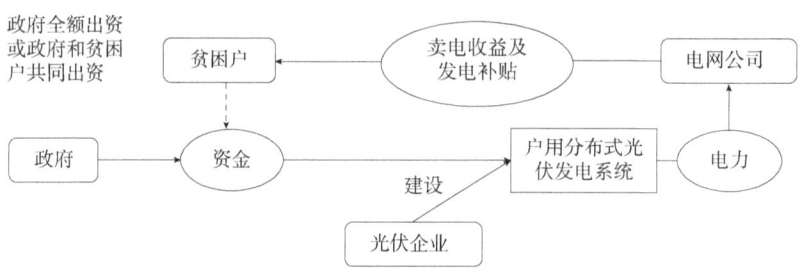

图 3　户用光伏扶贫模式

在实践中,对不同建设模式的利弊进行了权衡比较。对于户用系统,很多贫困户的屋顶比较简陋、承重不够,存在安全问题;另外,户用系统比较分散,维护比较困难。集中式电站适宜在土地资源宽裕的地区建设,但上述地区往往存在电网网架薄弱、消纳能力不足等问题。然而,最根本的问题是在收益分配上,集中式电站一般由企业和政府合资建设,很大部分收益归了企业,贫困户收益比例比较低。综合以上考虑,2017 年 5 月,国务院召开专题会议,提出光伏扶贫以村级光伏电站扶贫模式为主要建设模式。

四、光伏扶贫政策梳理

光伏扶贫作为一项创新性精准扶贫举措,若想在更大范围获取预期成效,推进光伏扶贫工作,就要统一规划、分步实施,要因户因村制宜、创新建设模式,建管结合、保障电站持续稳定运行,要充分挖掘资源、延伸收益链条。在国家政策的指导下,河北省围绕光伏扶贫产业规划、补贴机制、项目实施和收益分配等一系列关键环节,推进光伏扶贫健康发展,从源头申报、过程实施方案、建设指导意见、专项推进方案、问题整改方案和收益分配管理等方面出台了行之有效的政策文件,保证扶贫始终精准、百姓真实受益,为光伏扶贫工作这一民生工程的开展保驾护航。

(一)国家层面政策

2014 年 10 月,国家能源局、国务院扶贫办印发《关于实施光伏扶贫工程工作方案的通知》,提出利用 6 年时间,开展光伏发电产业扶贫工程。2016 年 3—9 月,国家能源局与国务院扶贫办等部门连续出台 5 项政策文件,明确了未来 5 年光伏扶贫的战略方向与发展模式,特别是《光伏扶贫实施方案编制大纲的通知》的公布,进一步明确了地方政府编制光伏扶贫实施方案的具体细节,为推进地方光伏扶贫工程建设和保障光伏扶贫项目有效实施提供了参照依据和保障。

(二)河北省层面政策

河北省把开展光伏扶贫工程作为精准扶贫、精准脱贫的一项重要措施和抓手,根据国家光伏扶贫工作的有关政策和精神要求,结合本省实际情况,制定出台了多项政策措施,明确了工作指导思想、目标任务、基本原则、建设模式、实施步骤、保障措施和验收指南等,是河北省光伏扶贫的顶层设计,为全省光伏扶贫的顺利实施提供了保证(表2)。

表2 河北省光伏扶贫相关政策汇总

序号	发布机构	发布日期	名称	主要内容
1	河北省发展改革委 河北省扶贫办	2016-04-29	关于做好2016年光伏扶贫实施方案的通知	河北省重点在45个国家扶贫开发工作重点县和燕太特困片区县实施光伏扶贫工程。计划2016年通过光伏扶贫解决贫困人口不少于4万人,拟建设光伏扶贫电站200万kW,原则上每个贫困县建设光伏扶贫电站规模不超过5万kW
2	河北省能源局	2016-10-13	关于申报2016年村级光伏扶贫电站试点项目的紧急通知	按照"统筹规划、分步实施"的原则,在全省45个国家扶贫开发工作重点县和燕太特困片区县开展村级光伏扶贫电站建设。2016年先行试点建设村级光伏扶贫电站1000个,单个村级电站规模控制在100~300 kW以内。根据国家有关部门关于村级电站扶贫标准要求,每个贫困户对应规模5 kW,即300 kW村级扶贫电站解决扶贫人口60户
3	河北省发展改革委等9部门	2016-10-20	河北发改委等9部门关于积极推进村级光伏扶贫电站(含用户)建设指导意见	2016年年底前,全省45个国家级贫困县完成村级光伏扶贫电站建设规划,并选择有条件的贫困村推进建设500个村级光伏扶贫电站(含用户)试点。从2017年开始,利用2年左右的时间,按照建设规划,力争实现具备条件的建档立卡贫困村村级光伏扶贫电站(含户用)全覆盖,确保在20年内,光伏扶贫对象家庭年均增收3000元,贫困村集体收入显著增加
4	河北省发展改革委	2017-03-06	加强贫困地区农村电网建设改造实施方案	聚集扶贫重点地区和重点对象,将光伏扶贫项目的并网工程优先纳入电网建设改造计划。到2020年,新增光伏扶贫村级电站装机容量约100万kW,新增10 kV配变容量约32万kVA,建设改造10 kV及以下线路约880 km

续表

序号	发布机构	发布日期	名称	主要内容
5	河北省政府办公厅	2017-06-08	河北"十三五"脱贫攻坚规划	针对建档立卡贫困人口集中的贫困村,根据扶贫对象数量、分布及光伏建设条件,因地制宜选择光伏扶贫建设模式和建设场址,整村推进实施光伏扶贫工程,采用资产收益扶贫方式,保障无劳动能力的建档立卡贫困户每年每户增加收入3000元以上,脱贫人口不少于15万人
6	河北省扶贫办、河北省发展改革委、河北省地方税务局	2018-01-09	关于光伏扶贫收益分配的指导意见	配比商业电站按照扶贫电站与商业电站1:2.5配套,每1万kW扶贫电站带动1000个建档立卡贫困户;全扶贫模式电站,每1万kW带动330~400个建档立卡贫困户。村级光伏扶贫电站采取多种模式建设,原则上按照5~10kW扶持1个建档立卡贫困户标准,确立电站建设规模
7	河北省物价局	2018-05-08	关于明确光伏扶贫电站电价补贴政策的通知	2018年年底前并网的光伏扶贫电站上网电价补贴标准为每千瓦时0.2元,自并网发电之日起补贴3年,到期后按照国家现行光伏站电价政策执行
8	河北省发展改革委、河北省扶贫办	2018-05-10	河北省2018年光伏扶贫工作专项推进方案	力争2018年年底前,全省建设光伏扶贫电站总容量400万kW以上,带动建档立卡贫困户30万户
9	河北省发展改革委	2018-07-17	河北发改委关于落实光伏扶贫整改方案的通知	一是开展2018年村级光伏扶贫电站建设检查;二是开展光伏扶贫电站建设质量"回头看"活动;三是落实扶贫收益分配
10	河北省扶贫办、河北省发展改革委	2018-08-14	印发《河北省光伏扶贫工作专项检查方案》的通知	8月底前在全省有光伏扶贫任务的9个区市和41个县全面开展专项检查。此次将重点检查村级光伏扶贫电站和集中式光伏扶贫电站,主要内容包括组织推动、工程质量、运行维护、收益分配等,要求各地组织自查,同时上级部门开展核查和抽查,进行三级联动式专项检查
11	河北省发展改革委	2018-08-24	关于印发《河北省光伏扶贫电站工程验收指南》的通知	各级发改部门会同有关单位,成立验收工作组或委托第三方专业机构,对已纳入国家规模管理建成并网的光伏扶贫电站组织开展验收工作;对未建成并网的,建成后及时开展验收工作
12	河北省扶贫办	2018-10-08	关于印发《河北省光伏扶贫收益分配实施办法》的通知	提出了企业投资建设集中式扶贫电站、政府全额投资建设村级扶贫电站和政府全额投资建设户用屋顶分布式光伏扶贫电站3种方式,并确定了产权及收益分配

续表

序号	发布机构	发布日期	名称	主要内容
13	河北省发展改革委、河北省扶贫办	2019-09-04	关于印发《河北省易地扶贫搬迁("空心村"治理)集中安置点屋顶分布式光伏发电项目建设实施方案》的通知	以全省35个有易地扶贫搬迁任务的贫困县406个集中安置点为重点,按照"易建则建"原则组织开展屋顶光伏建设,其他具备建设条件且有发展意愿的建档立卡贫困户(含脱贫享受政策户)也可自行申报建设,有效增加集体或农户收入

五、河北光伏扶贫建设总体成效

河北省在实现全省脱贫和全面小康建设中,光伏扶贫作为一项重要的扶贫方式取得了显著的成效,并且光伏产业作为一种新兴产业为河北省的发展做出了贡献。

根据2019年12月27日河北省扶贫办光伏扶贫公示数据,截至2019年年底,河北省光伏扶贫共完成393.5万kW,扶贫户数34万户。其中,集中式光伏扶贫电站266万kW,帮扶9万户;村级光伏扶贫电站126.4万kW,帮扶20.2万户。保障了河北省在2020年2月底扶贫县全面摘帽,迈出全面建成小康社会关键一步。

在河北光伏扶贫主要模式的统计中,集中电站的装机容量最大,达到255.2万kW,占全部总量的64.85%;村级电站装机容量131.6万kW,占全部总量的33.44%;户用电站装机容量6.7万kW,占全部总量的1.70%(图4)。

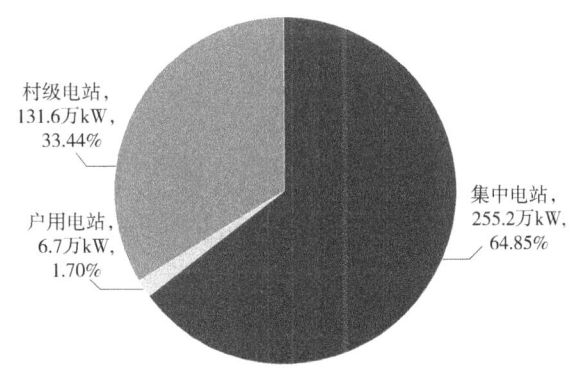

图4 河北省光伏扶贫模式占比

河北省在光照资源好的张家口和承德地区安排的光伏扶贫项目最多、容量最大,张家口和承德地区是太阳能资源二类地区,是全省太阳能资源最好的地区,太阳能年总辐射量大于 5400 MJ/m², 是光伏发电的一个重要地区。在光照资源丰富的贫困地区进行光伏扶贫，可以改善贫困地区的生态环境，最大限度地利用可再生能源，充分地利用了自然光照条件，助力深度贫困地区脱贫攻坚，确保全面建成小康社会。

张家口市光伏扶贫装机总量为 138.7 万 kW，承德市光伏扶贫装机总量为 90.8 万 kW，两市装机总量占全省的 58.3%，扶贫户数约 18 万户，占全部扶贫户数的一半以上（图 5 和图 6）。

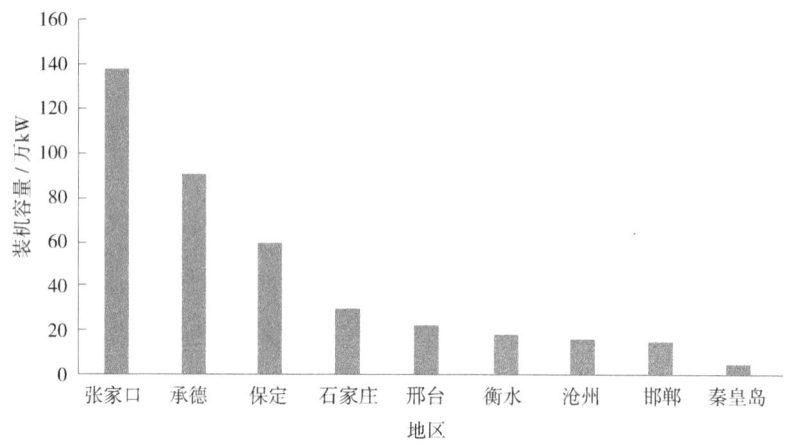

图 5　河北省光伏扶贫各市装机容量

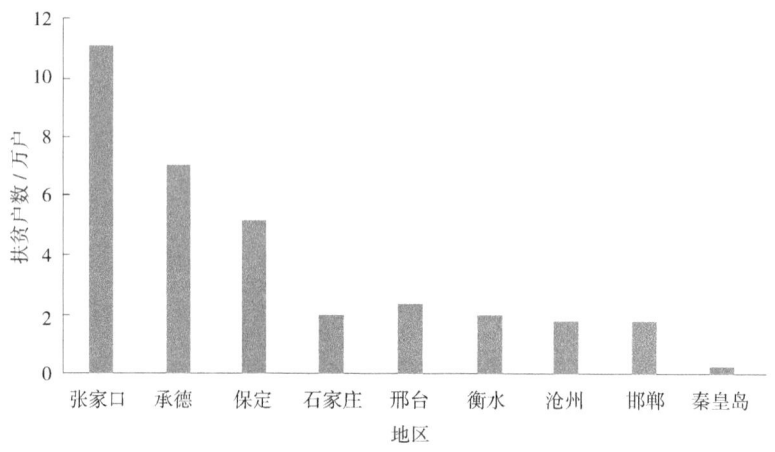

图 6　河北省光伏扶贫各市扶贫户数

六、光伏扶贫调研分析

大名县位于河北省东南部,地处冀、鲁、豫三省交界处,地域面积 1053 km^2,下辖 20 个乡镇 651 个行政村。大名县属于三类光源地区,日光照时间 8～10 小时。2016 年以来,大名县扶贫开发部门统筹整合财政涉农资金 3.8 亿元,撬动社会资金 5.3 亿元,建设集中式光伏扶贫电站 2 座、村级光伏扶贫电站 159 座、易地搬迁光伏扶贫项目 5 处、户用光伏电站 1780 户,带动全县 13 320 户建档立卡贫困户增收致富,并于 2019 年 5 月实现脱贫(图 7)。

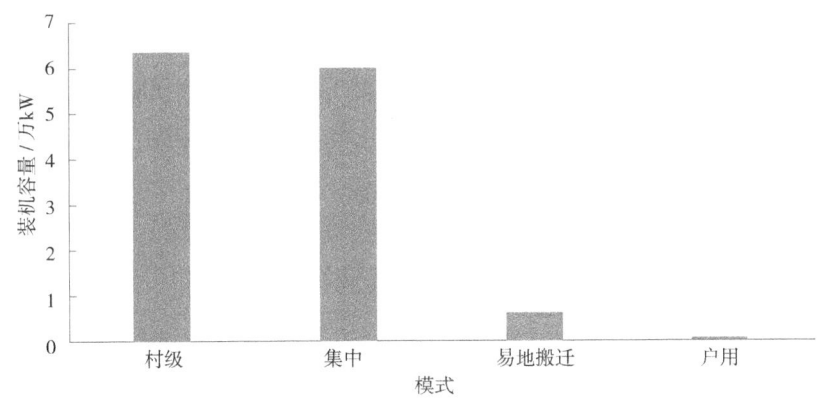

图 7 大名县光伏扶贫各模式装机容量

(一)光伏扶贫电站的申报建设

光伏企业获得建设许可证及并网许可,建设资金落实后,开始光伏电站建设,施工期为 1~3 个月,建设当年即可收益;在工程建设过程中,施工设备接入、输出、相关参数等,光伏企业必须按照电网接入方案执行。选择安装场地的一般要求有扶贫效果最大化、优质品牌保证发电量、光伏电站距离变压器及电网主线就近原则、避免电损耗影响发电收益。村级电站可以选择空地或荒山,要求四周无遮挡、距离变压器近且变压器有足够容量。分布式屋顶可在朝阳面安装,确保无树木和建筑物遮挡。

(二)光伏扶贫电站的并网发电

光伏电站施工完成后,光伏企业提出并网验收和调试申请。并网申请受理后,供

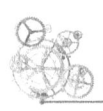

电公司会派人上门安装电表、与用户签并网合同,并进行并网调试。"从并网申请到并网调试、安装计量装置,所有这些供电公司提供的服务都是免费的,供电公司承诺整个流程在45个工作日内完成。大名供电公司主动介入光伏扶贫工程的规划和设计工作,按照光伏扶贫工程建设规划,同步安排配电网建设改造计划,增强分布式光伏电站接入能力,为光伏扶贫项目接网和并网运行提供坚强的配电网支撑。累计完成光伏扶贫电网配套工程投资2950万元,新增改造10 kV线路74.74 km,新增配变296台,容量76.8 MVA,保障了159个村级光伏扶贫电站发电项目并网。

(三)光伏扶贫电站的收益分配

光伏扶贫电站收益分配办法适用于村级光伏扶贫电站、集中式光伏扶贫电站(扶贫容量部分)和财政扶贫资金支持的户用屋顶分布式光伏扶贫电站。企业按照全部规模扶贫模式建设的集中式光伏扶贫电站,产权归投资企业所有,按照户均不超过30 kW标准,根据帮扶贫困户数量确定建设规模,保障每户通过光伏扶贫项目每年增加收入不少于3000元,持续获益20年。纳入国家建设规模的村级光伏扶贫电站,按照户均不超过7 kW标准,根据帮扶贫困户数量确定建设规模,原则上单体规模应在300 kW以下,具备就近接入条件的可放大至500 kW,不具备建设单村光伏扶贫电站的建档立卡贫困村,可以联建方式建设联村光伏扶贫电站。政府全额投资建设的村级光伏扶贫电站,资产确权给村集体,联村光伏扶贫电站资产按比例确权给联建各村集体。由扶贫资金投资建设的户用屋顶分布式光伏扶贫电站,产权和收益全部归建档立卡贫困户或村集体所有。企业投资建设的集中式光伏扶贫项目,帮扶贫困户整体享受20年收益。政府出资建设的光伏扶贫项目,政府投资部分形成的收益由建档立卡贫困村村集体或贫困户长期享有,发电收益扣除征占用土地(林地)、场地租用、各类税费保险、运营运维、管理等费用后,形成光伏扶贫项目收益,全部用于扶贫。除产权到户的屋顶分布式光伏扶贫项目外,其他光伏扶贫项目收益形成村集体经济,实行村集体二次分配。

(四)光伏扶贫电站的运维服务

光伏电站寿命25年,太阳能电池板采用钢化玻璃做外护,输电线路及控制箱等均使用工业级材料,设备经久耐用、发电量稳定。仅需要定期清洁太阳能电池板表面,保证表面较好的透光性。下雪天气应及时清理太阳能电池板上的积雪,清理积雪要使用专用橡胶刷，不能用铁锹等。大名村级光伏扶贫电站的运维进行了统一招标，由专业的公司进行合同期内专业的维护工作，保证光伏电站在寿命期内能够长期稳定发电，保证用户收益。同时，村级电站配有专业或兼职维护人员，定期巡检，处理简单的遮阳和灰尘清理工作。

七、可持续发展面临的主要问题和对策建议

（一）面临的主要问题

光伏扶贫项目分布在全省多个贫困村，点多面广，涉及贫困户较多，具体由相关县级政府负责推进，管理难度较大。在实际操作过程中，出现了以下一些问题。

1. 光伏电站的运行维护问题

在光伏电站建成以后，电站运维工作的好坏是决定光伏扶贫实际收益的主要因素，也是光伏扶贫可持续发展的重要保障。贫困的区域性和分散性是两个主要问题，直接导致光伏扶贫电站并网点多、安装位置较分散、运行实时监测及故障及时处理难度较大。部分承接光伏扶贫项目建设的中小企业，其生产的相关设备及工程建设质量均难以得到保障，导致光伏扶贫电站后期维护难度大、成本高，如果得不到及时维护，将严重影响光伏电站的发电量，进而影响到扶贫效益。

2. 后期设备更换问题

光伏扶贫工程中，光伏设备不同元器件使用的年限有所不同，随着设备组件的衰老，收益率也会降低。光伏设备中的两大件，即组件和逆变器质保期分别是 10 年和 5 年，而光伏电站的理论寿命是 25 年，期间大件的更换也会给贫困户造成负担，影响光伏扶贫的扶贫效果。

3. 部分电站挡光问题

村级电站一般建在村子附近，在部分光伏电站征地范围的周边土地上有树木或后建建筑遮挡阳光的问题。遮挡阳光对光伏组件运行性能的影响很大，部分遮挡也会引起输出功率的明显降低。在光伏电池串联使用时，在一个组件中即使有一片太阳能电池被遮挡，也会导致整个组件的输出功率大幅降低。长期遮挡将影响光伏电站的发电量，影响到贫困户收入的稳定。

4.光伏扶贫项目收益依赖政府补贴

光伏扶贫电站上网电价高于燃煤标杆电价,其中包括国家及地方政府的补贴。虽然近几年光伏建设成本逐渐下降,但国家的补贴标准也在相应地向下调整,保证贫困户收益的按时发放需要光伏扶贫电站的补贴及时发放,相关补贴费用发放需要政府根据扶贫电站发电量进行核算,需要有一定时间的审批和确认,因此存在结算滞后现象。

(二)对策建议

1.做好后期运行维护,确保贫困户的收益

一是对于村级光伏扶贫电站的日常维护人员,即在本村部分贫困户家庭成员中适龄且拥有劳动能力的人,要进行集中的维护知识培训,保证能够对光伏组件进行日常的保养;二是各贫困县确定专业的运维公司,来解决光伏组件、设备出现故障及运行的不稳定的问题,进一步保障整个太阳能光伏发电系统的长期高效、稳定运行;三是政府扶贫办从电站初期应统一考虑光伏主要设备的质保期后更换费用,从设备上保证光伏扶贫的持续收益;四是光伏扶贫电站保险是稳定贫困户收益、防止意外返贫的保障,在全省具有推广价值。

2.加快监测平台建设,提升管理水平

一是解决了全省光伏扶贫电站地域分布分散、光伏设备型号众多、光伏接入信息收集不完整等问题;二是辅助政府决策,避免盲目投资,为全省光伏扶贫工程的全面设计和规划决策提供科学数据基础;三是对光伏扶贫电站运行进行实时监测,出现异常情况随时反馈处理,技术人员要及时对光伏组件、逆变器等设备进行排查和维护,保证电站运行正常。

3.积极协作配合,为农户提供便捷服务

一是针对村级电站征地范围外树木遮挡阳光问题,建议政府扶贫办协调各乡镇和村,利用扶贫办部分资金给予树木补贴,砍除挡光树木;二是针对村级电站征地范围外建筑遮挡阳光问题,协调运维企业或专业施工队伍,对电站挡光部分的组件更换位置。

4.高度重视光伏扶贫,加大扶持力度

建议政府相关部门高度重视光伏扶贫工作,在政策和资金方面给予更大的支持力度,尽快将已经投入运行的光伏扶贫电站纳入补贴目录,在保证不是弄虚作假的情

况下，简化审批手续，使光伏扶贫项目尽快产生效益，增加贫困人口的获得感，助力脱贫攻坚。

参考文献

[1] 河北省统计局.河北经济年鉴（2015—2019）[M].北京：中国统计出版社，2019.

[2] 河北省扶贫办.河北省扶贫办光伏扶贫项目公示[EB/OL].（2019-12-27）[2020-08-15].http：//www.hebfp.gov.cn/webFup/sysArticles/tongzhigongyao20200113111203530.html.

[3] 河北省统计局，河北省发展改革委，河北省地方税务局.关于光伏扶贫收益分配的指导意见（试行）[EB/OL].（2017-11-30）[2020-08-15].http：//www.sohu.com/a/215490375_418320.

[4] 河北省扶贫办.河北省光伏扶贫收益分配实施办法[EB/OL].（2018-10-08）[2020-08-15].http：//www.sohu.com/a/281454174_776203.

报告 4　威县君乐宝第四牧场能源站调研

摘要：

　　畜牧业是引领河北省农业实现现代化和可持续发展的基础性和战略性产业。近年来，河北省畜牧业持续稳定发展，有力保障了民生供给的同时，畜禽养殖中的粪污若未经处理直接排放，将引发日益突出的环境问题。本文介绍了加强畜禽废弃物综合利用的意义和发展方向，并通过调研威县君乐宝第四牧场能源站，对畜禽粪污处理利用模式、综合效益和面临的主要问题进行分析，提出加快整县推进、提升商业价值、构建种养结合研发体系、完善政策保护体系的对策建议，以期为河北省绿色循环农业发展提供参考。

作者简介：

　　刘　钊，国网河北省电力有限公司经济技术研究院，高级经济师，研究方向：能源经济与能源互联网。
　　胡梦锦，国网河北省电力有限公司经济技术研究院，工程师，研究方向：能源经济与新能源。
　　张　凯，河北中海华能能源有限公司，项目经理，研究方向：生物质能。

一、河北加强畜禽废弃物综合利用背景

　　河北省畜牧养殖行业近些年发生了翻天覆地的变化，畜牧业总产值到 2018 年达到 1813 亿元，产值位居全国第四，畜牧业占农林牧渔业总产值比重达到 32.3%，已经成为第一产业的支柱产业，畜牧业的快速发展对河北省农业农村经济及农民生活水平改善都做出了重大贡献。

　　在现代化农业发展的大背景下，河北省的养殖业迅速从庭院养殖向集约化、规模化、商品化方向发展，特别是在《河北省奶业振兴规划纲要（2019—2025年）》实施以来，万头以上奶牛场数量迅速增加，包括蒙牛、君乐宝、河北犇放、新希望、正邦集团、牧原等知名牧业品牌快速发展。在保障肉蛋奶供给的同时，畜牧业也产生了大量废弃物，全省规模养殖每年产生畜禽粪尿约1.08亿t，畜禽粪污引发的严重生态环境问题包括：产生恶臭气体，影响养殖场周围空气质量，危害居民身体健康；污染水体，畜禽粪污含有大量有机物、氮、磷，严重影响地表水、地下水；危害人畜健康。畜禽粪污含有大量寄生虫、病原菌，农业畜禽粪污污染成为环境污染的重要组成部分。

二、畜禽粪污综合利用主要方式

随着社会经济发展，人们生活水平不断提高，环保意识逐渐增强，畜禽粪污污染问题已成为人们普遍关注的社会焦点问题，同时该问题也引起了国家层面的高度重视。中央财经领导小组第十四次会议指出："加快推进畜禽养殖废弃物处理和资源化，关系6亿多农村居民生产生活环境，关系农村能源革命，关系能不能不断改善土壤地力、治理好农业面源污染，是一件利国利民利长远的大好事。要坚持政府支持、企业主体、市场化运作的方针，以沼气和生物天然气为主要处理方向，以就地就近用于农村能源和农用有机肥为主要使用方向，力争在'十三五'时期，基本解决大规模畜禽养殖场粪污处理和资源化利用。"由此可见，畜禽粪污综合处理和资源化利用的重要性日益凸显。畜禽粪污是一种可利用的资源，"充分利用，其则为宝；随意弃之，其则为害"，这不仅直接关系到人们生存环境的安全性，同时也对畜牧养殖业可持续健康发展具有极其重要的现实意义。

河北省畜禽粪污理论上可产生沼气53.6亿m^3，替代385万吨标准煤，减少CO_2排放900万t，同时沼渣能生产850万t有机肥。目前，河北省奶牛牧场畜禽粪污综合利用率不高，导致了严重的农业面源污染。畜禽粪污综合利用将能源化利用和肥料化利用结合起来，将各个单一处理技术相互有机地结合起来，把养殖业的粪污处理与农业的可持续发展和农业生态的良性循环紧密结合起来，达到经济、社会、生态效益的统一，是解决畜禽养殖污染问题的根本途径。

畜禽粪污综合利用系统应满足如下目标：一是使畜禽粪污排放量最小化和便于收集；二是减少水污染，控制臭味和氨散发；三是减少对作物和土壤的损害；四是减少设备投资和运行管理费用；五是减少疾病的发生和传播；六是提高利用价值，多层次、多功能地开发利用其能源、肥料价值，同步获得多种效益。

三、威县君乐宝第四牧场能源站调研

邢台威县是全国农业全产业链开发创新示范区，君乐宝目前在威县已建成3个万头奶牛牧场，第四、第五牧场也正在加紧施工建设。威县乐源君享牧业每年产生粪污38.3万t，而目前综合利用率不高，导致了严重的农业面源污染。畜禽养殖废弃物具有两面性，即矛盾对立的两个方面：一方面是"污"，如果无害化处理及资源化利用不妥，畜禽废弃物就是严重的环境污染源；另一方面是"宝"，如果无害化处理及资源化利用得当，畜禽废弃物就是宝贵的自然资源。做好畜禽粪污处理与利用工作，既可以实现零污染、零排放，促进农业全产业链清洁生产；又可以实现废弃物的资源化，真正做到"变污为净"、"变废为宝"和绿色生产。威县君乐宝第四牧场能源站项目利用畜禽粪污，以沼气工程为主线，利用产出物生产具有经济效益的产品。课题组近期进行了现场走访，主要情况介绍如下。

（一）能源站基本情况

项目建设地点为河北省邢台市威县候贯镇，是由河北中海华能能源有限公司投资、建设、运营的一体化项目。本项目采用"匀浆酸化+CSTR厌氧发酵+沼渣烘干+沼液气浮、IC二次厌氧、好氧曝气处理+沼气锅炉供暖"工艺模式对君享牧业的畜禽粪污进行集中处理并资源化利用。收集的畜禽粪污经匀浆酸化后进入厌氧发酵系统，厌氧发酵产生的沼气经脱硫、脱水处理后用于沼气锅炉供暖、供热水。经固液分离后的沼液部分回冲牛舍，剩余沼液经气浮后进入IC厌氧反应器二次厌氧后好氧曝气处理将COD降至3000 mg/L以下，固体悬浮物小于0.3%。固液分离后沼渣烘干用作牛床垫料。

总体工艺流程如图1所示。

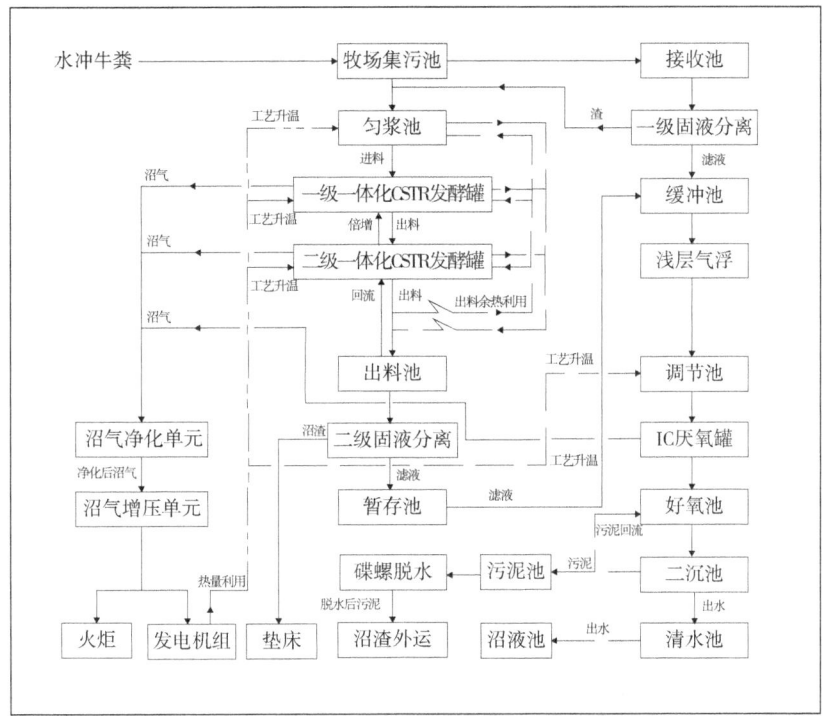

图 1 总体工艺流程

该项目的建设减少了畜禽粪污带来的环境污染，产生的沼渣和沼气被二次利用增加了经济效益，沼液经深度处理后可直接通过自动化喷灌系统直接用于牧场饲料用植地水肥灌溉，实现了种养结合的循环绿色经济。

项目生产的沼气进行并网发电，年发电量1500万 kW·h，每立方米沼气的发热量为 20 800~23 600 kJ，即 1 m³ 沼气完全燃烧后，能产生相当于 0.7 kg 标准煤提供的热量，余热用于能源站生产和奶牛场取暖。

项目产生2万t/年沼渣可用于牛床垫料，可进行循环利用并产生一定的经济效益，远期考虑到沼渣量增大，还可以为有机肥生产工厂提供优质原料。

项目产生的40万t/年深度处理沼液COD小于3000 mg/L、固体悬浮物小于0.3%、NH_4（以N计）小于1000 mg/L，沼液可直接通过自动化喷灌系统对牧场原料种植农田进行水肥灌溉，可代替大量化肥的使用，改善土壤质量，提升作物产量，实现了种养结合的循环有机农业。

（二）主要技术

本项目年处理畜禽粪污45.6万t，年产沼气876.0万 m³，年产牛床垫料2.0万t。本项目配套预处理系统、厌氧发酵系统、固液分离和沼渣沼液深度处理系统、沼气净化增压系统、沼气利用系统、工艺增温系统及公共设施等，主要建（构）筑物内容如表1所示。

表1 主要建设内容

序号	建（构）筑物名称	数量	总容积/m³	用途
1	匀浆池	1座	837.0	粪污混合预处理
2	接收池	1座	837.0	粪污混合预处理
3	厌氧发酵罐	3座	19 404.9	厌氧发酵
4	一体化储气柜	3座	7160.0	沼气储存
5	出料池	1座	837.0	出料缓存

夏季工艺流程（图2）：由于夏季粪污浓度较低，进入系统前首先对部分粪污进行固液分离，分离后的粪渣及未分离粪污进入匀浆池中，起到提高粪污浓度的作用，提浓后的粪污进入CSTR厌氧发酵系统进行厌氧发酵。固液分离后的粪水进入缓存池，之后经过气浮后进行深度处理，气浮后浮渣进入厌氧发酵系统。CSTR厌氧发酵出料经过固液分离系统，产生的沼渣用于烘干回填卧床，沼液进入缓存池中进行深度处理。

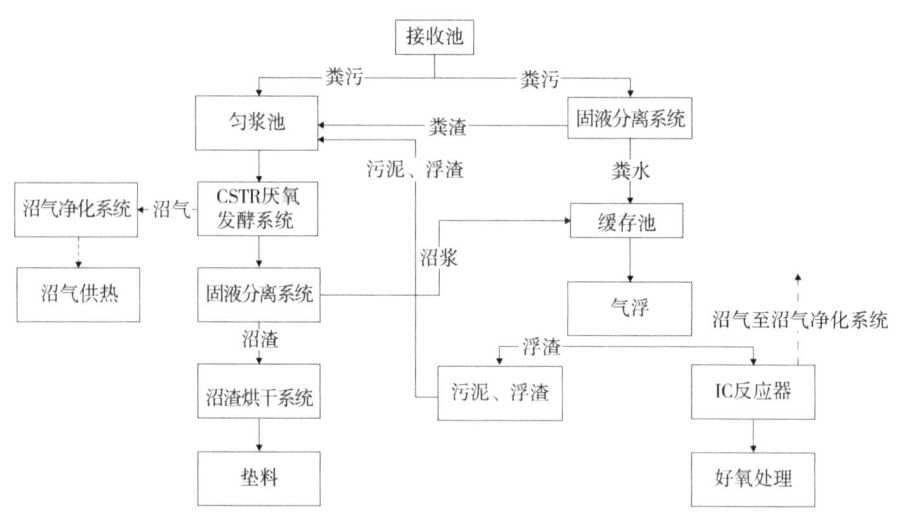

图2 夏季工艺流程

冬季工艺流程（图3）：冬季牛场粪污通过管道进入匀浆池，匀浆池设置加热及搅拌装置，对牛粪进行匀浆预热，之后粪污进入CSTR厌氧发酵系统进行厌氧发酵。厌氧发酵出料经过固液分离系统，产生的沼渣用于烘干回填卧床，沼液进入缓存池中进行深度处理。

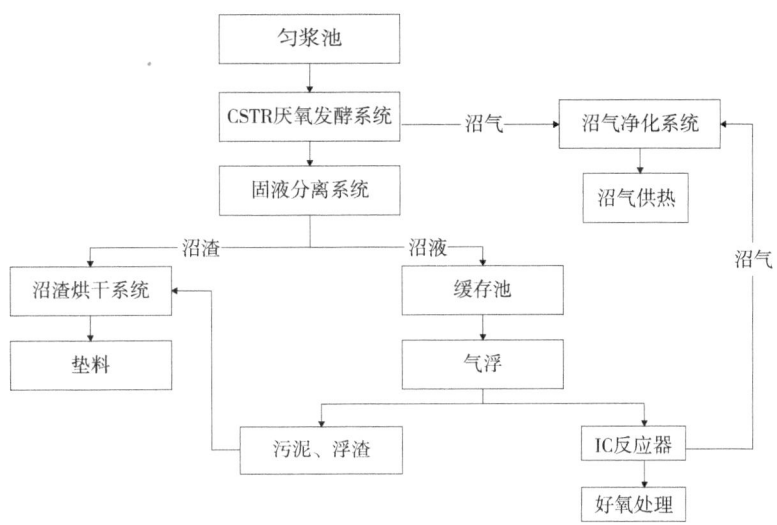

图3 冬季工艺流程

(三)项目经济效益

1. 项目总投资

本项目总投资为4668.48万元。其中,建筑工程费1056.53万元,设备购置费2254.05万元,安装工程费457.30万元,工程建设其他费用455.70万元,项目预备费156.18万元,建设期利息158.72万元,流动资金130.00万元。资金来源:本项目计划总投资4668.48万元,其中,30%为建设单位自筹,70%为贷款。

2. 项目年收益

项目年收益2297万元,主要包括发电收益、沼渣收益、有机肥收益、供热收益,目前沼液收益暂未考虑,主要构成如图4所示。

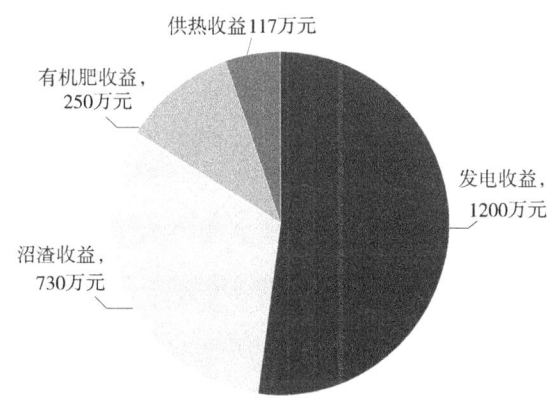

图4 项目年收益构成

其中，沼气发电上网电价 0.75 元/（kW·h）分为两部分结算，其中 0.525 元/（kW·h）每月结算一次，补贴部分的 0.225 元/（kW·h）需要进入国家《可再生能源电价附加资金补助目录》排队，一般 1~2 年结算一次。

项目生产的沼气进行锅炉供热、供暖。沼气的主要成分是甲烷，占所产生沼气总量的 50%~70%。每立方米纯甲烷的发热量为 35 900 kJ，每立方米沼气的发热量为 20 800~23 600 kJ。即 1 m³ 沼气完全燃烧后，能产生相当于 0.7 kg 标准煤提供的热量。项目建成后，生产沼气 876 万 m³/年，可折合标准煤 6132 t/年，每年减少 12 862 t CO_2 排放量。在节约了能源的同时，也对环境保护起到了有效作用。远期当沼气量有过剩时，可以考虑增加并网发电设备，将沼气转换为电能。

3. 项目年运营成本

项目年运营成本 811 万元，主要包括自耗电成本、发电机运营成本、运维人员工资、有机肥及沼渣生产费用、沼气净化费用、办公管理费用等，构成如图 5 所示。

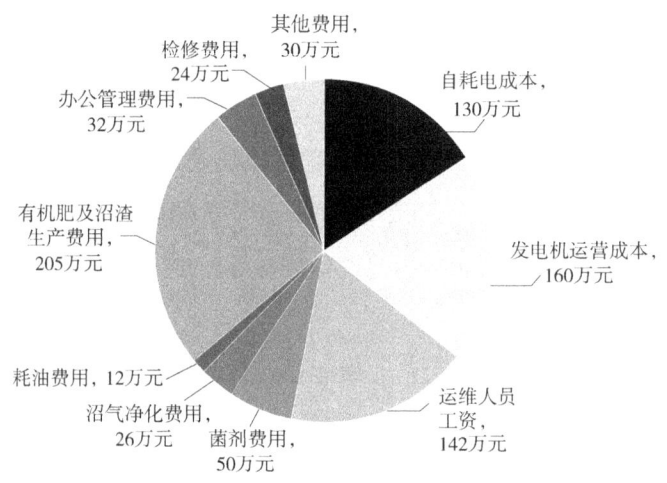

图 5　项目年运用成本构成

4. 投资回收期测算

理论上，静态项目投资回收期（所得税后）5.7 年；静态项目投资回收期（含补贴）4.5 年。考虑奶牛场前两年存栏量不够且小奶牛居多，预计需要经历 2 年，奶牛场存栏量达到 1.2 万头左右，经济效益方可达到预期。

(四)环保效益

项目运行稳定后,项目地点附近的畜禽粪污经过中温厌氧发酵处理,产生优质可再生能源沼气,有效地降低了有机废弃物自然堆放过程中释放的 CH_4 的排放,同时减少了 CO_2 和 SO_2 排放,对于 COD 的减排也具有重要意义。利用畜禽粪污产生沼气发电的方式相比燃煤火力发电而言,其环保效益很好,其 NO_x、SO_x 及粉尘的排放量只有化石燃料电厂的 1/5、1/10 和 1/28;根据调查与测算,项目正式运营后,沼气年产量至少可达 $7.30 \times 10^6 \, m^3$,沼气年发电量可达 1500 万 kW·h,按火力发电厂平均供电煤耗 340 g/(kW·h) 测算,可替代标准煤 5100 t,减少 CO_2 排放量 1.28 万 t,减少 SO_2 排放量 43.35 t,减少氮氧化物排放量 37.74 t。

畜禽粪污产生的沼气发电除有力缓解了大气污染外,也在很大程度上解决了水体、固体废弃物污染——项目产生的沼液可以以肥料的方式还田,沼渣可烘干后作为牛床垫料进行重复利用,沼气池中的气浮污泥可用于产生有机肥;沼液、沼渣作为有机肥料,施用于种植的农作物,不仅可使其增产,还能起到除虫、防病的作用,不仅提高了农作物的品质与产量,还为绿色农业生产提供了良好基础。

(五)社会效益

该项目可成为该地区治理区域有机废弃物的示范带动工程,社会效益显著,解决了农业废弃物和养殖场粪污处理问题,实现了畜禽粪污的无害化处理,减少了环境污染。同时,沼液是优质有机肥,有助于改善土壤质量、增加土壤肥力,减轻了污染,促进了项目区水土资源的合理利用和生态环境的良性循环。周边土地利用沼液可提高土壤肥力,减少化肥使用造成的土壤板结等问题。

(六)项目发展方向

一是实现"种、养、储、加、游"全产业链发展,打造高端绿色循环经济产业;

二是以治理养殖企业生产过程中产生的粪污及周边农业废弃物为纽带,将污染物进行无害化、减量化、能源化、资源化利用,利用项目生产的有机肥料对周边荒沼地及沙土地进行土壤治理,生产出绿色高品质农产品;

三是大力发展以高端有机种植业为基础的旅游经济产业,发展肉类、有机水果、有机蔬菜的储存和深加工产业,打造新型区域循环产业园区新标杆。

四、推动畜禽废弃物综合利用的建议

（一）面临的主要问题

畜禽养殖粪污资源化利用与自然特征、农业生产方式、养殖场规模、经济发展水平密切相关。河北省畜禽养殖呈现小规模、大群体与工厂化养殖并存的特点，结合威县君乐宝第四牧场能源站项目调研情况，总结当前河北省畜禽养殖粪污资源化利用与处理中面临的主要问题如下。

1. 分散式粪污资源收集难

各区域畜禽养殖畜种和数量较多，但是规模小且较为分散，集中化处理条件不足，收集半径难以确定，而且收集、存储、运输难度大、成本高，关系复杂、难协调，质量和安全难保证。能否建立科学、可行的原料收储运体系，将决定项目的成败。

2. 沼液商业化价值未体现

沼液是微生物厌氧发酵副产物，含有有机氮（主要为氨基酸）、丰富的矿物质元素和低分子质量的生物活性物质（如天然植物内源激素、腐殖酸、维生素等），易于植物养分的吸收利用。威县君乐宝第四牧场能源站项目可产沼液38.5万t/年，但沼液作为价值资源潜力未挖掘，主要受农民意识和运输问题制约，如当地农民主动付费使用沼液积极性不高。为了宣传沼液价值，目前能源站免费提供给牧场使用，以及通过沼液池处理后供周边2万亩土地免费使用。

3. 生物质资源综合利用潜力未充分挖掘

威县耕地面积100万余亩，其中，棉花种植率达到70%，秸秆等生物质资源丰富，但目前能源站项目仅针对奶牛牧场的畜禽粪污进行资源化综合利用，未发挥生物质资源综合开发的辐射作用。

（二）对策建议

1. 加快在畜牧大县整县推进畜禽粪污资源化利用进程

可采用"分散式收集、集中化处理、资源化综合利用"的运行机制，通过政策、资金、土地、配套设备及技术等的集中发力与紧密配合实现整县畜禽粪污县域化处理利用。

2. 改进沼液应用形式，提升其商业价值

研发高纯浓缩技术，锁定沼液中的营养成分，将多余的水分去除，克服传统沼液用量大、不便运输的缺点，增加产品的销售半径；研发多级层析提纯技术，提取纳米级有机小分子营养团，更利于作物的吸收利用，提高肥料利用率的同时，增强叶片光合能力，并通过示范应用，逐步使农民意识到沼液的应用价值。

3. 构建种养结合机制和技术研发体系，促进生物质能综合利用

在现有基础上，引进和借鉴国内外的生物质能利用先进工艺、设备，开展新的技术创新，根据养殖场的不同畜种、不同规模、不同禀赋、不同环境等特点，结合秸秆等生物质资源，提高技术应用的准确性、高效性，实现精准治污、精准利用；加强技术指导，加快模式应用速度，提升模式应用质量。

4. 推动制度机制创新，完善政策保护体系

一是依托现行的法律法规，完善相关规章和制度，健全治污排污的技术标准体系。二是探索金融稳定支持体系，可采用政企合作PPP模式，鼓励支持"第三方治理"，调动社会资本的积极性，形成畜禽粪污收集、存储、运输、处理和综合利用全产业链。三是建立风险共担机制，可通过推行产业联合和金融保险机制，形成市场主体之间的风险共担、利益共享机制。